JN095416

新編 大蔵経

成立と変遷

京都仏教各宗学校連合会【編】

法藏館

序文

京都大蔵会は、もともと京都各宗学校連合会が主催する一事業であり、大正四年（一九一五）京都御所で行われた大正天皇の即位式および大嘗祭に続く十一月二十一・二十二日に、大谷大学で開かれた「大典記念京都大蔵会」がその最初である。京都各宗学校連合会は明治三十九年（一九〇六）に、京都市内外の仏教各宗派が設立した学校の代表者が、結集に向けた話し合いのために花園大学の前身である花園学院に集まったことに始まる。大蔵会そのものはその前年の十一月三日に、東京上野美術学校（現・東京芸術大学）で初めて開催され、その後名古屋などでも開催されたが、現在もなお続けられているのは京都大蔵会だけである。当初は法供養と講演のみだったが、昭和四十八年（一九七三）からは、広く文化財保護に対する啓発を進めるとともに、さらなる仏教精神の浸透を目指して、各宗派宗教や大学に関係する文化財の展観が行われた。その後も京都大蔵会は、京都各宗学校連合会の加盟校がいくつかのグループに分かれて交替で当番校を担当し、平成二十七年（二〇一五）には第一〇〇回を迎えた。

第一〇〇回大蔵会の記念事業の一つとして企画開催されたのが、京都国立博物館平成知新館における特別展観「仏法東漸――仏教の典籍と美術――」である。さらに記念出版として、『新編 大蔵経――成立と変遷――』すなわち本書の制作が企画された。本書は、昭和三十九年（一九六四）に第五十回大蔵会記念事業の一環として刊行された『大蔵経――成立と変遷――』にもとづきつつ、その後に大きく進展した最新の大蔵経研究を踏まえ、かつ一般にも大蔵経の歴史と価値に対する理解を広める概説書として、広く読まれることを目指している。内容的には地域と時代をその特徴に応じて区分し、それぞれに適任の研究者を選んで執筆を依頼した。さらに新たな研究方法に対する指針として、旧版にはなかったデータベースの項目を設けた。ただ、複数の執筆者に依頼した分量が異なることもあって、全体の編集が難航したことも事実であり、当初は百回記念の平成二十七年刊行をめざしたにもかかわらず、大幅な遅れを生じてしまったが、ようやく上梓を実現することができた。各執筆者に対しては、編集の不手際を陳謝するとともに、困難な依頼をお引き受け戴いたことを衷心より感謝する次第である。また、本書の刊行を快く引き受けて戴いた法藏館社長西村明高氏、および編集業務を担当して戴いた法藏館の今西智久氏なくしては、本書の刊行は実現しなかった。謹んで深謝申し上げる。

ある意味で仏教学研究は、地道な文献研究を基礎としなければならず、そのためにも個々の文献が持つ背景や歴史を知ることが重要である。さらにいえば、仏教が伝播した地域の文化や歴史は、仏教教義の伝来と大きな関わりがある。仏教つまり釈尊の教えは、当然ながら実践が伴わなければ意味がなく、その実践を通じてさまざまな文化が生まれていった。しかし実践の根拠となる教えがどのように伝承されるかといえば、文字化された経典や論書がなければ不可能であった。その経典類の蓄積がここでいう大蔵経であり、言い換えれば大蔵経の歴史は仏教史そのものであると同時に、地域の文化史であるといえる。本書が、仏教学研究を志す研究者の有効な手引き書になるとともに、大蔵経に対する理解が広く一般に普及する一助となることを願ってやまない。

令和二年（二〇二〇）九月

京都仏教各宗学校連合会主催
第一〇〇回大蔵会記念事業実行委員会
代表　花園大学　中尾良信

新編　大蔵経――成立と変遷――＊目次

Ⅱ　中国

Ⅲ　朝　鮮

Ⅳ　日本

インド・アジア諸地域

第1章　インド仏教時代の三蔵とパーリ語三蔵

一　初期文献の編纂作業——結集伝説

結集と三蔵

大蔵経や一切経という名称に厳密な意味で適う集成は、インド仏教の範囲では行われなかったといえよう。何故なら、それらの名のもとでの編纂事業は、のちに詳しく語られる中国での書写、ないしは刊本によるものが最初のものといえるからである。しかしながら、この言葉によってイメージされる仏教の典籍、あるいは教えをまとめて伝持するという企図の始原を求めるなら、仏滅後の遺法を集成した結集(けつじゅう)に端を発すると考えられるであろう。そこで、まず結集の次第とその後のインドの初期仏教と称される時代の文献の様態、そして、伝統的な集成を現在に伝える南方仏教諸国での変遷を本章で見ていこう。

※本章で用いる資料はインドを源泉とするものが多く、ローマ字表記が必要な場合、原則としてサンスクリットの一般的な表記法に従う。ただし、パーリ語の併記を要する箇所や、パーリ語固有の典籍名や人名は、語頭の前にP. を付し示した。

▼結集前後の集成と三蔵

きわめて長きにわたる多様な文献の出現によって、厳密な分類が難しくなった結果、すべてを包含する言葉として大蔵経や一切経という名称が用いられたと推測されるが、その基礎ともなった分類は、中国仏教圏で経・律・論と並び称される三蔵といえよう。そして、この語はインド起源の語トゥリ・ピタカ（tri-piṭaka, P. ti-piṭaka）の翻訳語であり、三つ（tri）の籠、あるいは箱（piṭaka）を原義とする。仏教の教えを内容から分類したもので、ブッダ自身によって説かれた教法を「経（sūtra, P. sutta）」、教団生活上のルールである戒と、それらの解説をまとめたものを「律（ともに vinaya）」、そして明らかに後代の仏弟子たちによる解説書を「論（abhidharma, P. abhidhamma）」と称し、それらを集めて収めるものというほどの語として蔵の語を付し、それぞれ経蔵・律蔵・論蔵、まとめて三蔵と呼ばれることはいうまでもないことであろう。もっとも、この三つの順に列挙するのは、中国系の仏教が広まった地域での伝統であり、後にふれる南方系では教団社会での生活規範である律を最初に挙げ、続けて経、論と並列する。生活上の規範である律を学び、その後、思想的な教法である経を修して、より高度な教法の展開（論）を修めるという順序のほうが合理的なものと解される。

成立史的な推移についてはのちにふれるとして、仏滅後早い時代に（おそらくアショーカ王の頃[*1]）インドから伝来し、その後の歴史的変遷の影響を最小限にとどめたまま現在まで脈々と受け継がれているセイロン（スリランカ）や東南アジアに広く伝播する南方上座部の典籍によると、三蔵は次のように分類される。

律　戒条を列挙する**波羅提木叉**（P. Pātimokkha）とその解説の**経分別**（P. Sutta-vibhaṅga）、大品と小品に分かれる**犍度部**（P. Khandhaka）と**附随**（P. Parivāra）

経　**長部・中部・相応部・増支部・小部**の五部（ニカーヤ　P. Nikāya　漢訳では阿含）

論　**法集（ほうじゅう）論**（P. Dhammasaṅgaṇi）や**論事**（P. Kathāvatthu）等の七論

パーリという言葉自体が、限定的には「三蔵を著すのに用いられた聖典語」であり、最も狭義には、これらの典籍に用いられたものであり根本語（P. Mūlabhāsā）とも称される。しかし、その後セイロンで古いシンハラ語で伝えられていた註釈書をパーリ語で再著述したもの、あるいは新たに著作された教理書や歴史書等の諸文献、さらには時代が下ってからインドからもたらされたものもパーリ語で著され、質量ともに多くの文献が残されているが、それらは蔵外文献という位置づけであり、三蔵に含み入れられることはない。

ところで、この三蔵という語の出現は、最後の論蔵が権威をもって併称される時代になってからのことであり、少なくとも仏滅後しばらくの間は用いられていなかったと考えられる。右記の論蔵の中に挙げた「論事」は、のちにふれるように仏滅後二百年に行われた第三結集の際に著されたと伝えられるものであり、文献中の用例をたどっても、パーリ語文献の中でのこの語の初出は紀元前一～二世紀以降の成立と見られている蔵外文献（P. Milindapañha ミリンダ王問経）であり、狭義の経蔵[*2]の範疇の中では用いられることはない。さらに、経や律という語についても、とくに前者の経という表現は、この呼称によってブッダの教えを包含するまでに、いくつかの歴史的変遷があったと考えられている。それらを検討するために、これまでの研究成果を踏まえて、結集伝説にふれておこう。

結集伝説と聖典の伝持形態との関連

仏教の歴史的変遷をたどると、中国・チベット・朝鮮・日本へと伝来した北伝と、セイロン島からビルマ（ミャンマー）・タイ等の東南アジアに伝わった南伝の二大ルートに分かれる。この両伝の仏教史を比較すると、結集伝説に関しては、インド本土で都合三度を数えることは一致している。しかし、第一と第二については、両伝で細部の異同はあっても、ほぼ同時代に実施されたということでは同じ源泉によって語られていると考えられるのに対して、第三結集と呼ばれるものについては、かなりの違いを見せている。それぞれの資料検討に対しては、多くの優れた成果が蓄積されているので、それらを参考にして概略を述べると次のようになる。

▼第一結集

仏滅直後に教団秩序の乱れを危ぶんだ大迦葉（だいかしょう）を上首（じょうしゅ）とする五百人の阿羅漢が王舎城（おうしゃじょう）（現在のラージギル）に集結し、ブッダの直説を確認し合ったとされる伝承は、諸地域に流布されるいずれのものにおいてもほぼ一致する。その際に集成された内容については、最初に僧団の生活規範や秩序維持のための項目をまとめたものとしての「律」は一致するが、教えの集成に対する呼称はさまざまである。大別すると、「法（ダルマ dharma）」という語で総称する場合と、経、あるいは経蔵とするものがあり、後者の内容には現存形態である阿含またはニカーヤと呼ぶものと、その前段階の集成と考えられる九分十二分（部）教（経）で説明するものなどがある。さらには、論蔵までも含めて、この結集で成立したとする記述も存在する。

　ところで先にふれたように、三蔵という言葉の初出は比較的成立が明らかな南伝の典籍においても、紀元前一世紀を下らないようであり、第一結集時に三蔵すべて（あるいは少なくともそのような名称で総称すること）が成立していたとは到底考えられない。さらに、経典の内容を分類する九分十二分教とニカーヤあるいは阿含は、前者から順次後者へと時間的経過のなかで編纂され直されたものと考えられ、この段階で同時代的に生じた差異とは見なせない。つまり、それらの記録を伝える資料の伝承過程で、自らの部派が伝承する形態と都合良く合致する表現に改変されたものと見なせる。そうすると、この段階でのブッダの教えの分類は、「律」と「法」という二つの範疇で分けられていたとみるのが妥当であろう。ただし、この二つのものも結集時に実際に用いられたものであるのかどうかは完全に確定できないかもしれない。しかしながら、少なくとも最も原初的な分類範疇であったことは首肯できる。

そうすると、この「法」がそのまま「経」という名称変更によって内容がすべて受け継がれていったのかという疑問が生じるのであるが、そのままそうであるとは言い切れない複雑な事情も考慮しなければならない。そもそも、「経」という語が、「法」をすべて包含する概念として適しているか、という問題がある。

漢訳の際に当てられた「経」という漢語がどのような意味を持っていたのかはさておいて、インドの言葉としてスートラ（sūtra, P. sutta）が示す意味概念としては、まず「スートラ体と呼ばれる簡潔な金言・箴言・処世訓、そして理論を伝える文章」がある。さらに、スートラの語源である√siv の「縫う」という語義から、先の意味深い短文を花と見立てて、それらをあたかも首飾りのように束にしたものという意味合いが込められる。したがって、本来この語はブッダの教えを伝える文献の形態的特長を示しており、数ある教えの中でスートラと呼ぶに相応しい形態のもののみの呼称として用いられている場合が多い。このことは、現在の我々が有する初期経典類の分類である漢訳の長阿含や中阿含等の四阿含や、南方仏教で伝わる長部（P. Dīgha-nikāya）、あるいは中部（P. Majjhima-nikāya）というような五部の形式以前に、多くは形態的な特徴で分類された九分十二分教という集成方式の一つとしてスートラという呼称が存在していたことからも明らかである。また、律の中核部分である戒条を列挙する波羅提木叉（Pātimokkha）が経（解脱戒経）と呼ばれ、それらの解説が経分別（Sutta-vibhaṅga）と称されることからも、後代になって意味概念が変遷したとしても、このような使用例でのスートラの語が法（dharma, P. dhamma）を完全に包摂するようなものであったと見なすことには疑念が残る。それでは、どうして一表現形式の名称であったスートラが、あたかもブッダの教説すべてを示す言葉として用いられるようになったのだろうか。

それには、スートラという名称は汎インド的に教えを語る典籍の呼称として一般的に用いられていることが影響していると考えられるのではないだろうか。周知のように、宗教や哲学的な分野でも基本的な聖典はヨーガスートラやヴァイシェーシカスートラのように、また社会的な規律、規範を説くものの場合にもアルタスートラやカーマスートラというように、「～スートラ」という名称は広く馴染んだものとなっている。そこで、当初は厳密な形態的な特徴を区別していた仏教でも、インドで「最も一般的な教えを集成した名称」という意味から、すべての教えを包摂する語として用いるようになっていったのではないだろうか。さらには、九分十二分教でも支分を数え上げるのに最初に置かれているスートラが、いわば「スートラ等の法」というように法の代表例として指折られることの多いものであったことも一因となっているのかもしれない。

第二結集以降

仏滅後百年頃に毘舎離（ヴェーサーリー）に住するヴァッジ族の比丘たちの間で、戒律に関する禁止事項の中で金銭の授受を代表とする十の事柄に対する例外を認めてほしいという求めが起こり、比丘たちが集結してそれらに対して審議ののち否決した結果、教団の分裂を誘発した事件（十事の非法）というのが、南北両伝に共通伝承として伝わっている。そしてこの審議ののち、南伝の歴史書の伝承では集まった七百の比丘たちによって聖典の結集が行われたので、第二結集と称する。仏滅年代に対する南北での約百年の隔たりや、北伝にのみ伝えられる教団分裂の原因とされる「大天の五事」との関連等のさまざまな問題も多く、さらには第二結集というものの具体的な内容も明確ではないので、この段階での三蔵の全容をうかがい知ることはできない。

さらに、南伝でその百年後に生じたとされるパータリプトラで開かれた教団浄化のための会議で、第三回目の結集を開催し、論蔵の七書の一つである「論事」が著されたという南伝独自の伝承に至っては、現状の研究成果によると、上座部内部での事業であると見なすのが妥当であろうと考えられている。

この第二と第三結集の伝承には、多くの複雑な問題が残っており、しかも明確にその段階での三蔵の状態を語る直接的記述は見出せない。そこで、それ以外の資料に見られる断片的な記述から仏滅後百年から二百年の頃までの聖典の伝承状況を示しているものをいくつか指摘すると、次のようなものが見られる。

▼経典中に語られる例

・ブッダ在世時代、ある弟子が「教説の言葉を生まれや育ちや家柄等のために汚しているのでは」との問いに対して、「各自の言葉遣いで（P. sakāya niruttiyā）語れば良い」と答える。

・いくつかの経典（あるいはその原型となった教え）の中に、それを誦することによって仏教に対する理解度を測ったり、航海中の安全祈願をするような「読誦経典」と呼称される卑近に用いられる経典がいくつか存在した。

▼アショーカ王関連の断片的記事

・アショーカ王が残した多くの碑文の一つに仏教徒に奨励する「七種の法門」として、経名を列挙する有名なものがある（Calcutta-Bairāṭ　法勅）。そこに記された経名は、現在見るような「〇〇経」という整然としたものは一つもなく、現存の「〇〇部」（阿含）というような何らかのグループに配されていることをうかがわせる記述もない。[*3]

・歴史書に見られる王在世時に行われた伝道師派遣記事に、それぞれの伝道師名とともに彼らが伝持したいくつかの経典名が列挙される。それらは、少なくとも彼らが説示することを得意としたものとして挙げられていると理解できる。

これらの例や、現存パーリ伝と漢訳では経典の配列や内容にかなりの異同が見られること、あるいは記憶による伝承に際して分担を示唆する持律者（Vinaya-vādin）と持法者（Dhamma-vādin）というような表現例も考慮するなら、現存の形態まではおおむね、

ブッダ在世時に顧慮されていなかった教説の種別分けは、滅後弟子たちにとって大きな関心事となり、まず、律（Vinaya）と法（Dharma）に分けて集成され、とくに法は主に形態面から九分や十二分に分類され、[*4]やがて枠組みを分量や主題別の四つのカテゴリー（四部・四阿含）に再集成され、のちにその集成から外れたもの、あるいは新たに創作されたものを小部（雑蔵）として都合五部となった。

というような過程を経たと推察される。

第四結集

南方上座部独自の伝承として、第四結集と伝えられるものは、それまで口伝による伝承であった聖典を筆写することになった出来事である。[*5]

セイロン王ヴァッタガーマニーの時代（紀元前四三年即位、その年王位を追われたのち紀元前二九年復位）、内部的には、教理理解等の問題で教団内に異説が多くなり、社会的には飢饉等の天災や異教徒との抗争も加わり僧侶が激

減した。そのため、教法の正しい口伝に危機感が生じ、三蔵と註釈を書写して島中部のマラヤ地方アーローカ窟院に保管したとされる。

時代的背景を考慮するなら、セイロン上座部内に保守的な大寺（マハービハーラ）と進歩派の無畏山寺（アバヤギリビハーラ）という二つの派閥が生じて確執が深まっていた。一方インド本土でも、それまでことさらに強調されることのなかった経典筆写の奨励を説く大乗経典の出現時期とも重なっており、現実にあった事件と解して差し支えないことであろう。しかし、この時に書写された現物は、当然のことながら残ってはいないのであるから、どのような三蔵であったかを確定することは難しい。ただ、三蔵と同時に註釈も筆写されており、それらを源泉資料として五世紀になって上座部最大の註釈家仏音（ブッダゴーサ）が註釈文献を著したとされており、そこでの経典の配列等はほぼ現在の形態と一致するのであるから、これ以降は大きな改変は生じていないと考えられる。

二　刊本としての集成

パーリ聖典協会（PTS）

スリランカから東南アジアに伝えられ、それらの地域で興隆し現代にも脈々と流れる南方上座部の教団では、近代に至るまで主に筆写による伝承が主流であった。まとまったシリーズとしてのテキストの刊本による編纂事業は、ビルマ（ミャンマー）やタイ、そしてカンボジア等、南方上座部の有力な国々でも十九世紀末以降に行われるようになる。それらは、多くは自国の書体を用いて刊行され、Oriental Editions と総称されている。

それに対して、ヨーロッパ諸国では研究の本格的な勃興期からローマ字による批判的な校訂出版が行われ始め、

図1　ローマ字版
（左からPTS・パリ・タイDhammachaiの各版）

やがてT・W・リス・デヴィズによるPali Text Society（＝PTS）の設立と、彼の尽力により統一的な体裁によるテキストの出版が行われている（図1）。PTSは、一八八一年にロンドンで設立され、翌年にはJournalの逐次刊行が始まる。さらには、辞典や文法書、索引そして翻訳等の多くの事業が遂行されているが、主たる事業はパーリ語原典の校訂出版である。そして、それらをローマ字による表記と統一した体裁により、さらに各国の研究者の賛同を得て版権を協会に帰属させて、営利的には困難な継続的出版と供給を実現させた。これにより、協会の設立以前に出版されていたテキスト（例えば一八七七年から刊行が開始されたファウスベルによる「ジャータカ」や同年のオルデンベルグ「律蔵」）も同協会から統一規格の体裁で再版されている。このような努力によって、他のサンスクリットやチベット文献等がさまざまな字体と体裁によって出版され、研究に不可欠な資料でも時には絶版となり入手困難な状況に陥ることがしばしばあるのに対して、三蔵をはじめとしたパーリ語文献に限っては、比較的容易に入手できることは研究者や学徒にとって多大な益あることと評することができる。[*6]

南方仏教諸国でのテキストの編纂と出版事業

先にもふれたように、多くは自国の書体を用いて刊行されたOriental Editionsと総称されている上座部を奉じる国々の編纂出版事業が存在する。それらの主だったものを以下に国別に一瞥しておこう。

▼スリランカ（セイロン）

伝説の様相を含みながらも、重要なテキスト編纂事業の最初のものといえるのは、先にふれた第四結集として伝えられるものであった。その後も、仏教を奉持するシンハラ族の王朝の盛衰に呼応して仏教教団も消長を繰り返し、いく度となく聖典の整備が繰り返されたことが歴史書によって言及されてはいるが、それらは版本ではなく書写によるものであった。

近代になって、活字版による聖典の編纂刊行が計画され、三蔵については、シンハラ文字による二つのシリーズが企画され、共に数冊刊行されたが中断してしまう。[*7]これには、自国の経済的問題等も要因となっているであろうが、優れた研究者は独立前までの宗主国であるイギリスのロンドンに本部を置くＰＴＳと交流が深く、重要テキストの校訂出版のエディターとして活躍していたことも原因となっているのであろう。

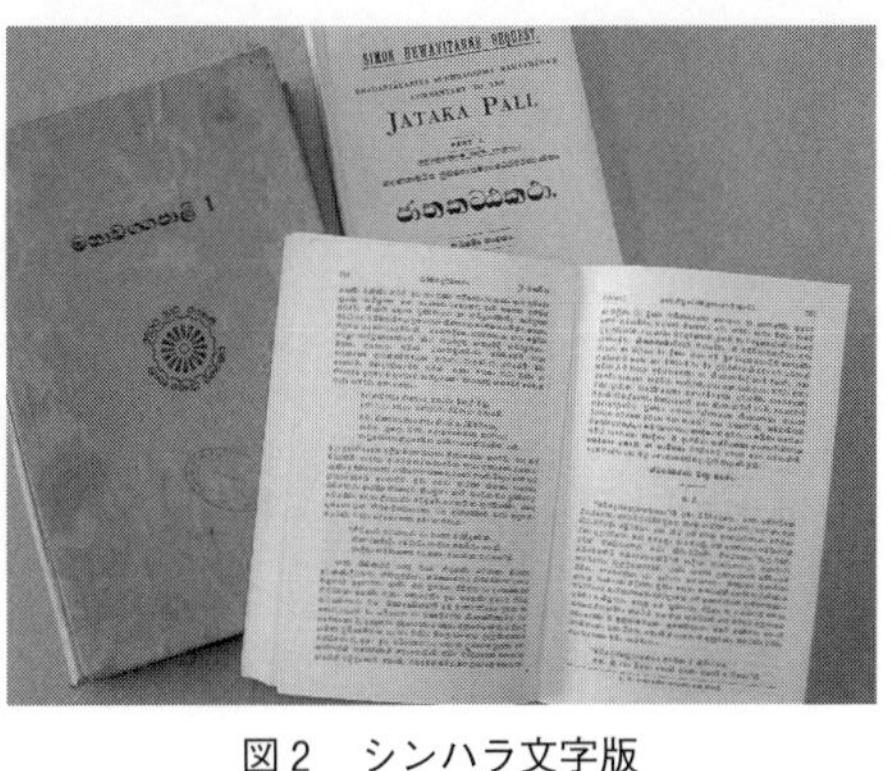

図２　シンハラ文字版
（左 Buddhajayanti 版と SHB 版）

それに対して、当時ＰＴＳでは未出版のものが圧倒的に多かった註釈書の全容を全四九巻に収めて一九五二年に完成した Simon Hewavitarne Bequest（＝ＳＨＢ　図２）Series の資料的価値は、大変大きい。これは、当初一九一三年に英領セイロンに総督として赴任したチャルマーズ（R. Chalmers）によって提唱され、彼の退任後その意思に共感したセイロンの事業家一族 Hewavitarne 家（同家からは英領下での仏教の復興者として名高いアナッガリカダルマパーラ師を輩出）が継承し、一九一七年の第一巻から完成までに三十五年を要したものであった。

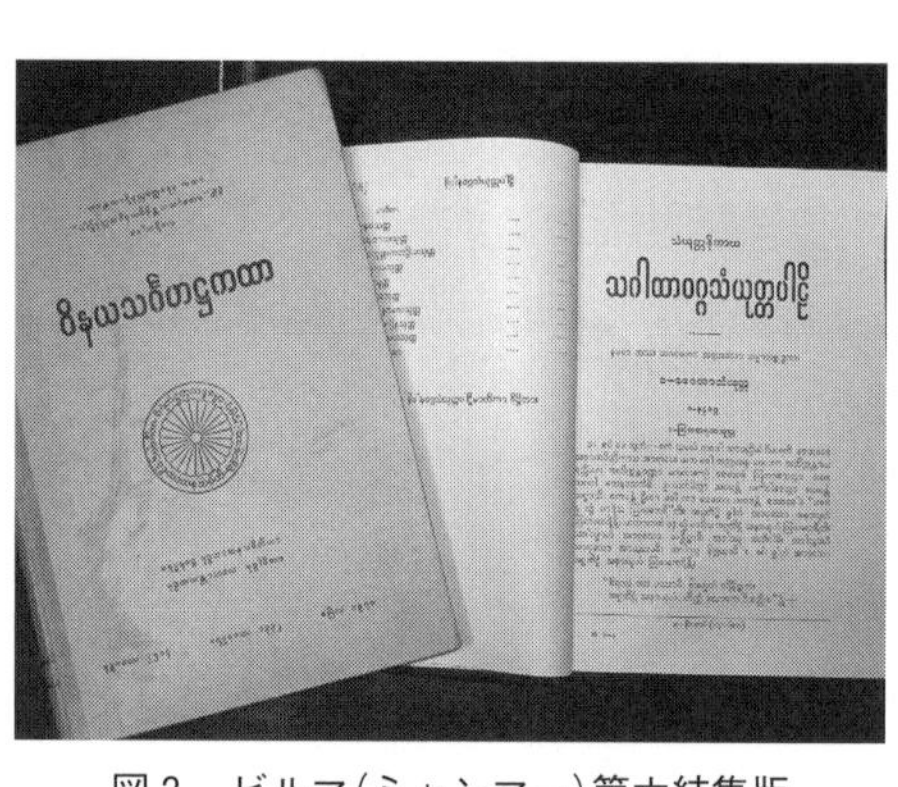

図3　ビルマ（ミャンマー）第六結集版
（愛知県安城市　慈光院蔵）

▼ビルマ（ミャンマー）

南方仏教の伝説に従い、セイロン島での聖典筆写を第四結集と数え、その後を担うものとして一八七一年にビルマのミンドン王治世下のマンダレーにて行われた聖典編纂事業を第五結集（マンダレー結集）と呼ぶ。二四〇〇名の長老比丘が参加し、同年の四月十五日から開始され、五カ月後の九月十二日に三蔵のすべてを読誦し終えた。この時制定されたテキストは、七二九枚の大理石製のプレートに彫まれ、当地の丘の麓の寺院（クドードーパゴダ）に整然と並べられている。

さらに、南伝の仏誕二千五百年事業として、一九五四年五月から一九五六年五月までのほぼ二年にわたって、第六結集（chaṭṭha saṅgāyanā, The Sixth Great Buddhist Council）と総称される大規模な聖典編纂事業がビルマ政府の国家挙げての支援により行われた。この事業には、ビルマ仏教徒のみならず、南方仏教を奉じるセイロン・タイ・カンボジア・ラオスという多くの諸国から有識の僧侶が参集し、次のような五つの会期に分け、それぞれの学識と資料に基づいて読誦校合を行った。

一九五四年五月二十一日～同七月七日の四十六日間　律蔵の校合
　同十一月十五日～五十五年一月二十九日の七十六日間　長部と中部の校合
五五年四月二十八日～同五月二十八日の三十日間　相応部と増支部の校合
五五年十二月十六日～五六年二月十六日の六十三日間　小部と発趣論の校合

論蔵の残り六部　五六年四月二十三日~同五月二十五日の三十一日間

このような、経緯を経て完成した「第六結集版」（四〇冊）（図3）は、版本による最も厳密な校訂版の一つとして現在でも高い資料的価値を誇っている。そして、ビルマ文字によるこの「第六結集版」の完成後、これを基にしたインド文字（デーヴァナーガリー）版がナーランダ版として出版され、また一九九〇年代には電子版の先駆的なものとしてCD-ROM版[*8]が普及している。

▼タイ（シャム）

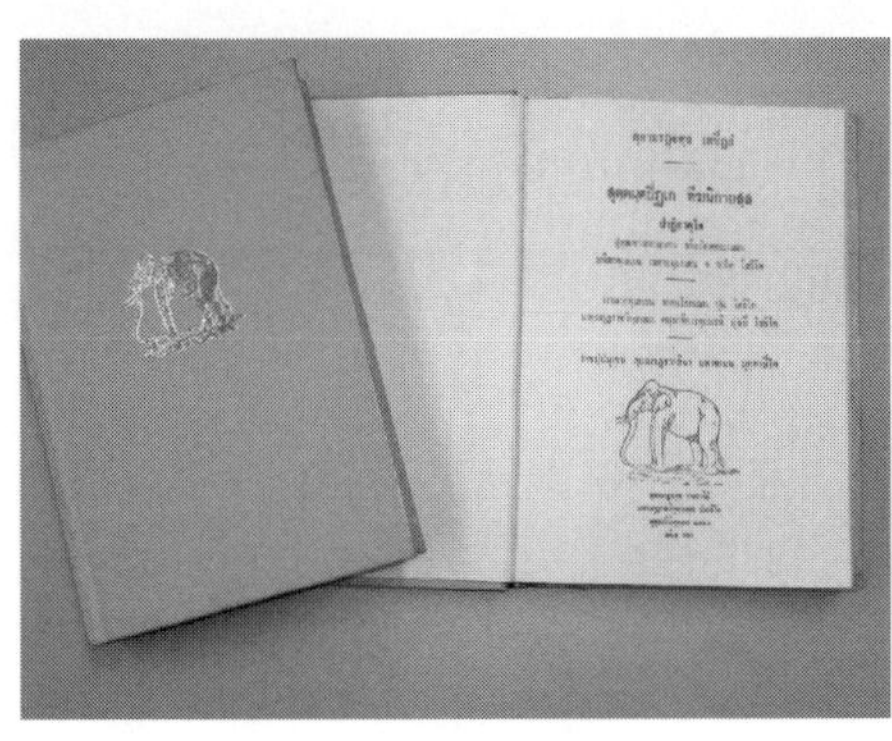

図4　タイ王室版

伝統的なタイの歴史書「結集史（P. Saṅgīti-vaṃsa）」によると、近代までに結集と呼ばれるものは都合九回を数えたという。これらのうち、第一回から第三回までは南方仏教の定説どおりのものがインド本土で、第四から第七までは、

第四　マヒンダ長老と千人の阿羅漢によるもの[*9]
第五　聖典筆写のこと
第六　ブッダゴーサによるシンハラ語のダンマのパーリ語化
第七　註釈書類の完成

というものを、セイロン島内での出来事として伝えている。そして、その後の二回がタイで実施され、

第八　北部チェンマイにおける仏暦二〇二六年（紀元一四八三）のもの

第九　ラーマ一世のもと仏暦二三三一年（紀元一七八八）のものと伝える。そして、十番目に相当するものが仏暦二四三七年（紀元一八九四）に、ラーマ五世の即位二十五周年記念行事としての「王室版」（図4）の刊行とされている。

この「王室版（Siam Royal Edition）」（四五冊）と呼ばれるものは、刊行後に世界的規模で仏教学関係の大学、図書館、宗派本山に寄贈され、日本のパーリ語研究の泰斗である水野弘元（一九〇一～二〇〇六）博士の評価にもあるように、当時刊行のＰＴＳ版と比較して誤謬誤植が少ない資料的価値の高いものという定評がある。[*10] なお、一九一九～二八年にかけて註釈文献と重要な蔵外の典籍が、さらに一九二五～二八年に三蔵の改訂版が出版されている。さらに、近年国際的規模で新たな決定版を編纂し出版する企画が動き出しているようである。[*11]

▼その他の刊本

上記の三つの国々以外でも、過去にカンボジアのクメール文字版の刊行がなされているが、よく知られているように同国の長期にわたる内乱による壊滅的な破壊によって完全な刊本の現物を身近に確認することは難しい。しかし、マイクロフィッシュによる所蔵はいくつかの研究機関や図書館にあり、容易に閲覧可能な状況となっている。

註

＊1　古代インドでは稀な、ほぼ確定的なアショーカ王の即位年代（紀元前二六八年頃とするのが一般的）が仏滅後約百十年頃（北伝）とみるか、約二百年頃（南伝）と考えるかによって、時間的経過でほぼ倍の差があることになる。そして、セイロン島への仏教の伝来はアショーカ王の時代とする伝承は、ほぼ史実と大きな隔たりはないとみられ

ている。そこで、近年優勢な北伝を考慮するなら、百年ほどというかなり早い時代という表現も妥当であろう。

＊2　例外的に、Milindapañha を他のいくつかとともに小部経典に配する場合（ビルマ版）もある。

＊3　この「七種の法門」の第一に律（vinaya）が挙げられており、すでにこの時代には明らかに律という集成を確認することができる。その一方で、この律も含めて法門（dharmaparyāya）としており、法の一種と解されていることになる。

＊4　この支分の成立にもさまざまに議論されているが、最も穏当な意見は次の三段階。

第一段階　九分の前五支　スッタ・ゲイヤ・ヴェイヤーカラナ・ガーター・ウダーナ

第二段階　後四支　イティヴッタカ・ジャータカ・ヴェーダッラ・アッブタ（ダンマ）

第三段階　十二分の残り三支　ニダーナ・アヴァダーナ・ウパデーシャ

＊5　北伝で第四結集と呼ばれるものは、カシミール地方で仏滅後四百年に有部の阿羅漢五〇〇名が集結し「大毘婆沙論」を著したことを指す。

＊6　ＰＴＳ以外にも、パーリ三蔵の出版が企画され、部分的に出版されたこともあった。例えば、フランスでは一九四九年に Canon bouddhique Pāli として長部の第一巻が刊行されている（ed. J. Bloch, J. Filliozat, L. Renou）が、続刊は確認できなかった。

＊7　一九五〇年代に Sripāda Tripitaka series が、一九五九年から一九六〇年代にかけて Buddha jayanti tripitaka series（パーリ語と見開きでシンハラ語の対訳を付す）が刊行されている。

＊8　Published by Vipassana Research Institute. India.（最新版は二〇〇八年）

＊9　タイ伝承以外では、このような結集記事を伝える場合を知らない。しかし、例えば同一源泉と考えられる Saddhammasaṅgaha でも、聖典筆写を通常は第四とすべきところを「第五結集」と記していることもあり、地域限定で了解されている事項なのであろう。

＊10　水野弘元『パーリ語文法』（山喜房仏書林、一九五五年）二一三頁。

＊11　佛教大学の松田和信教授からの情報と資料によれば、国際的なネットワークの下に多系統の写本に基づいた厳密な校訂版が企画（Dhammachai版）されており、その順次の刊行と完成が待たれるものとなっている。

参考文献

水野弘元『経典はいかに伝わったか――成立と流伝の歴史――』（佼成出版社、二〇〇四年）
前田惠學『原始仏教聖典の成立史研究』（山喜房仏書林、一九六四年）
塚本啓祥『増補改訂　初期仏教教団史の研究』（山喜房仏書林、一九八〇年）
平川　彰『インド仏教史』上巻（春秋社、一九七四年）
藤吉慈海『南方仏教――その過去と現在――』（平楽寺書店、一九七七年）
池田正隆『ビルマ仏教――その歴史と儀礼・信仰――』法藏館、一九九五年）
藪内聡子『古代中世スリランカの王権と佛教』（山喜房仏書林、二〇〇九年）
森　祖道「S.H.B. Pāli Aṭṭhakathā について」（『曹洞宗研究員研究生研究紀要』第一号、一九六九年）
永崎亮寛「バンコックにて刊行されているパーリ語聖典」（『パーリ学仏教文化学』第二号、一九八九年）
永崎亮寛「Saṅgītiyavaṁsa（結集史）について」（『宮坂宥勝博士古稀記念論文集　インド学密教学研究』Ｉ、法藏館、一九九三年）

第2章　大乗経典

一　大乗仏教と大乗経典

現在の日本で行われている仏教各宗のほとんどは大乗仏教といわれる仏教である。『般若経』『法華経』『華厳経』『無量寿経』『阿弥陀経』『理趣経』といった日本人になじみのある仏教経典も大乗仏教の中から生まれた経典である。しかし大乗仏教はゴータマ・ブッダの教団に由来する伝統的な教団仏教と制度的なつながりはない。大乗仏教経典も伝統教団が伝承した仏教聖典（三蔵）とは異なる過程を経て成立したものであり、その内容も歴史的人物であるブッダ・釈尊を大きく踏み越えたものである。日本人は古代インドが大乗仏教王国であったかのような感を抱きがちであるが、大乗経典成立後も伝統教団はインドで仏教が消滅する十三世紀頃まで存続したのである。しかし仏教をインドの歴史を貫いて流れる大きな宗教・思想・文化の大河に見立てるなら、大乗仏教はその本流に流れ込んだ巨大な支流の一つであった。さらにナーガールジュナ（龍樹、一五〇～二五〇頃）やアサンガ（無著〈むぢゃく〉、四～五世紀）・ヴァスバンドゥ（世親、四～五世紀）兄弟といった、仏教の歴史に名を残す著名な仏教哲学者たちも、そのほとんどは大乗仏教の思想家として現れたのである。

大乗と小乗

大乗仏教が興起した明確な年代は不明であるが、紀元前後であったことは確かである。大乗（マハー・ヤーナ）とは「大いなる（マハー）」「乗り物（ヤーナ）」を意味するが、ブッダの教えは古来より、さとりの世界に修行者を運ぶ乗り物（船）に喩えられてきた。大乗経典の信奉者たちは、自分たちの思想こそ、それまでの伝統教団の仏教思想より優れた大いなる乗り物だと自負したのである。「マハー・ヤーナ」という用語の使用がいつ始まったか定かではないが、西暦一七九年に西域出身の支婁迦讖（ローカクシェーマ）によって漢訳された『道行般若経』に「摩訶衍（マハー・ヤーナ）」の音写語が見られる。また大乗という語と対比的に用いられ、「劣った乗り物」を意味する「小乗（ヒーナ・ヤーナ）」の語は、大乗経典の中で伝統的教団仏教に対して侮蔑的に用いられたが、この語は『道行般若経』には見出せず、これより時代が下った五世紀初頭の鳩摩羅什（三四四～四一三）訳の『般若波羅蜜経（小品般若経）』になってやっと現れる。したがって、大乗仏教が興起した時代から大乗と小乗という対比が明白なものであったかどうかは疑問である。大乗経典を創作した人々は自らの仏教を大乗と称したであろうが、逆に自らを小乗と称した仏教徒あるいは仏教教団が歴史上存在したわけではない。

大乗仏教の起源

大乗仏教を担ったのは誰か、あるいはどのような経緯で大乗仏教が成立したかについては、現在も学界で活発な議論が続いているが、そのなかで、最も広く知られているのは平川彰（一九一五～二〇〇二）の説である。平川は大乗仏教の源流を、①部派仏教（伝統的教団仏教）からの発展、②仏伝文学の影響、③仏塔信仰に求めた。まず、平川に限らず、古くより伝統的な仏教教団の一つである大衆部教団（マハーサーンギカ）から大乗仏教が興起したとの説がある。大衆部の教義には、さとりを求めて修行する菩薩の理念を説いたり、「心性本浄、客塵煩悩」説など、当時の仏教教団を代表する説一切有部（サルヴァースティヴァーディン）の教義には見られないような、大乗仏教と共通する要素が見られるからである。しかし、インドに数あった伝統教団の中には、ほかにも類似した教義を説く教団が存在し、大衆部の教義が大乗に似ているとはいえ、大衆部ものちの時代までインドに存続したことから、大衆部が発展的に解消して大乗仏教が誕生したとはいえない。ただ、その教義の類似点から両者に何らかの関係があったことは認めることができ、匿名の大乗経典の作者たちが大衆部を含む伝統教団の教義を知悉していたことは間違いない。

次に、仏伝文学の影響である。ブッダへの帰依と信仰は時代が経てば経つほど、かえって激しくなり、ブッダを讃えるさまざまな仏伝文学が生み出されていった。大衆部教団の一派が伝える仏伝文献の『大事（マハーヴァスツ）』には「十地」の説があり、これは著名な大乗経典の一つ『十地経』の説く菩薩十地説に関係がある。また当時活躍したさまざまな仏教詩人の作品中ではブッダを讃歎し信仰を強調する表現が繰り返される。これらのいわゆる「讃仏乗」の流れは大乗仏教の仏教者たちによって担われたわけではないが、大乗仏教の興起に一定の役割を果たしたと考えられる。

さらに、仏塔信仰の隆盛がある。ブッダの死後、ブッダの遺骨（舎利）は分割され、中インドに八基の仏塔が建てられたが、しだいに仏教徒の信仰を集めて、マウリア王朝のアショーカ王も各地に仏塔を建てたという。これはブッダの遺骨とそれを納めた仏塔への信仰である。平川の分析では、仏塔は本質的に在家信者のものであるという。仏塔は在家信者によって信仰され、礼拝され、守られたのである。これは出家主義の伝統的仏教教団のあり方とは全く様相を異にしていた。代表的初期大乗経典の一つである『法華経』には仏塔信仰の功徳が強調されている。また古い大乗経典では在家の菩薩を前提にした教義が説かれている。さらに大乗経典には菩薩の集団が「菩薩ガナ（菩薩衆）」を形成して、既存の伝統教団とは別に存在していたことを示唆している。平川は、この「菩薩ガナ」の起源を、仏塔に集まり仏塔を維持した在家の集団に求めて、先の伝統的教団仏教からの発展および仏伝文学の影響に比べて、直接的には在家の仏教信者によって大乗仏教が始まったとする証拠とした。

この平川彰の大乗仏教在家仏塔集団起源説は、皮肉な見方をすれば、大乗仏教を専らとし、世俗的営みを捨て出家したはずの僧侶ですら妻帯して家庭を持つ日本の仏教界にはまことに都合のよい説ではあった。しかし、平川の大乗仏教起源説の提示から数十年を経て、多くの研究者による平川説の検証の結果、最近ではそれを肯定的に捉える研究者はいない。はたして仏塔に集まったのは在家の信者だけであったのか、伝統教団の出家者こそ大乗仏教を担った人たちではなかったのか、果ては大乗仏教がインドに本当に存在したのかどうか等々、最近の先端的な研究は平川説を過去の一通過点に追いやりつつあるように見える。ただいえることは、多くの大乗経典がインドのどこかで誰かによって著されてこの地上に現れたことは確かである。しかしいずれの大乗経典も、第一結集（前章参照）で成立したブッダの事績を伝える経典（スートラ）という体裁をとっている以上、当然のことながらその作者は不明である。多くの大乗経典が、おそらくは紀元前後から五世紀にかけて匿名の作者たちによって生み出されたことに異論はない。さらに最近の研究が示唆するように、それら匿名の作者たちが在家者ではなく、僧院あるいは阿蘭若（あらんにゃ）（村落近郊の森）に暮らす出家者であった可能性は高い。ただ、平川説に代わる新たな学説の中にも、仏教学界が等しく承認する説はいまだ登場してはいない。

付言すると、仏教が行われたと言うためには、僧侶と教団の運営規則を定めた律典（ヴィナヤ）が不可欠である。しかしインドにおいて大乗的な律思想を説いた文献の存在は知られているが、それに準拠して具体的に受戒儀式が行われたような大乗の律典が大乗仏教興起の時代に存在したとは思われない。したがって、当初から大乗仏教が伝統教団と同じような形態を持って存在したわけではないであろう。ただ、平川説が過去のものになったとはいえ、律に縛られた伝統的教団仏教に対する新たな思想運動として大乗仏教が始まったのであれば、何らかの在家仏教の要素を持ちつつ大乗仏教が興起した側面があることを完全に否定することもできない。仮に経典創作から始まった大乗仏教が思想としてのみ存在し、それを担ったのも伝統教団内の出家者であったとすれば、そもそも大乗の律典など必要ではなかったともいえる。しかし、このことはインドにおける大乗仏教の実態をますます霧の彼方へと追いやってしまう。はたして古代インドおいて大乗仏教とはいったい何であったのであろうか。現在の研究はまだ道半ばといわざるをえない。大乗仏教の起源と実態をめぐる研究は今後さらなる展開を遂げてゆくことであろう。

二　インドの文字と経典書写

仏典の書写と文字

仏教聖典の伝承は口承から始まった。仏教聖典が組織的に文字に記される、つまり写本による伝承が始まるのはのちの時代である。例えば、中央アジア各地から出土したインド語の仏教写本を眺めると、経典あるいは律典などの伝統的教団文献を組織的に書写したと思われる写本に、二世紀あるいは三世紀のクシャーナ王朝時代にさかのぼるような古写本は存在しない。それらが現れるのは、せいぜい五、六世紀以降のグプタ王朝期よりのちの写本である。発見された古い時代の写本はいずれも論典や注釈書、あるいは経典であっても、三蔵から抜き出されたアンソロジー類に限られている。仏教に限らず、そもそもインドにおいて聖典は口承が基本であって、文字に写されるこ

図1　ブッダ生誕の地ルンビニーのアショーカ王碑文

この地でブッダが生まれたことを伝える。前3世紀あるいは前4世紀、現存最古の文字資料

と自体が例外的な営みであったといえる。しかしいったん写本による伝承が始まると、その営みはやがて聖典全体に広がり、聖典を伝える手段として、口承と並行して行われていったのである。さらに最近の研究では、仏教聖典を組織的に書写して伝える営みは、伝統的な教団文献ではなく、大乗経典から始まったことが明らかになりつつある。伝統に従って口承が後代まで維持された教団文献と異なり、新たな仏教を広める目的もあったと思われるが、大乗経典自身の中にその成立の当初から盛んに経典の書写を勧める文章が見られることも確かである。

ところでブッダの時代、ガンジス川中流域では文字の使用は開始されていなかった。文字か記号かいまだ明確な結論が得られていないインダス文字を別にして、インドにおいて文字の使用が始まるのはマウリア朝のアショーカ王の治世下である。アショーカ王はインド各地に、仏教による統治を宣布するために石柱や石版等に刻んだ多くの碑文を残したが、これがインドに残る最古の文字資料である（図1）。なお、アショーカ王の年代をブッダの死の百年後とみるか、二百年後とみるかによってブッダの年代にも百年のずれが生じることになる。ガンダーラのアショーカ王碑文の中にギリシャ語碑文が見られることから、アショーカ王が北インドに侵入したアレキサンダー大王（前四世紀）よりのちの人物であることは確かであるが、それ以上のことは不明である。

アショーカ王碑文の中でインド語で記された碑文には二種の文字が用いられている。中近東のアラム文字の影響を受けて作成された、向かって右から左に読むカローシュティー文字、および左から右に読むインド固有のブラー

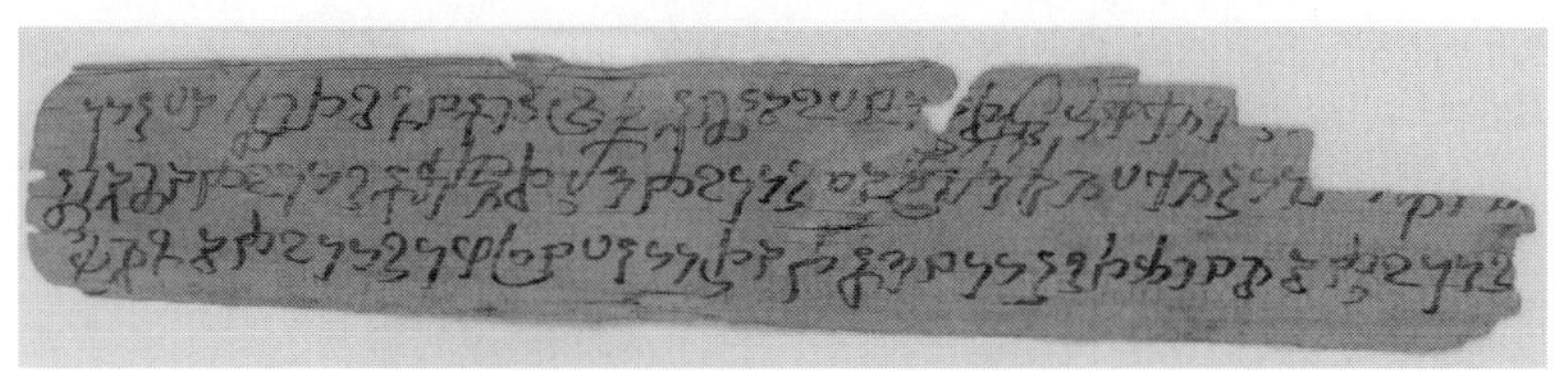

図2　貝葉写本、大般涅槃経
カローシュティー文字（3世紀）、アフガニスタン・バーミヤン出土、スコイエン・コレクション（ノルウェー）

フミー文字である。ただしブラーフミー文字碑文が圧倒的に多く、カローシュティー文字碑文はガンダーラから発見された碑文に限られる。カローシュティー文字は紀元後数世紀を経て廃れるが、インド固有のブラーフミー文字は、その後のクシャーナ王朝とグプタ王朝を生き抜いて変遷を重ね、現在のインドで一般的に使われているデーヴァナーガリー文字に至っている。ちなみに日本に伝えられた梵字（悉曇文字）は九世紀頃の北インドで使用されたブラーフミー文字にほかならない。したがって、基本的にはインドには文字は二種類しかなかったことになる。研究者は便宜上、グプタ文字、クシャーナ文字、デーヴァナーガリー文字といった名称を用いるが、それらはブラーフミー文字の書体（スクリプト）のことである。いずれにしても、アショーカ王碑文に用いられたブラーフミー文字、つまりマウリヤ朝のブラーフミー文字こそがインド固有の文字の原型である。

書写用紙と形状

文化圏が異なれば書物のイメージも異なる。中近東や中国の人々にとって書物とは巻物であり、西洋の人々には現在の本の形であろう。インドにおいては、それは横長の短冊形であった。古代インドにおいて文献の書写に用いられた用紙は椰子（やし）の一種であるターラの木（ターラ椰子、日本ではオウギヤシ）の葉であった。ターラ椰子の葉を横長の短冊状に切って文字を書いた。これを貝多羅葉（ばいたらよう）、略して貝葉という。「貝多羅」とは葉を意味する「パットラ」の音写語である。時代が下って紙が用いられるようになっても、インド文化圏では紙を貝葉状に切って用いた。これは近代になるまで変わらなかった。ガンダーラやバーミヤンといった貝葉の入手困難な地域では、貝葉に代えて樺皮（がんぴ）（樺の木の樹皮）が、さらに木簡や獣皮等も用いられたが、いずれも貝葉をまねた横長の短冊形をしている。中国領中央アジアから出土した多くの紙写本についても事情は変わらない。ただし、最近ガンダーラで発見された、紀元一世紀にさかのぼるカローシュティー文字によるガンダーラ語の樺皮写本類はいずれも巻物である。これはインド文化圏の影響を離れて、カローシュティー文字の出自である中近東のアラム文字文化圏の影響を受けているのである。

出土写本と伝世写本

現在のインドに仏教写本は残されていない。それらが発見されたのはインドの周辺地域であった。ただし写本は、ネパールやチベットの僧院に保存された伝世写本と、中央アジアで発見された出土写本の二種に分けて考える必要がある。伝世写本は完全な形で残っているものも多いが、十世紀前に書写された写本はまれである。一方、出土写本については、最近では紀元一世紀にさかのぼる古写本がガンダーラから発見されているが、ほとんどは断片で、まとまった量で出土する写本は例外的である。人の手で書き写すのであるから、写本は誤写される運命から逃れることはできない。古ければ古いほど価値のある写本であるといえる。たとえ小さな断簡であっても出土写本の価値は高い。もちろん伝世写本の価値は別な意味で高い。近代の写本であっても、インド語のテキスト全文を写本から回収することができるからである。多くの大乗経典や仏教哲学者の著書を原典で読むことができるのも、ネパールやチベットに多くの伝世写本が眠っていたからである。

図3　樺皮写本、無量寿経
ブラーフミー文字（6—7世紀）、アフガニスタン・バーミヤン出土、スコイエン・コレクション（ノルウェー）

では出土写本に対して、現存最古の伝世写本はどれであろうか。かつてそれは日本に保存されているといわれていた。法隆寺に伝えられ、現在は東京国立博物館の法隆寺宝物館に収められている『般若心経』と『仏頂尊勝陀羅尼』、さらにインドのアルファベットを連写した二葉の写本がそれである。しかし、それらは最古の伝世写本ではないことが明らかになっている。何らかの植物に書かれてはいるが、ターラ椰子の葉に見えないばかりか、文字も稚拙で、専門の書写生が書いたものではない。インドでは写本製作は専門の書写生の仕事であった。書体から判断しても九世紀をさかのぼることはありえない。はっきり言ってこれはインド由来の写本ではない。ただし書かれているテキスト自体は本物である。おそらく中国か日本で貝葉をまねて作られたのであろう。

これに対して、あまり知られてはいないが、日本には本物の貝葉写本が複数伝えられている。例えば、大乗経典ではないが、京都の百万遍知恩寺や大阪の四天王寺等に一葉ずつ伝えられた『世間施設論』の貝葉写本断簡がそれである。こちらは専門家が書写した美しいブラーフミー文字で書かれている。おそらくは七世紀から八世紀の北インドで書写されたもので、中央アジアを経て中国に伝えられ、唐に留学した日本の僧侶によって請来されたものであろう。これが現存最古の伝世写本である可能性はある。ただ、ネパールとチベットに保存された伝世写本類の中にも例外的に古い写本は存する。カトマンドゥの王室図書館（現在の国立公文書館）に伝えられた大乗経典の『十地経』写本は、見事なグプタ朝期の東方系ブラーフミー文字（ネパールではリッチャビー文字という）で貝葉に書写され、七世紀にさかのぼる写本であることは間違いない。

さらに最近になって、現在はラサのチベット博物館に収められている写本群の中に、この『十地経』写本と全く同一の書体とフォーマットによる龍樹の『中論』と、それに対するブッダパーリタの注釈書の貝葉写本断簡が発見されている。両者は同一の書写生によって書写されたとしか思えないほどよく似ている。しかし現在知られている写本から判断する限り、七世紀から八世紀が伝世写本の限界である。それに比べて、ほとんどが断簡にすぎないとはいえ、中央アジア出土写本の年代は圧倒的な古さを誇るのである。

三　大乗経典写本の種々相

大乗経典の作成は数世紀にわたって続けられたためか、東南アジアの仏教教団が伝承するパーリ語聖典のように、すべての大乗経典を網羅して組織化する作業はインドにおいては行われなかった。のちに四九点の大乗経典を集めた『宝積経』や、一七点を集めた『大集経』のように複数の大乗経典を集めて叢書とした例も見られるが、大乗経典を網羅した、いわゆる大蔵経化した文献は存在しない。また口承と写本によって個々に伝承された大乗経典であったが、インドでは仏教が十三世紀頃に消滅したため、中国や日本のように木版に付されることもなかった。ただ中央アジアからは、大乗経典ではないが、例外的に紙に木版刷りのインド語仏典の断簡がドイツ探検隊によって発見されている。古代から続く仏教が消滅した現在のインドに仏教写本は残されていないが、ネパールやチベットに保存され、あるいは中央アジア各地から発見された写本類の多くは大乗経典写本である。

ネパールとチベットの伝世写本

ネパールに仏教写本が保存されていることを最初に伝えたのは英国の医者B・H・ホジソン（B. H. Hodgson, 一八〇〇～九四）であった。ホジソンはカトマンドゥ駐在中にサンスクリット語で書かれた大乗経典の写本八八点を収集してヨーロッパに送った。フランスのユージン・ビュルヌフ（Eugène Burnouf, 一八〇一～五二）がその中の『法華経』写本を解読して一八五二年にフランス語訳を出版する。これがインド語仏典研究の出発点となる。その後、多くの大乗経典写本がネパール各地からもたらされることになるが、『法華経』『八千頌般若経』『二万五千頌般若経』『三昧王経』『金光明経』『十地経』『華厳経入法界品』『無量寿経』『楞伽経』等の著名な大乗経典はいずれもネパールに保存された写本から世界の研究者によって校訂テキストが出版され、現在では簡単にサンスクリット語原典から読むことができる状況となっている。

また中国のチベット自治区にも多くの仏教写本が保存されていることが伝えられていたが、その実態は長らく不明であった。それがこの十年ほどの間に、仏教写本に関する情報が公開され、一部では中国外の研究機関と共同研究が開始されるようになった。最近公開された目録類から推定すると、ラサのポタラ宮とチベット博物館に約二千点のサンスクリット語仏教写本が保存されている。その多くは大乗経典であり、すでに中国内外の研究者によって、大乗経典では『維摩経』『智光明荘厳経』『理趣経』『転有経』等が校訂出版されている。

中央アジアの出土写本

一八九〇年、インド駐留イギリス軍大尉ハミルトン・バウアー（Hamilton Bower, 一八五八〜一九四〇）が中国領クチャにおいて貝葉形の樺皮にブラーフミー文字で書写された数十葉の写本を現地の人から入手した。バウアー大尉は殺人犯を追ってインドからクチャに向かったという。これが中央アジアにおける最初の仏教写本発見である。バウアー発見の写本は現在オックスフォード大学に保存されているが、ヘルンレ（A. F. R. Hoernle, 一八四一〜一九一八）によって写真を付した三巻の大冊が出版されている。当初は四世紀後半に書写された写本であるとされたが、この年代は現在は否定されている。実際の書写年代は六世紀から七世紀まで下がる。写本の内容は意外にも『孔雀明王経』等の複数の密教文献であった。

バウアーの写本入手がその端緒となり、十九世紀末以降中央アジアへ足を踏み入れた各国の探検隊によってシルクロードに点在する遺跡からさまざまな言語で書かれた仏教写本が発見されることになる。探検隊によって中央アジアからもたらされた出土写本は、サンスクリット語を主とするインド語文献に限っても膨大な量に上る。各国の探検隊が持ち帰った出土写本を概観すると、タクラマカン砂漠を挟んで、北側のクチャ、トルファンといった地域（天山南路）では説一切有部などの教団仏教が栄え、コータン（ホータン）を中心とする南側の地域（西域南道）では大乗仏教が栄えたことが見てとれる。コータン地域からは『法華経』『般若経』『大乗涅槃経』『首楞厳三昧経』等の多くの大乗経典の原典が発見されている。ただし、ほぼ全体の残る『法華経』や『大宝積経』迦葉品のペトロフスキー写本といった例外はあるが、そのほとんどは紙写本の断簡類である。中央アジアにおける探検の時代は二十世紀の前半に終わりを告げたが、その後、シルクロードの各地、例えばパキスタンのギルギットや、アフガニスタンのバーミヤン、パキスタンとアフガニスタンにまたがるガンダーラからは、現在に至るまで写本発見が続いている。以下、注目すべき発見について大乗経典を中心に紹介しておきたい。

▼ギルギット写本の大乗経典

一九三一年、カシュミールのギルギットから土地の羊飼いによって偶然に大量の写本が発見される。樺皮、一部は紙に書写された約三千葉の仏教写本であった。八世紀前後に書写された写本と見られるが、写本の言語はサンスクリット語で、多くの大乗経典と説一切有部教団の律典等が含まれていた。当初は仏塔に収められた写本とされていたが、最近の研究によれば僧侶の住居に置かれていた写本であった。写本はしばらくカシュミール州政府の管理下にあったが、インド・パキスタン間の国境紛争を経てインド側とパキスタン側に分割され、一部は散逸したと思われる。ギルギットは現在、暫定停戦ラインのパキスタン側に位置している。狭義では、この時発見された写本を「ギルギット写本」と呼ぶが、広義では、ギルギットとは特定されなくても、その後カシュミール地域で発見された写本類もギルギット写本と呼ばれている。ギルギット写本に含まれる大乗経典には『金剛般若経』『一万八千頌般若経』『二万五千頌般若経』『法華経』『薬師王経』『三昧王経』『宝星陀羅尼経』、他に密教系経典などが知られている。現在の仏教研究にギルギット写本が与えた影響は大きい。しかもギルギットを中心とするカシュミール地域からは、大乗経典ではないが『長阿含経』の数百葉より成る巨大な樺皮写本など、同様の写本発見が現在も続いている。

▼バーミヤン写本の大乗経典

ギルギット写本を最後に、中央アジアから大規模な写本発見はもはや望むべくもないと誰もが考えていたが、一九九〇年代になって状況は劇的に変化する。膨大な量のバーミヤンおよびガンダーラ出土写本が世界の古美術市場に現れたのである。そのほとんどは、日本を含む欧米の蒐集家や研究機関に引き取られていった。無論、写本大量出現の背景には、旧ソビエトのアフガニスタン介入からアフガン戦争に至る現地の混乱と荒廃があったことは確かである。しかし皮肉にも、それが仏教研究に寄与する新たな大発見を生むことにもなった。バーミヤン発見の写本には、ブラーフミー文字でサンスクリット語の仏典が、あるいはカローシュティー文字でガンダーラ語の仏典が書写され、書体もバラエティに富んでいた。おそらく三世紀から八世紀に至る長期にわたって書写された写本類である。用紙は貝葉と樺皮が用いられ、獣皮写本も少数含まれる。いまだ正確な点数はわからないが、大雑把な推定では、小さな断片も数えると総数は一万点に上る。出土地についてはバーミヤン渓谷東部に位置するザルガラーン地区の崩壊した石窟跡から出土した可能性が高い。この中で、カローシュティー文字写本が最も古い時代の写本であることは確かであるが、その中には『賢劫経』『菩薩蔵経』『集一切福徳三昧経』といった大乗経典の断簡が含まれている。いずれも三世紀頃に書写された貝葉写本の断簡である。ブラーフミー文字写本では、如来蔵・仏性思想を説く『勝鬘経』、さらに『阿闍世王経』、鳩摩羅什訳で知られる『諸法無行経』といった、他文献における引用を除いて原典の知られていない大乗経典類が含まれていた。さらにクシャーナ王朝期のブラーフミー文字で書かれた三世紀後半にさかのぼる『八千頌般若経』の断簡、ほかにも『無量寿経』『法華経』『金剛般若経』『菩薩蔵経』『薬師王経』『月上女経』『宝星陀羅尼経』『月燈三昧経』などの断簡も発見されている。これらはいずれもギルギット写本より古い。この中で『無量寿経』の断簡は六世紀から七世紀のブラーフミー文字で書写された樺皮写本で、十二世紀以降のネパールで発見された写本とは全く異なるヴァージョンの『無量寿経』であった。

▼ガンダーラ写本の大乗経典

バーミヤン写本の発見と同じ一九九〇年代に、ガンダーラからもカローシュティー文字で書かれたガンダーラ語の仏教写本が多数発見された。発見地はガンダーラの複数の地点であったと思われる。貝葉ではなく、すべて樺皮に書かれた巻物で、炭素14による年代測定の結果、いずれも紀元一世紀にさかのぼる写本であることが判明している。つまり、これらの樺皮巻物が現時点では現存最古の仏教写本ということになる。ロンドンの大英図書館や個人蒐集家等の複数の機関や個人に分けて引き取られたので、現時点で全体像をつかむのは困難であるが、少なくとも八〇巻ほどの樺皮巻物が発見されたようである。なかには、広げると二メートル近い長さの巻物もある。内容は伝統的な教団文献が多いが、大乗経典も含まれている。現時点で同定できているのは『八千頌般若経』と『般舟三昧経』だけであるが、他に阿閦仏と妙喜世界に言及する長文の大乗経典も発見されている。内容は『阿閦仏国経』に類似はするものの、それとは異なる未知の大乗経典である。漢訳に対応文献はない。これ以外にも大乗経典らしきものが数点、さらには陀羅尼を説く経典まで含まれる。『八千頌般若経』の最も古い漢訳は『道行般若経』であるが、発見された巻物の文章はそれよりもかなり短い。はたしてこれが般若経の原型と言ってよいのか、あるいはその背後にさらなる古いヴァージョンが存在するのか、興味は尽きない。出土写本を通してガンダーラ地域の情況は多少わかっても、残念ながら、仏教が生まれたガンジス川中流域の紀元一世紀前後の事情がどうであったのか、私たちには全く不明のままなのである。いずれにしても、これらの樺皮巻物が現存最古の大乗経典写本であることは間違いない。インドにおける聖典の文字化は貝葉に始まったが、西方文化圏の影響を受けたガンダーラで発見された樺皮に書かれた巻物がインド文化圏に残る現存最古の写本であったことは意外である。なお、漢訳経典の分析を通して、研究者はこれまで、初期に漢訳された大乗経典の言語をガンダーラ語であると推定していたが、その直接的証拠がこの数年の間に続々と現れたことになる。今後これらの新たな写本類は、大乗仏教と大乗経典成立の経緯を解明する研究に重要な材料を提供することになると思われる。

▼スリランカの大乗経典

中央アジアから離れるが、一九八二年になってスリランカのアヌラーダプラの遺跡から『二万五千頌般若経』のサンスクリット語写本が発見された。写本と言ってもそれは貝葉や樺皮ではなく、巨大な黄金の貝葉形薄板に九世紀頃の南方系ブラーフミー文字で刻まれた写本であった。発見されたのは経典冒頭部の七葉だけであったが、もし『二万五千頌般若経』の全体を刻んだ写本であったとすれば、おそらく数百枚分の黄金を必要としたことであろう。これは個人や一寺院にできることではない。国家事業として行われたに違いない。スリランカではほかにも『大宝積経』迦葉品の銅板に刻んだ断片なども出土している。つまり、当時スリランカは大乗仏教国であった可能性が高い。スリランカで大乗仏教がどのように行われていたのかその実態は不明であるが、その後スリランカで大乗仏教は駆逐され、伝統的な教団仏教が復活して現在に至っている。

参考文献

平川　彰『初期大乗仏教の研究』（春秋社、一九六八年）。『平川彰著作集』第三〜四巻（春秋社、一九八九〜九〇年）に再録。

グレゴリー・ショペン著、小谷信千代訳『大乗仏教興起時代インドの僧院生活』（春秋社、二〇〇〇年）

『大乗仏教とは何か　シリーズ大乗仏教1』（春秋社、二〇一一年）

『大乗仏教の誕生　シリーズ大乗仏教2』（春秋社、二〇一一年）

松田和信「中央アジアの仏教写本」『文明・文化の交差点』新アジア仏教史5（佼成出版社、二〇一〇年）、一一九〜一五八頁。

第3章　チベット大蔵経

一　チベット仏教の歴史と諸宗派

六世紀半ば頃チベット全域に覇権を成立させたヤルルン王家の王ソンツェンガムポ（在位五九三〜六三八、六四三〜六四九）は中国の四川方面やチベットのカム地方の勢力をも併合して、七世紀には官位十二階の制度を設けてチベットの全領土をこの法律制度に組み込むことに成功した。ソンツェンガムポ王は、さらに大唐国に使者を送り、公主の降嫁を要請した。吐谷渾（とよくこん）の攻防の末にようやく王子グンソングンツェンの妃として有名な文成公主が迎えられた。唐とはその後も攻防が続いたが、和平の道も探られ、その動きのなかで新たな公主である金城公主が八世紀に迎えられた。金城公主は熱心な仏教信者であったと伝えられる。この時期に中国浄衆寺系の禅宗がチベットへ伝えられる。やがて八世紀中頃に即位したティソンデツェン王（在位七五五〜七九七）の頃になると、仏教を国教にする決意をした王によってインド系の仏教も移入され、ナーランダー僧院の長老シャーンタラクシタや、のちに古派密教の祖と仰がれるパドマサンバヴァが招かれた。八世紀の末にはサムイェー僧院が創建され、チベット人僧侶が具足戒を受けてサンガ（僧団）が発足したと伝えられる。そして敦煌の陥落ののち、敦煌にいた禅僧摩訶衍（まかえん）（生没年不詳）がチベット本土に招かれて一時中国系の禅の教えが広まったが、彼らの説く無念無想は一面で反世俗倫理という側面を持っていたので、王はインドから学僧カマラシーラ（生没年不詳）を招き、摩訶衍の教えを論破せしめたのである（サムイェー宗論）。次の王はティックデツェン王で別名をレルパチェン（有髪の僧侶）とも呼ばれる。その名のように、この王も仏教保護に努めた。オンチャンドの大僧院を建設したと伝えられるが、国家の経済はしだいに衰退していったようだ。次に王位を継承したダルマ王（在位八四一～八四二）を最後として、この吐蕃の統一国家は分裂への道を歩むことになる。すなわち同じ年に生まれたダルマ王の二人の王子ウスンとユムテンをそれぞれ独自に擁立する、怨敵のツェポン氏とナナム氏の争いがこの分裂を引き起こしたのである。

吐蕃王国の分裂からダライ・ラマ政権が確立される一六四二年までの長い間、チベットには全国を統一した政権は存在しなかった。ウスン王系の勢力は、十世紀には西チベットに移動してグゲ地方に小王国を築くことになる。この勢力は、こんにちのガーリ地区全域すなわちラダックの方面にまで力を伸ばし経済的にも安定を見せたのちに、再度仏教を保護した。リンチェンサンポの留学やトリン僧院の創建そしてアティシャの招請等さまざまな保護政策を実施したのである。やがて戒律復興の運動や僧団の創設等の動きは西チベットのみならず中央チベットにも拡がっていった。

十一世紀末になるとさまざまな氏族がこれらの僧団の施主となって、それにまつわる利権を得ようとした。古代においては国家を統一させる一つの規範としての核を外来の仏教という宗教に求めていたのに対して、この頃になると地主集団が経済的な地盤の一つとして仏教教団と関係しそれを再興へと導いていったのである。このような動きのなかで、特定の地主集団を施主としたいわゆる宗派が成立していくことになる。

代表的な宗派は、チベットに招請されたインドの学僧アティシャ（九八二～一〇五四）に端を発するカダム派と、そしてその後継宗派としてのゲルク派、そしてクン氏のクンチョク・ギェルポ（一〇三四～一一〇二）が在家の密教道場として創建したサキャ寺を本拠として隆盛したサキャ派、インドに留学してマイトリーパやナーローパから伝わる無上喩伽のタントラの数々を学んでチベットに伝えたマルパ（一〇一二～九七）とその弟子のミラレパ（一〇四〇～一一二三）の流れを汲むカギュ派、そして古代に翻訳されたタントラに依拠するという意味で「古派」を名乗った宗派がニンマ派である。ニンマ派の教義を実際に整理したのはロンチェンパ（一三〇八～六三）である。

諸宗派の中でも最終的に最も隆盛を極めた宗派はゲルク派で、開祖と仰がれるのは著名なツォンカパ・ロサンタクペーペル（一三五七～一四一九）である。ゲルク派は、当初はガンデン派あるいはゲデン派さらには新カダム派とも呼ばれ、のちには中国で黄帽派とも呼ばれた。前述したようにダライ・ラマ政権を基盤に強大な教団へと発展した。

二　カンギュル（仏説部）とテンギュル（論疏部）

いわゆる「チベット大蔵経」という呼称が妥当であるのかどうかということには諸説が存在する。カンギュル（仏説部）とテンギュル（論疏部）の開板が同時に刊行されることは最初期にはなく、厳密な意味では総称は存在しない。「チベット大蔵経」という呼び方をチベット人はしていないのである。

チベット語への仏教文献翻訳は吐蕃王朝の最盛期に盛んに行われた。訳語の統一はティデソンツェン王の時に決定された。まずサンスクリット文献で規定されているさまざまなエティモロジー（語義解釈）がインド僧のジナミトラやスレーンドラボーディやダーナシーラ等のパンディタの指導の下で整理され検討されて、『二巻本訳語釈』等の訳語案が検討されたのちに『翻訳名義大集（マハーヴュットパッティ）』が編せられて訳語が統一された。すでに試訳されていたものについては再度訳語の改訂が行われ、それらの翻訳事業を監督する「大校閲翻訳官」という官名も伝えられている。大校閲翻訳官の称が付されている人物としてダルマターシーラやイェシェィデなどがいる。そしてティックデッェン王の時には最初期の翻訳経論典の目録である『パンタンマ』目録や『デンカルマ』目録(八二四年)が編纂されている。そこには経典も論典も共に収められ混在してリストアップされている。後にも述べるが、最初の写本「大蔵経」である旧ナルタン写本は両者が混在していたようだが、やがてカンギュル(仏説部)の書写刊行はとくに功徳が高いと見なされ、その扱いはテンギュル(論疏部)やチベット撰述の文献とは一線を画するようになっていったのである。

カンギュル(仏説部)およびテンギュル(論疏部)に収載される典籍は、原則的にはチベット人による撰述文献は含まない。中国や日本の大蔵経に和漢撰述文献が含まれるのとは大きく異なる特徴といえる。あくまで翻訳仏典という位置づけなのである。

カンギュル(仏説部)

現在カンギュルの写本として現存が確認されているもののうち、その内容や系譜等の詳細がほぼ判明しているのは次の諸本である。

・ウランバートル写本カンギュル　(一六七一年の筆写?)
・プダク写本カンギュル　(一七〇〇年頃の筆写)
・ロンドン写本カンギュル　(一七一二年の筆写)
・トクパレス写本カンギュル　(一七二九年の筆写)

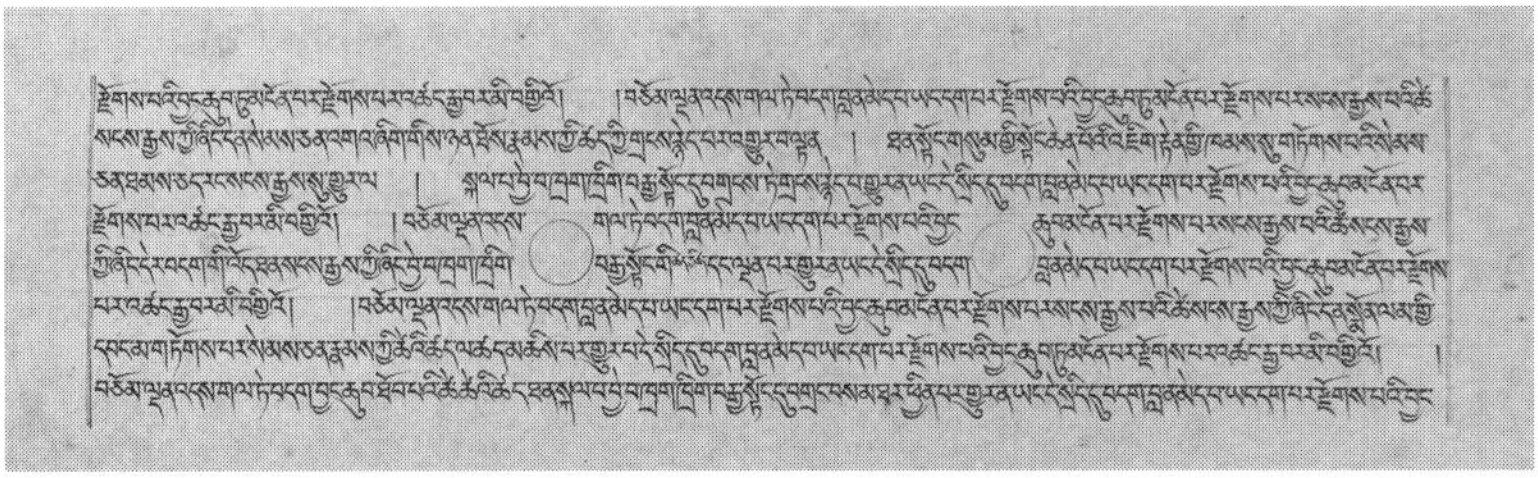

図1　ウランバートル写本カンギュル

・河口慧海師将来の写本カンギュル（一八五八～七八年の筆写）

ウランバートル写本（図1）やロンドン写本そしてトクパレス写本の原本は、共にギャンツェのペルコルチューデ僧院にあったテムパンマ写本と呼ばれるものを起源とするコピーであることがわかっている。書写された年代は下るが、同じような孫コピーに当たるのが東洋文庫に所蔵される河口慧海（一八六六～一九四五）師将来の写本カンギュルである。

そもそもこのテムパンマ写本カンギュルは、旧ナルタン写本カンギュルを原本として書写されたものであるとの伝承がある。つまり旧ナルタン写本カンギュルの孫コピーともいえるだろうか。旧ナルタン写本カンギュルがすべてのカンギュルの元と推定されてきた。

旧ナルタン写本カンギュルと称されるものは、十四世紀初めに活躍したナルタン僧院の学僧ウーパ・ロサル（生没年不詳）の努力によって蒐集された写本集成であった。ウーパ・ロサルは兄弟弟子であったチム・ジャムペルヤンの勧めで翻訳経論典の写本を国内の諸地方から蒐集してまわり、ナルタン僧院の文殊堂に安置したのである。これが旧ナルタン「写本」カンギュルである。その旧ナルタン写本カンギュルを基にして他にもう一種、後世に重要な影響を与える写本カンギュルが存在していたようだ。ツェルパ・ゲウェーロドゥー（生没年不詳）によってツェル・クンタン僧院に備えられたツェルパ写本カンギュルと呼ばれるものである。

また、これらとは全く別の系譜に属するのではないかと思われているもののひとつが、プダク写本カンギュルである。西チベットのプダク僧院に保存されていたこのプダク写本カンギュルの現存写本セットは、一六九六年から一七〇六年の間に書写されたと推定されているが、原本については不明である。

プダク写本と近似する特徴を示す写本カンギュルとして注目されるのは、インド北部のタワン僧院に保存されていたタワン写本カンギュルである。このほか「地方カンギュル」と称される写本群つまりラフール写本・タボ写本・パタン写本等のセットの一部がマイクロフィルムで研究者に提供されてのち、いくつかの経典について研究がなされたが、いずれのテキストにも興味深いヴァリアント（異文）が発見されている。さまざまな推定が可能だが、いまだ系譜は明らかにならない。テムパンマ写本系に近い経典もあれば、ツェルパ写本系に近いものもあり、さらには敦煌写本に近いものもあって、あらゆる写本や版本の中で最も古い系譜がそれらの中に残存するのではないかとも考えられている。

図２　北京版西蔵大蔵経
（第五十筴『大宝積経』　大谷大学博物館蔵）

さて、十五世紀を過ぎると「版本」と呼ばれる木版刷りのものが中国で作られるようになる。いわゆる「北京版大蔵経」と総称されるものがこれであるが、異なった時期に編集出版されたものを一括して「北京版」と呼んでいるだけで、実際にはカンギュル（経部）だけでも、永楽版・万歴版・康熙版・乾隆版の四種がある。

ツェルパ写本カンギュルの系統からのコピーを使って、明の永楽帝が一四一〇年に開板したのが永楽版カンギュルである。一六〇五年には万歴帝が同じ板木を使用して復刻版を刊行する。これが万歴版カンギュルである。清の康熙帝は新たに版を起こして一六九二年にその事業が完成する。これが康熙版と呼ばれるものであるが、この版は数回手を加えられながら復刻される。康熙帝によって一七〇〇年と一七一七～二〇年の二回の復刻がなされ、そして一七三七年には乾隆帝によって乾隆版が刊行されるが、これも正確に言えば康熙版の復刻である。つまり一七三七年版のほとんどの部分は一六九二年のものであり、一部を埋め木し、一部は板木ごと新たにしたのである。一七一七～二〇年復刻のものが大谷大学に所蔵されていて（図2）、「影印北京版」として出版されたものがこれである。一七三七年の乾隆版カンギュルはフランスの国会図書館に所蔵されている。

この中国での開板事業に刺激されてチベット本土でもカンギュル開板の動きが出てくる。

・リタン版カンギュル　（一六〇八～二一年）
・チョネ版カンギュル　（一七二一～三一年）
・ナルタン版カンギュル　（一七三〇～三二年）
・デルゲ版カンギュル　（一七二九～三三年）

等である。ツェルパ写本カンギュルを基にしてグー・シュンヌペル（一三九二～一四八一）らが校訂加筆し、チョンギェ地方のチンワタクツェの城に保存されていたいわゆるチンワタクツェ写本カンギュルを原本として、中国の雲南地方ジャン・サタムの王が施主となり開板したものがリタン版カンギュルである。また同じく、ツェルパ系のカンギュルと北京版を校合に用いて一七三〇～三二年に開板されたのではないかと考えられているのがナルタン版である。このナルタン版は七世ダライ・ラマ（一七〇八～五七）の命で当時のチベット王ポラネー（一六八九～一七四七）が施主となって開板したものである。板木が刻まれたのはツァン地方のシェルカルゾンであったという。

ナルタン版の原本となったのは旧ナルタン写本カンギュルである、という説もあるが、チンワタクツェ写本カンギュルの系統に近いものを原本として開板したのだ、とする研究者もいて、説は一定しない。また、前述のリタン版カンギュルを基にしてタクパシェートゥプが目録を整備したチョネ版カンギュルが一七二一～三一年に開板されている。これらがいわゆるツェルパ写本系カンギュルである。ただし、ナルタン版はテムパンマ写本からのコピーつまりシェルカル写本が基にしたものをも合わせて原本としている、とする説もある。

デルゲ版カンギュルはシトゥ・チュキジュンネ（一七〇〇～七四）を監修者として一七二九～三三年に開板されたが、原本にはツェルパ写本系のリタン版を使い、それを基にしながらテムパンマ写本からのコピーであるロゾン写本カンギュルをも校合して校訂されたと考えられている。また、デルゲ版には少なくとも三回の改訂改刻があったことが知られている。埋め木による修正の跡が多数発見されているのである。

開板され普及していたこれらの諸版本を原本として、二十世紀に入ってから新たに開板されたカンギュルが数種ある。ウルガ版とラサ版である。

ウルガ版は一九〇八～一〇年にモンゴルのウランバートルでデルゲ版と北京版を基にして開板され、ラサ版は十三世ダライ・ラマ（一八七六～一九三三）の発願によって一九三四年にラサで開板された。ウルガ版開板にあたっては主たる原本をデルゲ版カンギュルに採り、その頁割り行割りもそっくりそのまま踏襲している。ラサ版の原本はデルゲ版とナルタン版であり、開板の際の校訂作業では『蔵文辞典』の編集者としても有名な格西曲札＝ゲシェ・チュキタクパ（一八九七～一九七二）が活躍した。このほか、カンギュルの開板としては、アムド地方のラギャ版、カム・デルゲ地方のワラ版、カム・チャムド地方のチャムド版等の存在が知られているが、これらはこんにちでも容易には参照できない。

テンギュル（論疏部）

現在残るテンギュル（論疏部）の骨組みを最初に構築したのは、十四世紀初頭に活躍した学僧プトゥン・リンチェントゥプ（一二九〇〜一三六四）である。ウーパ・ロサルの努力によって蒐集された旧ナルタン写本カンギュルにはテンギュル（論疏部）の典籍も添えられていたようだが、それを基にしてプトゥンが再度蒐集校訂をしたテンギュルがシャル寺に奉納された。このシャル写本テンギュルを基に五世ダライ・ラマ（一六一七〜八二）の摂政であったサンギェギャムツォ（一六五三〜一七〇五）が再度校訂したものがあったという。それを原本にして最初の版本が中国で開板された。

・雍正版テンギュル　（一七二四年）

いわゆる「北京版大蔵経」と呼称され、日本で写真複製出版されたものの中の論疏部がこれである。中国の出版に刺激されて、チベットでもテンギュルの開板が行われる。

・デルゲ版テンギュル　（一七三七〜四四年）
・ナルタン版テンギュル　（一七四一〜四二年）
・チョネ版テンギュル　（一七五三〜七三年）

デルゲ版テンギュルは、カンギュル刊行の施主テムパツェリンの子プンツォクとよばれる者（生没年不詳）が施主となってシュチェン・ツルティムリンチェン（一六九七〜一七七四）監修で一七四二年にいったん完成し、のちに増巻されて一七四四年に完成した。デルゲ版テンギュルの原本はシャル写本テンギュルであると考えられている。

これとほぼ同じ頃、旧ナルタン写本テンギュルを基にしてプルチョク・ガワンチャムパが目録を作ってナルタン版テンギュルが開板される。チョネ版テンギュルはジャムヤンシェーパ二世のジクメワンポの目録とともに一七七三年に完成する。ナルタン版テンギュルは七世ダライ・ラマ（一七〇八～五七）の命で当時のチベット王ポラネーが施主となって開板されたが、同じ頃、そのポラネーはガンデン僧院に金泥で写経した金写カンギュルとテンギュルを奉納している。

三　カンギュル・テンギュルの内容構成

カンギュル（仏説部）およびテンギュル（論疏部）に収載される典籍は、原則的にはチベット人による撰述文献は含まない。中国や日本の大蔵経に和漢撰述文献が含まれるのとは大きく異なる特徴といえる。あくまで翻訳仏典という位置づけなのである。まずカンギュル（仏説部）のおおまかな内容区分について、版本に限って書き出してみよう。

北京永楽・万暦版（秘密部・般若部・華厳部・宝積部・諸経部・戒律部・目録部）

北京康熙・乾隆版（秘密部・般若部・宝積部・華厳部・諸経部・戒律部・目録部）

リタン版（戒律部・般若部・諸経部・華厳部・宝積部・十万但特羅部・古但特羅部・陀羅尼集・無垢光時輪部・目録部）

チョネ版（秘密部・諸経部・十万般若部・二万般若部・八千般若部・般若諸部・一万八千般若部・一万般若部・宝積部・華厳部・戒律部・目録部）

ナルタン版（戒律部・般若部・華厳部・宝積部・諸経部・涅槃部・無上秘密部・瑜伽秘密部・修秘密部・作秘密部・目録部）

デルゲ版（戒律部・般若部・華厳部・宝積部・諸経部・十万但特羅部・古但特羅部・時輪経疏部・陀羅尼集・目録部）

ウルガ版（戒律部・十万般若部・二万般若部・一万八千般若部・一万般若部・八千般若部・般若諸部・華厳部・宝積部・諸経部・十万但特羅部・特羅部・陀羅尼集・無垢光時輪部・目録部）

ラサ版（戒律部・十万般若部・二万般若部・八千般若部・一万八千般若部・一万般若部・般若諸部・宝積部・華厳部・諸経部・涅槃部・秘密部・目録部）

このように各版の内容配列は各様であるが、大きく二分すれば、戒律部から始まるものと秘密部から始まるものとに分けることができる。戒律部から始まるものの基本的な配列は三転四分教判あるいは三時教判と呼ばれるものに因る。つまり釈尊一代の説法を三時に分け、戒律を第一転法輪、般若を第二転法輪、華厳と宝積を第三転法輪とし、大乗諸経を第四と配列したものである。秘密部の分類や配置には刊行に携わった宗派の考えが大きく影響している。

次にテンギュルに関しては、諸版の構成は大きく異なることはない。デルゲ版テンギュルで末尾にアティシャ小部集が加えられているが、これはあくまで翻訳文献と見なされテンギュル（論疏部）に組み込まれたのであろう。ただし構成は同じでも諸版に含まれる文献の異同はかなり存在するので注意を要する。

雍正版テンギュル・ナルタン版テンギュル・金写テンギュル（讃頌部・秘密疏部・般若経疏部・中観疏部・諸経疏部・唯識部・阿毘達磨部・律疏部・本生部・書翰部・因明部・声明部・医方明部・工巧明部・修身部・雑部・目録部）

デルゲ版テンギュル（讃頌部・秘密疏部・般若経疏部・中観疏部・経疏部・唯識部・阿毘達磨部・律疏部・本生部・書翰部・因明部・声明部・医方明部・工巧明部・修身部・雑部・アティーシャ小部集・目録部）

さて、カンギュルとテンギュルの内容構成について、補足的に説明しておきたいのは、各版に付属されている目録部と実際の収録経論典とが完全には一致しないことである。カンギュルやテンギュルの目録を最初に体系的に整備したのは、前述したように「仏教史」の著者として有名なプトゥン・リンチェントゥプである。オーバーミラーの英訳で有名になった『プトゥン仏教史』も経典目録の序文の部分の英訳であって、仏陀や彼の教団が経論典をどのような順番で説きだしたのかという観点からの仏教史であったのだ。後半の経典目録の部分に関しては、西岡祖秀氏が番号付けして公刊している。プトゥンの経典目録は各地の宮殿や僧院が所持していた所蔵目録とは形態を異にしている。

最初の翻訳経論典目録として有名なのは、デンカルマ目録である。デンカルマ目録はラルーによる校訂と芳村修基氏による校訂とがあり、両者の付けた経典番号は微妙にずれているので注意が必要である。これはデンカル宮殿に所蔵されていた翻訳経論典の目録で、早くから注目され出版されていた。二〇〇三年になってデンカルマと並んで古い経録である「パンタンマ目録」も出版された。これらの経録には判然と経典と論典を分ける考えは出ておらず、翻訳途中のものまで記録されていることは特筆される。さてこれらの古い経録を基に収集された旧ナルタン写本カンギュルおよびテンギュルを精査して著述されたプトゥンの分類で注目されるべきは、アビダルマ文献の扱いである。一部の論書が経典として扱われていたものを、プトゥンは論書として扱い区分し直した。写本系のカンギュルでは経典として収録されるものが版本系では論部に収録されているのは、プトゥンの分類に従うものなのでである。

四　敦煌文献中のチベット語訳経論典

敦煌から発見された仏教文献の中にはチベット語のものも多く含まれている。ごく一部分を除いて、それらのほとんどは発見した探検家によって欧州に持ち帰られており、ロンドンやパリに保存されている。それぞれ敦煌から持ち帰った人物の名を冠してスタイン本、ペリオ本と呼ばれ、プサンによるカタログやラルーのカタログでそれらの概要を知ることができる。『解深密経』『楞伽経』『成唯識論』『中論無畏註』『入菩提行論』等の重要経論典が敦煌写本には含まれており、その中には現存大蔵経版本と異なる翻訳も発見できる。さらに、版本大蔵経には収録されていないものも存在することが報告されている。

また、チベット本土では後世に伝えられなかった禅文献が多く残されていることも大きな特徴である。加えて、吐蕃時代のチベット本土では翻訳が禁止されていた無上瑜伽タントラの『秘密集会』の一部も発見されている。

参考文献

御牧克己「チベット語仏典概観」（長野泰彦・立川武蔵編『チベットの言語と文化』冬樹社、一九八七年、二七七～三一四頁）

今枝由郎「チベット大蔵経の編集と開版」（『岩波講座東洋思想第11巻　チベット仏教』一九八九年、三二五～三五〇頁）

Harrison, Paul, In Search of the Source of the Tibetan Kanjur: A Reconnaissance Report, In Tibetan Studies, Proceedings of the 6th Seminar of the International Association for Tibetan Studies, Fagernes, 1992, vol. 1, pp 295-317.
Eimer, Helmut, Ein Jahrzehnt Studien zur Uberlieferung des tibetischen Kanjur, Wiener Studien zur Tibetologie und Buddhismuskunde 28, Wien, 1992.
Eimer, Helmut ed., Transmission of the Tibetan Canon, Papers Presented at a Panel of the 7th Seminar of the International Association for Tibetan Studies, Graz 1995. Osterreichischen Akademie Der Wissenschaften, Wien, 1997.
The Tempangma Manuscript of the Kangyur, The Peking Edition of the Kangyur, held at the National Library of Mongolia, Digitally published and distributed by Degital Preservation Society, Tokyo, 2010.
Eimer, Helmut, A Catalogue of the Kanjur Fragment from Bathang Kept in the Newark Museum, Wiener Studien zur Tibetologie und Buddhismuskunde 75, Wien 2012.
辛嶋静志「論《甘珠爾》系統及其対蔵訳仏経文献学研究的重要性」（『中国蔵学』2014 no. 3, 中国蔵学研究中心、北京、二〇一四年、三一～三七頁）

付記

本稿の記述の多くは、朝倉書店から二〇一四年に出版された『仏教の事典』（末木文美士・下田正弘・堀内伸二編）に筆者が事典項目として分担執筆した第一章の二「教典」の第三節「チベットの教典」の記述と重なっている。諸々の事情で本書の出版が大幅に遅延し出版が危ぶまれたためにこのようなことになった。脱稿自体は本書のものの方が早い。本稿に記述された時点以降の研究の進展に関しては、臨川書店から出版される京大人文研の研究成果『チベットの歴史と社会』（池田巧・岩尾一史編）に所収される「チベット仏典の諸相」に少しく述べた。そちらを合わせて参照していただきたい。

中国

第1章　写本の時代

一　仏教伝来——中国へ

中国にいつ頃仏教が伝わったかというと、それは紀元一世紀の永平十年（六七）といわれている。その年の三年前、永平七年に後漢の明帝（在位五七～七五）が夢に金人を見たというので、秦景ら十八人が求法のために西域・インドに派遣された。そして、永平十年に至って、秦景らはインド僧の迦葉摩騰（かしょうまとう）と竺法蘭（じくほうらん）をともなって洛陽に戻ったことから、白馬寺が創建され、そこで二人の共訳で『四十二章経』一巻が翻訳されたと伝えられている。これが中国で漢訳された最初の経典ということになるが、この仏教伝来と経典の翻訳の逸話は、ともに伝説の域を出ないのではないかと考えられている。

真偽のほどは別にして、漢訳された経典は、それまでが横書きの梵文であったものが、縦書きの漢文となった。その中国から仏教が伝来した朝鮮半島や日本では、同じ漢字文化圏であったことから、中国の写経を内容的にもかたちの上でもそのまま受け入れ、書き写すことによって新たなテキストを得たのである。

写本から版本への移行の時期といえば、印刷の経典が唐時代には出現するとはいえ、一切経（大蔵経）のような大部な経典の印刷となれば、北宋時代、十世紀の開宝蔵（九五頁）を待たなければならなかった。当然のことながら、それまでは写本の独擅場なのであった。

二　漢訳経典の誕生から一切経へ

中国では、翻訳僧が来訪するたびに漢訳経典が誕生し、増加していくことになる。ごく初期の翻訳僧では、二世紀の半ばに安息国出身の安世高が『安般守意経』という経典をはじめ三四部四〇巻の経典を翻訳し、続いて月氏国出身の支婁迦讖が『道行般若経』一〇巻など一四部二七巻の経典を翻訳した。

これに続く重要な翻訳僧は、竺法護と鳩摩羅什の二人である。竺法護は、西晋時代の三世紀後半から四世紀ごく初期に活躍し、『光讃般若経』一〇巻や『正法華経』一〇巻など一五四部三〇九巻の経典を翻訳したことで知られる。竺法護自身は敦煌の人であるが、その祖先は支婁迦讖と同じく月氏国の出身でもあったので、敦煌菩薩または月氏菩薩とも称された高僧であった。

竺法護から約百年後の弘始三年（四〇一）、中国訳経史上で玄奘三蔵と双璧をなす鳩摩羅什——亀茲国（クチャ）の人——が後秦の姚興によって長安に迎えられた。鳩摩羅什は、『大品般若経』二七巻、『金剛般若経』一巻、『法華経』七巻（中国・朝鮮では主に七巻本）、『阿弥陀経』一巻などの大乗経典や『大品般若経』の注釈書としても知られる『大智度論』一〇〇巻など三五部二九四巻を翻訳したといわれる。これらは、いずれも代表的な大乗経典であり、その翻訳は詩趣に富む名訳として知られ、現在に至るまで一千六百年もの間にわたって読み継がれているものが多い。

このように次第に漢訳の経典が増加するに従って、中国にもたらされた経典の全体像を把握すべく経典目録が編纂されるようになる。ただし、インドでは仏教が体系的に発展し、これにともなって経典類も次第に成立したのに対し、中国では体系立てて経典が翻訳されたわけではなく、ある意味で無秩序に経典が翻訳されたことになる。その点では苦労しながらの整理であったに違いない。

このような経典目録の編纂は、鳩摩羅什より以前、四世紀に活躍した道安（三一二～三八五）がそれまでの漢訳経典を収集・分類整理してまとめた『綜理衆経目録』――現存せず、僧祐の『出三蔵記集』に引用――に始まる。この道安は、すべての仏教者はその名の最初に「釈」の字を用いるべきだとして、自ら釈道安と名乗ったことで知られている。僧祐（四四五～五一八）がまとめた『出三蔵記集』の中では、道安の『綜理衆経目録』を校定増補した二千余部四千五百巻余の経典が収録されている。

数多い経典を体系的に集成したものを一切経または大蔵経と呼んでいるが、これには、経・律・論の三蔵だけではなく、中国の高僧らが著した中国撰述の注釈書類なども加えられた。その意味では、仏教典籍の集大成といってもよいものである。

その一切経という言葉は、いつ頃から用いられたのであろうか。これを古写経の遺品からみると、ロンドン・大英図書館所蔵の北魏太和三年（四七九）の紀年がある『雑阿毘曇心経』巻第六（S.九九六）の奥書の一節に、

洛州刺史、昌黎王馮晋国、恩遇を仰感して十の一切経を撰写す。一々の経は一千四百六十四巻なり。

とある。これによれば、洛州刺史（洛陽の州知事）で文明太后の兄、馮熙（字、晋国）が皇帝の恩を感じて一〇部の一切経を書写したとあり、その一切経一部の巻数は一四六四巻であったことがわかる。この数字が体系的に経典を集成したものかどうかは定かではないが、おそらく、洛州近辺で入手しうる経典の総数としての一切経の巻数を記したものと見ることができよう。いずれにしても一切経の巻数を記した最古の写経であろうし、一行の字数が一七

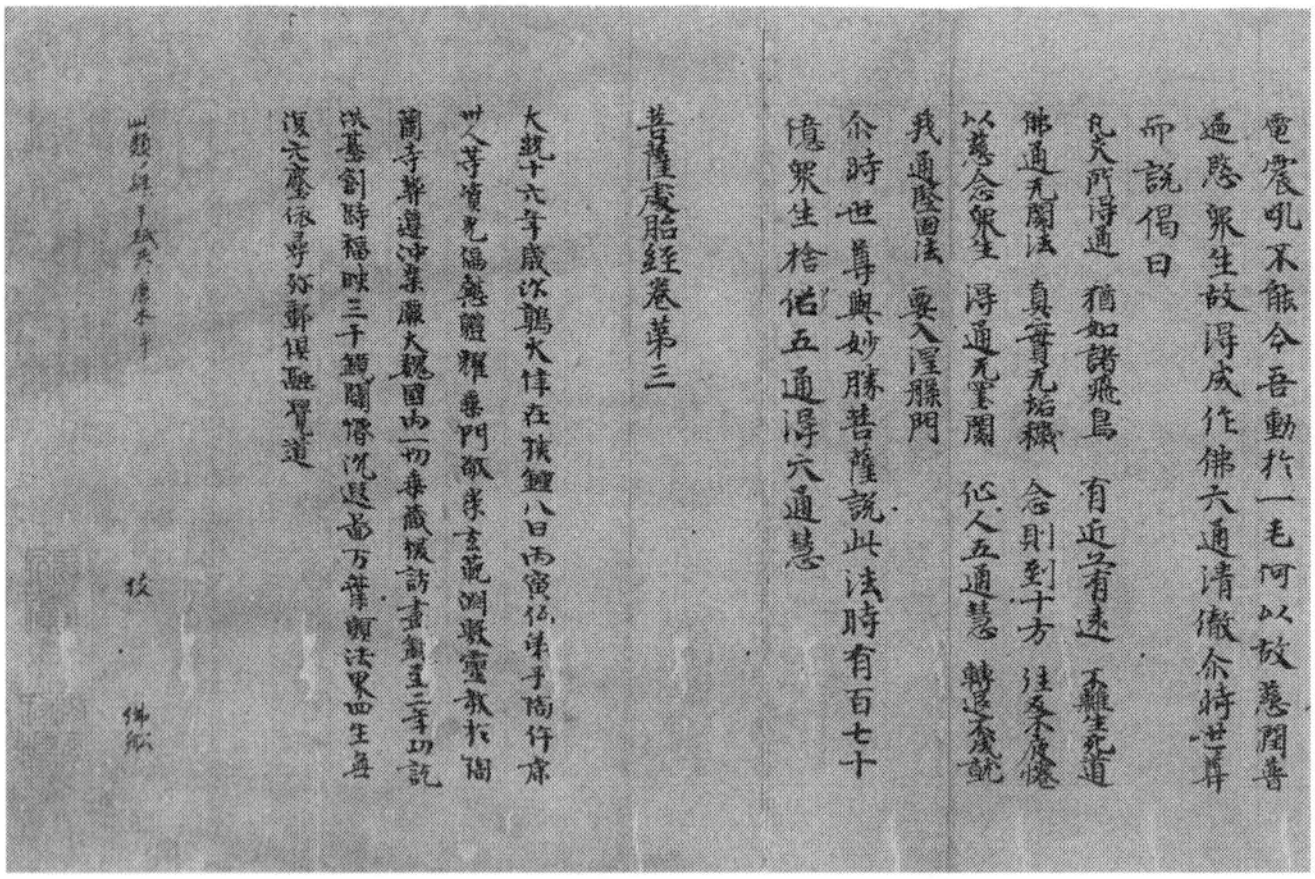

図1　『菩薩処胎経』巻第三〈巻末〉
（国宝　知恩院蔵）

字詁になっている写経の最古の遺例とみられる。

これに次ぐ写経としては、日本に伝世した写経で、京都・知恩院の第七五世であった養鸕徹定（一八一四〜一八九一）の収集品として名高い西魏大統十六年（五五〇）の奥書がある『菩薩処胎経』（図1）を挙げなければならない。その奥書の中に「大魏国内一切乗蔵」と記されており、一切経の遺品と確認できる伝世の写経としては世界最古の遺品といってよい。

いうまでもなく、一切経などのような大部な経典を書写するということは、テキストとなる親本の手配や筆・墨・紙などを供給する財力、経巻に仕立てる装潢（紙を染め、紙を継いで巻物にする仕事）や実際に経文を書写する人などの人手も必要となることから、到底、一般庶民の成せる業ではなく、皇帝・皇族をはじめとする、いわば国家的規模の事業または高位の貴紳による施財によって行われたのである。

例えば、唐の総章元年（六六八）に成立したといわれる『法苑珠林』全一〇〇巻の「伝記篇」には、南朝斉の高宗明帝や北魏の太祖道武帝がそれぞれ一切経を書写せしめたことや、陳の高祖武帝と高宗宣帝は各々一二蔵、世祖文帝は五〇蔵もの一切経を書写せしめたことなどが記されている。また北斉の孝昭帝は一二蔵三万八〇四七巻（一蔵約三一七〇巻）、隋の高祖文帝は四六蔵一三万二〇八六巻（一蔵約二八七〇巻）を書写せしめ、さらに煬帝は六一二蔵もの一切経を修理したとの記事も見られる。たとえ中国的な数の表現があろうとも、実に数多い一切経の書写事業が歴代の皇帝によって行われていたかがわかる。

このような流れの中で、貞観十九年（六四五）一月、十六年余の苦難の大旅行の末に玄奘三蔵（六〇二または六〇〇～六六四）が長安に帰着した。太宗に迎えられた玄奘は、帰国直後より訳経に従事し、没するまでの二十年余の間に『大般若経』六〇〇巻、『瑜伽師地論』一〇〇巻など七六部一三四七巻もの仏典を翻訳したのである。このうち、『大般若経』六〇〇巻は、経典の中で最大のボリュームを誇っており、一部六〇〇巻を書写するのに必要な紙の枚数は約一万五百枚、漢字の字数は約五百万字といわれている。また最もポピュラーな経典として知られ、一紙で書写できる『般若心経』も玄奘が翻訳したものである。

玄奘の翻訳は、漢訳経典の数を飛躍的に増加させただけではなく、中国訳経史上や各宗の教学に与えた影響も最大だったといってよい。そして翻訳に関しては、玄奘訳は「新訳」、鳩摩羅什などの翻訳は「旧訳」と称されるようになったのである。

これら玄奘の「新訳」は、早速、静泰が麟徳年間（六六四～六六六）に編纂した『大唐東京大敬愛寺一切経論目』（衆経目録、静泰録と呼ばれる）という経典目録に採録され、旧訳の経論七四一部二七三一巻に、玄奘訳の経論のうち七五部一三三五巻が編入され、全体で八一六部四〇六六巻の経論が採録された。

開元十八年（七三〇）に至り、智昇が『開元釈教録』二〇巻を編纂して、義浄が訳出した『根本説一切有部毘奈耶』五〇巻などを入蔵（一切経に編入されること）し、全体で一蔵五〇四八巻という後世の一切経の基準を確立した。その内訳は、

大乗経　五一五部二一七三巻
大乗律　　二六部　　五四巻
大乗論　　九七部　五一八巻
　計　六三八部二七四五巻
小乗経　二四〇部　六一八巻
小乗律　　五四部　四四六巻
小乗論　　三六部　六九八巻
　計　三三〇部一七六二巻
賢聖集　一〇八部　五四一巻
　総計一〇七六部五〇四八巻

であり、これは後の一切経の構成を決定的にしたといってよい。

ちなみに一蔵五〇四八巻を書写するのに必要な紙の枚数は、約八万五千枚、一巻平均一六紙から一七紙となる。日本の奈良時代の写経所では、一切経の書写などの際には装潢師が写経用の料紙を二〇紙一巻に継いだことも合理的な数字なのである。なお、二〇紙を一巻に仕立てて書写できるようにする手順は、「継・打・界」の順に行った。まず料紙を継ぐ、次に料紙の表面を砧（きぬた）状のもので打って平滑な表面とし、その後に縦横の界線を引いてから、本文を書写するのである。

一紙の横の大きさを五〇センチメートルくらいとすれば、一蔵分の八万五千枚を横に継いでいくとその長さは、ほぼフルマラソンの距離と同じくらいになる。一蔵の文字数を唐時代の規格で計算すれば、一行一七字、一紙に書写されている行数は二八行、それが全体で約八万五千枚であるから、総文字数は約四千万字ということになる。

『開元録』から七十年後の貞元十六年（八〇〇）、今度は徳宗の勅命により、西明寺沙門円照が『貞元新定釈教目録』、いわゆる『貞元録』三〇巻を編纂した。これには、般若訳『華厳経』四〇巻や金剛智・不空の翻訳になる密教経典など一三七部三四三巻を追補して、一二五八部五三九〇巻が入蔵された（入蔵の巻数には異同あり）。この『貞元録』が編纂されて以後、例えば、日本の平安時代に書写された一切経などは、ほとんどがこの『貞元録』によって書写されたのである。

いずれにしても一切経が書写される時は、原則的には『開元録』もしくは『貞元録』に基づいて五千余巻が書写されたと考えてよい。

三　写本の一切経——一切経から大蔵経へ

残念ながら、中国では膨大な数の写経がすでに失われてしまった上に、一切経の遺品と確認できる奥書を有する写本はわずかという状況にあった。そのようななかで、二十世紀初頭に敦煌千仏洞で敦煌写本が発見されて、先述した太和三年（四七九）の書写奥書を有する『雑阿毘曇心経』巻第六（S.九九六）や隋の皇后独孤氏が開皇九年（五八九）に発願した『仏説甚深大廻向経』（S.二一五四）などの一切経の遺品が確認されたことは重要な出来事であった。その『仏説甚深大廻向経』には「大隋開皇九年四月八日、皇后為法界衆生、敬造一切経、流通供養」との奥書がある。

しかし、このような状況にあっても人から人へ伝えられた伝世の遺品となれば、知恩院に所蔵される『菩薩処胎

樹木七重流水甚深滿其水底沙皆金亦以
有青紅黄白蓮華亦有青紅黄白樹生葉華
實上有種種飛鳥甚好相和而鳴抄多尸利
阿須輪宮北出四万里中有羅呼阿須輪其
城廓廣長各卌六万里亦以七寶采畫姝好作
七寶壁蘭楯刀分樹木周帀圍繞垣高十万
里廣六万里四方有四門門高十万里廣六
万里二一門邊各有三百阿須輪心其宮殿亦
以七寶作七重壁七重蘭楯刀分樹木周帀
七重流水深滿中有青紅黄白蓮華底沙皆
金復次七重蘭楯刀分樹木周帀圍繞有青
紅黄白樹生樹生華葉實上有種種飛鳥甚
好相和而鳴抄多尸利阿須輪城中有大
樹名為晝過度高十二万里周帀亦十二万
里根深二万里莖圍四万里常有華實抄多
尸利阿須輪身高二万八千里四千里者有
高二万里有高万六千里者有高二千里有
高八千里有七聲者長六聲者五聲者四聲
者三聲者二聲者最小者長聲抄多尸利阿
阿須輪宮有四品常待風持之何等為四一
者不可壞風二者堅住風三者持風四者上
風是為四品風主持水在上如浮雲矣

大樓炭經卷第三

咸亨四年章武郡公蘇慶節爲父邢國公敬造一切經

図２　『大楼炭経』巻第三〈巻末〉
（国宝　知恩院蔵）

ない。

経』と『大楼炭経（だいろうたんきょう）』巻第三（ともに国宝）を挙げなければなら

『菩薩処胎経』は、全体五帖のうち、第一帖と第五帖を除く三帖に中国・西魏大統十六年（五五〇）の奥書があり、陶仵虎（とうごこ）ら三十人が陶蘭寺において発願した一切経の遺巻であることが知られる。北朝風の趣を湛えた勁鋭な字すがたの本帖は、発願文中に「大魏国内一切乗蔵」との表現がみられる稀覯の遺品である。なお、第一帖の奥書に「金峰山寺一切経内」とあることから、これらはもと吉野の金峯山寺の一切経であったことが知られる。

『大楼炭経』巻第三は、奥書に「咸亨四年章武郡公蘇慶節為父邢国公、敬造一切経」（図２）とあることから、唐時代の咸亨四年（六七三）に章武郡公蘇慶節が亡父の供養のために発願した一切経の一巻であることがわかる。蘇慶節の父は、蘇定方といい、蘇定方は日本・百済連合軍と唐・新羅連合軍との間で戦われた白村江の戦いで唐の水軍を率いた人物であり、『旧唐書』巻八三にはこの親子の伝が収められている。本帖は、書写年代が明らかな唐時代の写経のなかにあって、その発願者が正史に見えていることや伝世の遺品であることに、その稀覯性と重要性が見いだせる。書道史的にみても、伸びやかで力強い筆線の端正な字すがたは、唐時代を代表する肉筆の写本といって間違いない。

この両者の間に入るのが、正倉院聖語蔵に伝わっている『賢劫経』である。この巻第一の巻末には、隋の大業六年（六一〇）二月八日、扶風郡雍県三泉郷民らの発願により、京郡長安県の羅漢道場において書写された旨の奥書があり、そのなかには「敬造一切経」と記されている。

七世紀を頂点とする唐時代の写経も八世紀を迎えると次第に衰微し、字すがたや料紙の質などにも衰えが目立つようになる。加えて武宗による仏教弾圧は「会昌の廃仏」（八四二〜八四五）となって、中国の仏教そのものが衰退の一途を辿ることになり、その後のいわゆる五代十国時代の遺品はほとんど残っていない。

そして北宋時代に入ってからは、次第に印刷技術が盛んとなり、版本の時代へと移行していくことになる。そのようななかで近年注目されているのが、北宋時代の写本大蔵経の遺品である。現在確認されている確実な北宋時代の写本大蔵経には、

（一）海塩金粟山広恵禅院大蔵経
（二）華亭県勅賜海恵院転輪大蔵経
（三）崑山県景徳寺大蔵経
（四）秀州海塩県法喜寺転輪大蔵経
（五）江寧府句容県崇明寺大蔵経

の五種がある。ちなみにこの時期に「一切経」より「大蔵経」という呼称が用いられるようになったと思われる。

まず金粟山広恵禅院大蔵経は、首題の前に「海塩金粟山広恵禅院大蔵」とあることから、浙江省海塩県の金粟山

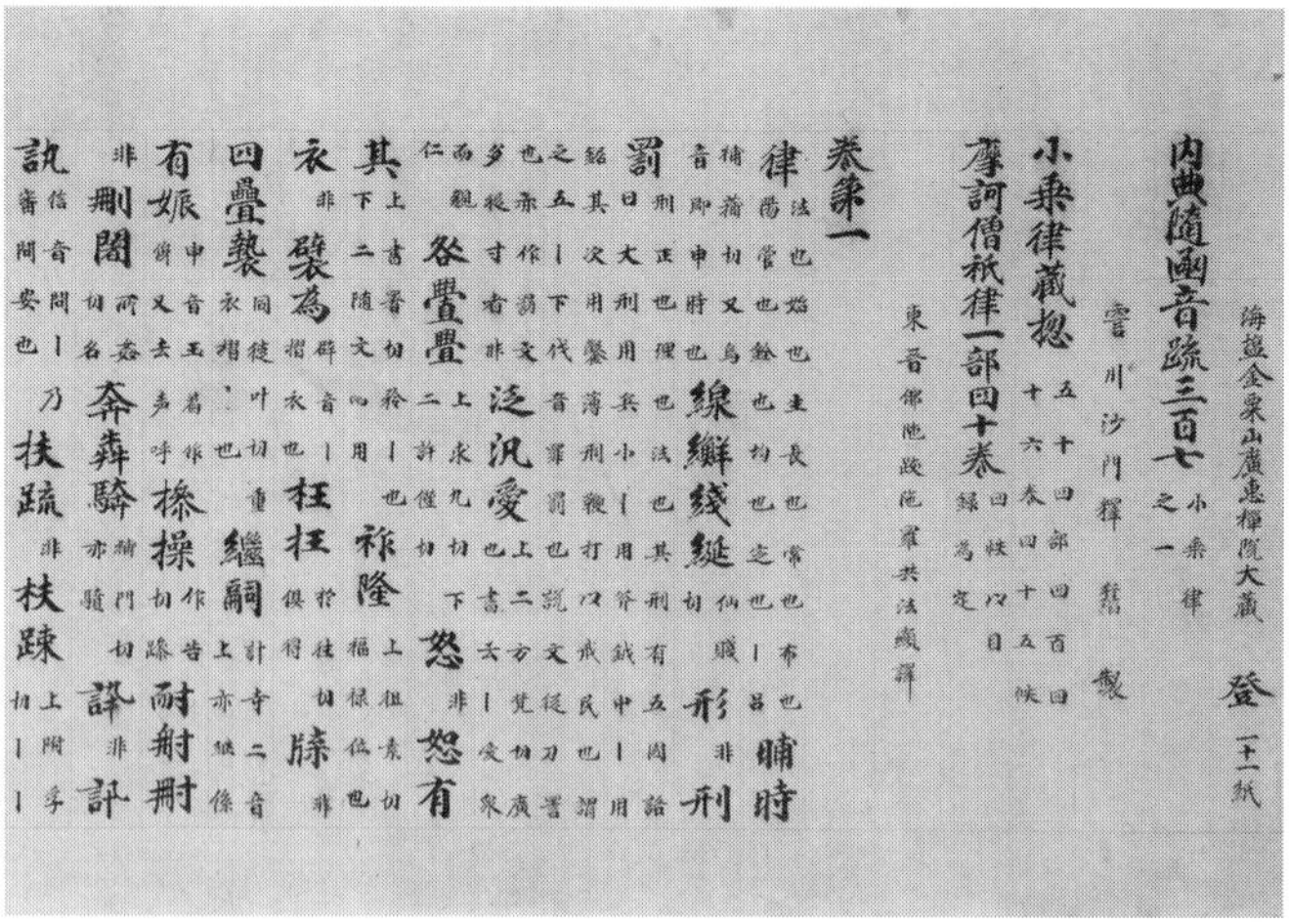
海鹽金粟山廣惠禪院大藏　登　一十一紙
內典隨函音疏三百七　之一　小乘律
雲川沙門釋　製
小乘律藏摠
摩訶僧祇律一部四十卷
東晉佛陀跋陀羅共法顯譯
卷第一

図3　金粟山広恵禅院大蔵経
（『内典随函音疏』巻第三百七〈巻首〉　重要文化財　京都国立博物館蔵）

広恵禅院で書写されたものとわかる。その遺品は、二十六点前後が中国国家図書館などに分蔵されており、日本国内のものでは京都国立博物館守屋コレクションの『内典随函音疏（ないてんずいかんおんしょ）』巻第三百七（図3）がよく知られている。

守屋本の装訂は巻子本であり、巻首の所蔵寺院に続いて、千字文と紙数が「登　一十一紙」と記されており、朱の界線を用いて肉太の筆線の字すがたで本文が書写されている。一紙の大きさも縦三一・四センチ、横六〇・五センチ前後となっており、全体として大き目なサイズの巻子本に仕上がっている。これらは、まさに北宋時代の写経の傾向と特徴であるといってよい。

加えて興味深いのは、この写本は音義という内容から割注形式の字配りとなっているが、一行の字配りを見ると一四字となっている点である。もちろん、一般的な「金粟山大蔵経」は一行一七字の書写となっている。さらに艶やかで光沢のある料紙は「金粟山蔵経紙」として知られ、宋時代を代表する名紙として重用されたものである。

第二は、華亭県（江蘇省松江県）海恵院の大蔵経である。『法苑珠林』巻第六十五（上海図書館蔵）の巻首には「華亭県勅賜海恵院転輪大蔵　陪　二十一紙」とあって、巻末の写経列位より北宋時代の治平元年（一〇六四）に守英なる僧によって勧進されたことが知られ、その書写は同年四月十五日より始まったことが記されている。また校証を精厳寺沙門の楚顔が行い、「造蔵檀越主」が渤海の呉延亮と呉延宥——兄弟であろうか——であることなども記されている。さらに巻末には、「徐恵翁秀／陳義捨墨」の墨印が捺されている。

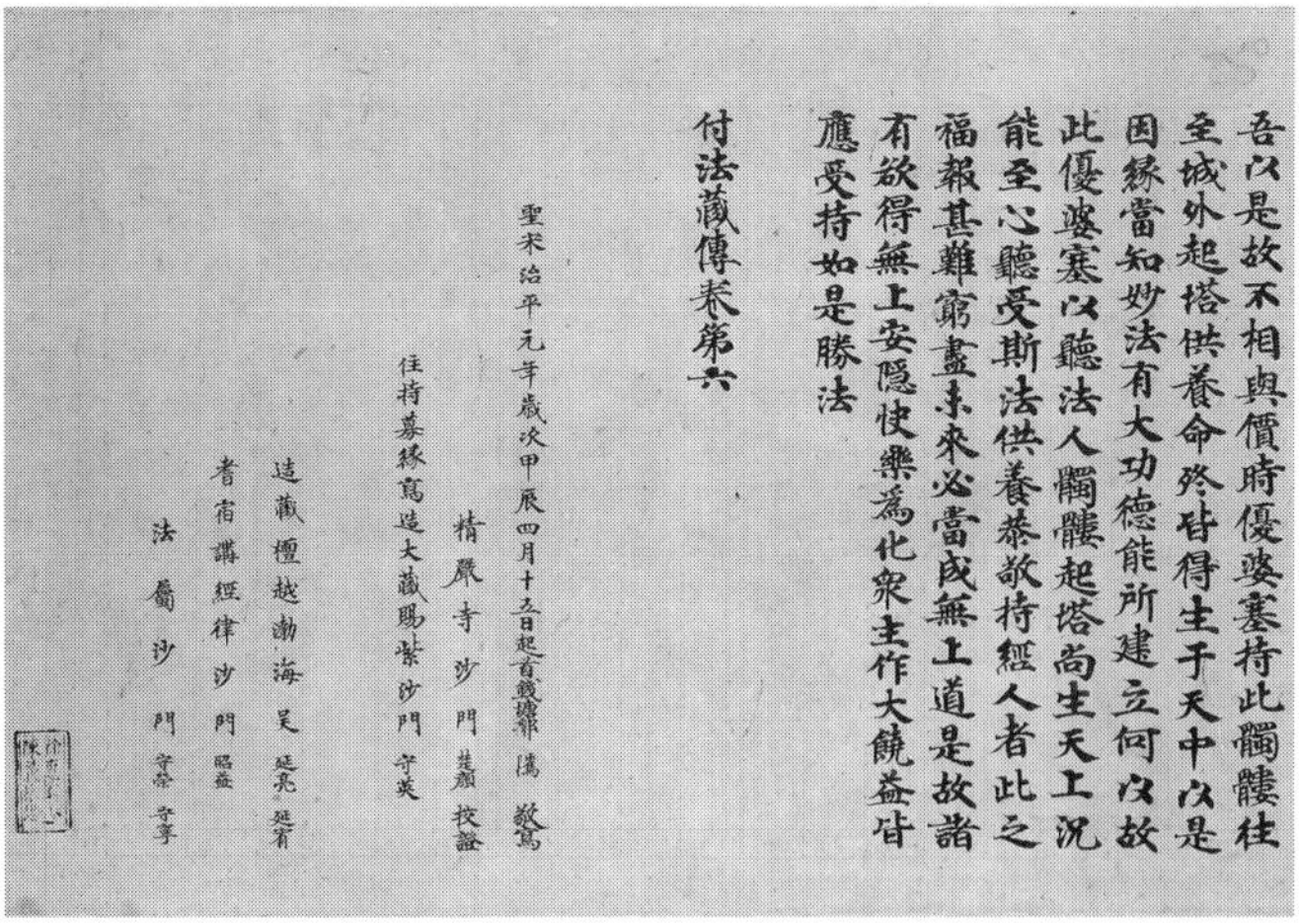

図4　華亭県海恵院大蔵経
（『付法蔵伝』巻第六残巻〈巻末〉　京都国立博物館蔵）

その結果、巻首が欠失している京都国立博物館守屋コレクションの『付法蔵伝』巻第六残巻（図4）が、この「華亭県勅賜海恵院転輪大蔵」であることがわかった。現在、その遺品としては中国に三点、日本国内の遺品は守屋本一点のみの、合わせて四点が知られている。

第三は、崑山県（江蘇省）の景徳寺の大蔵経であり、その遺品としては天津博物館所蔵の『摩訶般若波羅蜜経』巻第三十四の一巻のみが知られている。巻首には「崑山県景徳寺大蔵　河　一十二紙」とあり、巻末には、

皇宋治平四年歳次丁未閏三月初六日起首写
勾当写大蔵経幷建経楼首座沙門　子珍

とあって、治平四年（一〇六七）に書写が始められたことがわかる。

第四は、秀州（浙江省）海塩県の法喜寺の大蔵経であり、

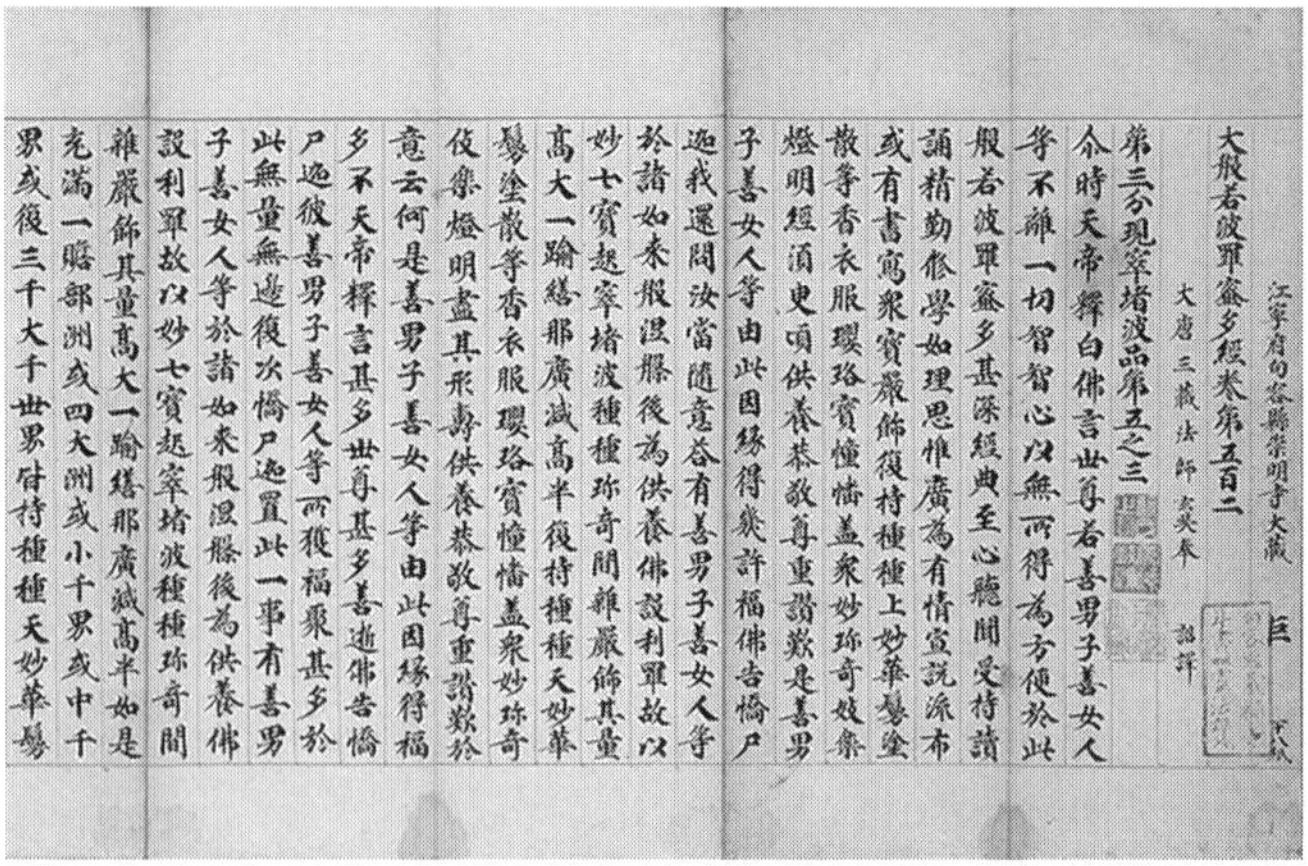

図5　句容県崇明寺大蔵経
（『大般若経』巻第五百二〈巻首〉　京都国立博物館蔵　図版出典：ColBase）

巻首に「秀州海塩県法喜寺転輪大蔵」とあるものである。現在は中国国家図書館所蔵の『大般若経』巻第八十九の一巻のみが知られており、巻末の写経列位には「大宋熙寧十年歳次丁巳十一月二十六日起首勾当写造大蔵賜紫沙門思恭誌」と記されている。これにより、北宋時代の熙寧十年（一〇七七）に書写が始まったことがわかる。

最後は、江蘇省句容県の崇明寺で書写されたものであり、三点が確認されている。装訂は半面六行（一折一二行）の折本装となっている。界線は縦横ともに朱で引かれているが、折り目の山と谷にあたる部分には縦界が引かれていないことから、当初より半面六行（一折一二行）の折本装として書写されたことがわかる。帖首の首題下には「句容経蔵禅寺／斗書毘盧法宝」の朱方印が捺されている。また上記の四種の紙色が黄檗色であるのに対して、白色となっている点に相違がみられる。

崇明寺大蔵経の日本国内唯一の遺品に、北宋、元祐五年（一〇九〇）の書写奥書を有する京都国立博物館守屋コレクションの『大般若経』巻第五百二（図5）がある。その一紙の大きさは、縦三一・三センチ、横五五センチ前後で、一紙で二折半分の三〇行が書写されており、当初のものとみられる板表紙も付属している貴重な一帖となっている。

北宋時代の写本の大蔵経には、巻首に所蔵寺院、千字文、紙数などが記され、巻末には写経の列位が記されているのが基本的な形式であり、肉太の筆線の字すがたであることや朱の界線が引かれるなど、共通した書写の形式が見られる。

これらの五種の大蔵経の遺例は、写経の遺品の少ない北宋時代にあって、写本の一切経から版本の大蔵経へと移行する時期の重要な資料であるとともに、装訂の歴史の上でも巻子本から折本への移行期に位置する貴重な遺品となっている。

この時期を経て、写本の一切経が版本の大蔵経へと移っていくことになる。

参考文献

頼富本宏・赤尾栄慶共著『写経の鑑賞基礎知識』（至文堂、一九九四年）

梶浦　晋「宋代の写経の形式と字様―大蔵経を中心に―」（『シンポジウム　古典籍の形態・図像と本文』国文学研究資料館、二〇一一年）

特別展覧会図録『守屋コレクション寄贈50周年記念　古写経―聖なる文字の世界―』（京都国立博物館、二〇〇四年）

特別展観図録『特別展観　第一〇〇回大蔵会記念　仏法東漸―仏教の典籍と美術―』（京都国立博物館・京都仏教各宗学校連合会、二〇一五年）

第2章　経典目録の編纂と漢訳大蔵経

一　漢訳大蔵経の成立――後漢～東晋・南北朝時代

東アジアに伝播流通した仏教典籍は現在に至るまで「一切経」や「大蔵経」と総称され、そこには寺院名がつけられたり、王朝名や時代名が冠せられることがしばしばであるが、混用もされる。現在最も普及し、法宝かつ学術研究の史・資料として用いられている『大正新脩大蔵経』は、総計三〇五三部一万一九七〇巻を収めるが、その『目録』冒頭におかれる高楠順次郎・渡邊海旭両都監の「大正新脩大蔵経刊行趣旨」（一九二三年）に「大正新脩一切経」の語が見え、続く刊行会「再刊の趣旨」（一九六〇年）にも「一切経」とあるように、一切経と大蔵経とは同趣旨の言葉としてごく自然に用いられている。一方、「漢訳大蔵経」と表現されるときの大蔵経の語には、いわゆる入蔵録に由来する歴史的背景が含まれ、そこでは意味するところが厳密に規定される。経典目録（以下、経録と略）の歴史とその重要な構成要素としての入蔵録の成立過程を視野に入れ、以下、漢訳草創期の後漢・三国時代より順次に紹介する。

仏典の漢訳は仏教の中国伝来とともに早く後漢時代末には行われたが、当初はインドにおける成立の順序も大・小乗の区別も無く、また同本異訳や大部の経典からの別出か否かの確認もなされず、あるいは翻訳に付随する翻訳者名や翻訳地また時期・期間などの情報も、翻訳者個々人の記録はなされたとしても系統立てて保存されることもなく、時代の推移とともに次第に失われて行った。こうした記録の甚だしい不備に気づき、翻訳仏典ごとの記録を総合化する嚆矢が、前秦・道安（三一二～三八五）による「経録」によって行われた。その本体は、南朝・梁の僧祐（四四五～五一八）が纂集した『出三蔵記集』の巻一～五の目録部分にその基礎として利用され現存しており、僧祐自身は「経録」あるいは「安録」「道安旧録」とのみ記している。これを『綜理衆経目録』と総合目録のごとく表記するのは隋・費長房の『歴代三宝紀』（以下、『三宝紀』と略）であり、その巻八・前後二秦苻姚世録の前秦・道安著述目録に一巻とあるものである。『出三蔵記集』には僧祐自らが収集した「新集録」に対し、「新集安公録」と表記して道安録に基づくことを明記しており、それは、巻三の古異経録・失訳録・涼土異経録・関中異経録、巻五の疑経録・注経及雑経志録の部分に当るものがいわゆる『綜理衆経目録』である。この「衆経を綜理する」という名称はいささか褒辞に過ぎる嫌いがあるものの、前代北周・武帝の宗教廃毀政策の後を受けた隋・文帝の治世という仏教復興期における道安の目録に対する尊敬と信頼のなせる命名であろう。道安以前の経典翻訳に関する目録は、経典翻訳者個々人の訳経目録が主であって、道安録において初めて翻訳の近・古、翻訳者名の有・無、翻訳地の記録の整理がなされて、経録としての総体的整理の方向が示された。

　道安の時代は南に漢族王朝の東晋（三一七～四二〇）が建康（南京）を都とし、北に五胡十六国が興亡を繰り返す乱世（三〇二～四三九）の前半期に当たるが、五世紀半ば近くの四三九年に鮮卑族の魏によって華北が統一されると、すでに東晋を奪って建国していた漢族劉氏の宋と対立する南北朝時代となり、五八九年に隋・文帝によって統一されるまで、中国は東晋・五胡十六国時代以来二百七十年もの間、分裂の時代が続いた。しかし一方でこの分裂割拠の時代においてこそ、仏典の漢訳の盛行に伴って、それらを大蔵経として整理する明確な方向性が示された。

その一例として、南北朝の最初をなした宋代において、初めて仏典を大・小乗に分けた経録が現れた。南朝宋代の『衆経別録』二巻である。先に述べた隋の『三宝紀』の最終巻には、その編纂に利用された六種の経録が、『衆経別録』『出三蔵記集』『魏世衆経録目』『斉世衆経目録』『梁世衆経目録』『大隋衆経目録』と表記され、それぞれの構成が所収部・巻数とともに記録され、経録史研究の重要史料となっている。その冒頭の『衆経別録』が二巻であるほかは、すべて単巻である。また『衆経別録』以下の経録には時代・編者ともに明記されているのに対し、『衆経別録』のみは注に「未だ作者を詳らかにせず、宋時に述べしものの似し」とあり、不分明の点があるものの、経典を大・小乗に分けた上に疑経録を設け、さらに律録・数録・論録を立てるなど、道安の「経録」を一歩進めて仏典整理の道筋が示されている。

南朝の斉から梁にかけて兵乱等による被害が蔵書にも及んだが、梁の初代皇帝武帝（在位五〇二〜五四九）の治世になると、梁朝の安定と武帝の仏教信仰とによって、南朝仏教史上の最盛期が現れ、漢訳仏典の整理と整備も大いに進展した。また南北朝時代以前における、翻訳に伴う漢訳大蔵経の成立の歴史に関しても、梁代に著されてかつ現存する記録によって知られる場合が多い。その代表例が僧祐の『出三蔵記集』である。これは、隋の『三宝紀』が拠り所とした六種の経録の第二に当る。そこでは「南朝斉・明帝の建武年（四九四〜四九八）、律師僧祐撰す」と注記があるが、梁・武帝の天監十四年（五一五）の頃までには完成していたものである。ちょうど同じ年に武帝の勅命によって僧紹が『華林仏殿衆経目録』四巻を編纂している（『三宝紀』巻一五）。またこの翌年の天監十五年（五一六）には同じく武帝の勅命によって宝唱が『経律異相』五〇巻を、同年に皇太子蕭綱の下で徐勉等が『華林遍略』六二〇巻を編成し（『梁書』巻五〇・文学下、『隋書』経籍志三。以下『隋志』三のように略）、十七年（五一八）には通称『梁世衆経目録』が宝唱によって編纂されている。『経律異相』は、三国時代に始まった図書の新しい編纂形式である「類書」の一環として、仏教的世界観を言語・事象ごとに類別して編纂する形式を持つ。『経律異相』は首尾完具して現存する最古の類書として貴重な資料であるが、その成立の背景に、梁・武帝の治世と仏教の盛期の出現と、仏典の増大に伴う蒐集と整理の気運があった。唐・高宗の時に編纂された『隋志』一・経部の記録によれば、宮中の文徳殿に仏典以外の中国固有の書物が分類収集され、仏典は建康城内の広大な苑地である華林園に集められた。同じく『隋志』四・集部の末に別記される「仏経」の項によれば、梁の武帝は大いに仏法を尊び、ここに五四〇〇巻の「釈氏の経典を総集し」、沙門宝唱が「経目録」を撰述したという。華林園とは、例えば鳩摩羅什訳の『弥勒下生成仏経』にいう弥勒仏による華林園龍華樹の下での説法、いわゆる龍華三会に因む命名である。唐・道宣の『続高僧伝』巻一・宝唱伝には「（宝唱に）勅して華林園の宝雲経蔵を掌らしめ、遺逸を捜求して皆具足せしむ」とあるように、武帝の用に供されるとともに『経律異相』等の編纂にも利用されている。また経蔵の設置は華林園のみに止まらず、僧祐の止住寺院であった鐘山定林寺においてもなされていた。梁・慧皎の『高僧伝』巻一一・明律篇の僧祐伝によれば「経蔵を造立して、巻軸を捜校す」とあり、伝の末尾にも

> 初め、祐、経蔵に集めて既に成るや、人をして要事を抄撰せしめ、三蔵記（『出三蔵記集』）・法苑記（『法苑雑縁原始集』）・世界記・釈迦譜、及び弘明集等を為る。皆、世に行わる。

というように、『出三蔵記』集以下、法苑記・世界記を除いて現存するこれらの書籍は僧祐の身近にあった経蔵、すなわち定林寺経蔵を利用して編纂されたものと思われる。このことは、例えば『梁書』巻五〇・文学下の劉勰伝に南斉代のこととして「今の定林寺経蔵は、勰の定める所なり」と伝えるように、僧祐の薫陶を受けた劉勰の関与があった。劉勰（?～五三一～?）は中国最初の文学理論書『文心雕龍』の著者として中国文化史上に名高いが、伝によれば最晩年に出家改名して慧地と名乗ったとあるように、南斉代の頃より、定林寺の僧祐のもとで学んでい

た。以上のように梁都建康の宮中と建康城東の定林寺に経蔵が設置されていたことが確認される。しかし南朝の経録に関する記録では、まだ「大蔵経」の名称はみられない。

一方、北朝は、北魏の東西分裂によって東魏・北斉、西魏・北周と変遷して、南朝の梁・陳とともに南北朝末の三国時代をもたらした。このような乱世であったが、『三宝紀』に記す北朝の二種、すなわち北魏末から東魏時代にかけて李廓によって作られた『魏世衆経録目』は大乗の経・論と小乗の経・律・論とに分け、律を小乗として大・小乗の区別がなされているのに比し、北斉の法上による『斉世衆経目録』(以下『法上録』と略)はそれを一歩進めて、律を小乗として別出せず、修多羅(しゅたら)・毘尼(びに)・阿毘曇(あびどん)、すなわち経・律・論の三蔵の区別を優先して構成され、続く隋代の経録の先蹤をなしている。史料上では、北周の王褒(おうほう)によって武帝(在位五六〇~五七八)の保定三年(五六三)に作成された「周経蔵願文」と北斉・魏収の「斉三部一切経蔵願文」があり、経蔵の語の用例として注目される(『広弘明集』巻二二・法義篇所収)。特に王褒は南朝梁の第三代元帝に仕えた後、北周の前身・西魏によって元帝の都・江陵(湖北省江陵)が陥落占領されると、西魏の強制移住策によって都・長安に拉致された当代一流の貴族・文化人であった。その願文には「歳在昭陽、龍集天井」すなわち北周武帝の初期、癸未の歳・保定三年(五六三)の紀年があり、「奉じて一切経蔵を造り、生滅の教えより始まり、泥洹(ないおん)の説に迄(およ)ぶ」という。このように北周・北斉の両朝においても徐々に大蔵経の整備がなされつつあったが、北周武帝の仏教・道教をともに廃毀して富国強兵を図る宗教政策が、建徳三年(五七四)、先ず北周領域内に実施され、次いで富国強兵策の第一の目的であった隣国北斉に対する討伐占領が建徳六年(五七七)に実現し、ここにも仏・道両教の廃止が実行された。これより前、南朝梁の都・建康は、北斉からの亡命将軍・侯景による反乱(五四八~五五二)によって都の機能を失い、集成された仏教典籍も多くが失われ、かろうじて江陵に避難し得た東晋以来の梁朝の文物もほとんどが焼失し、さらに北周の武帝による仏教・道教を共に廃毀する宗教政策の実施による甚大な被害がもたらされたのである。

大蔵経史の展開過程においてこの時代が注目される現象として、各寺院における経蔵の設置がある。先述した南朝梁の定林寺の経蔵や、『三宝紀』巻九・陳代録の須菩提の項にも史料として「一乗寺蔵衆経目録」の名があり、少数ながら寺院への普及の跡が窺われる。このような収蔵仏典の増大とともに、中国の伝統文化、特に書籍分類の分野において、大きな変化が現れている。その一例として梁・阮孝緒の『七録』の記録がある。中国の目録学の祖型は、前漢末から新にかけての劉向（前七七～前六）・歆父子によって編まれた『別録』『七略』であるが、これによって全体を七部に分ける分類法が伝統となり、隋代まで続いた。しかし早くも三国時代以降になると全体を経・子・史・集の四部に分類する法式が現れ、東晋時代になると史書の増大の情勢に沿って経・史・子・集の次第に改められて広く行われるようになり、梁代でも宮中蔵書目録は四部分類によって作成され、この方法は唐の初期において定着した。このような目録学上の進展とともに、一方では、仏典の増大とそれに刺激された道教に関わる典籍の拡大は目録の作成者にとっても無視できぬ動向となり、南朝宋の王倹の『七志』に七部分類の外に道・仏二教の経典が付録され、梁の阮孝緒の『七録』では書名にあるように伝統に則り七部分類を標榜しているものの、実態は全体を内篇五録・外篇二録に分け、内篇は中国伝統の儒教以下の書籍群を五部に分け、外篇として新たに道経録・仏経録の二部を置き、部・巻数の上では仏教が道教を圧倒していた。このような情勢のなか、経蔵にも変化が現れ、転法輪蔵、いわゆる輪蔵が梁代の居士傅翕によって考案されたとの説話が後世になって特に南宋代以降に広く行われるようになり、その伝統は現在の日本にも及び、傅翕父子の像が大寺院の経蔵に設置されている。

二　漢訳入蔵録の成立――隋時代

隋の初代文帝（在位五八一～六〇四）が北周を奪って即位した開皇元年（五八一）当時は、南北朝時代の最末期に当たり、南朝では梁に代わって陳が最後の王朝となっていたが、その支配領域は、東晋・南朝以来の四川・湖北の両地方を含め、長江北岸のほぼ全域を失っており、その広大な地域を覆う北周・武帝による厳格な宗教廃毀政策の余燼さめやらぬ時期であった。北に胡族、南に漢族という形態が長く続いた南北朝時代（四三九～五八九）に、大蔵経編成の大枠は形成されたが、南北朝末期に続いた戦乱の中で、多くの仏教典籍が失われた。そうした状況のなか、続く隋による南朝陳の討滅（開皇九年〈五八九〉）と中国統一、仏教復興の気運の中で、その編成史上に画期をなす著作が世に出された。法経・彦琮をそれぞれ首班とする二種の『衆経目録』と費長房の『歴代三宝紀』である。隋代における仏教史関係著述の遺存例としては、この三例のみであるが、この編者三名には共通項がある。文帝は建国間もない隋による統治を円滑に進めるために、前代と打って変わって宗教保護政策を採り、新都長安・大興城の中央を南北に走る朱雀大街を挟んで、東に大興善寺、西に玄都観という仏教・道教の中心をなす施設を造営し、特に大興善寺には仏典翻訳を主務とする翻経所と翻経衆が置かれ、それは二十名の翻経大徳とそれ以外の翻経沙門・翻経学士とによって構成されていた。法経は翻経大徳二十名の事実上の代表者、彦琮は大徳の一員であり、費長房は在俗の翻経学士としてもっぱら翻訳の現場にあって訳文を筆記する筆受の任を務めている。開皇十四年（五九四）七月十四日、法経を代表として皇帝文帝に提出された『衆経目録』（以下『法経録』と略）と、仁寿二年（六〇二）、翻経衆の大徳・沙門・学士等によって編纂された『衆経目録』（以下『仁寿録』と略）とは、ともに文帝の勅命が翻経所に下されて編纂されているものである。特に『法経録』の編纂は国策の一環としての性格を与えられていた。開皇九年（五八九）の中国再統一後僅かに五年という隋初期の当時、南北朝末三国の乱世によって甚大な損害を受けた書籍の再整備は、新たな統一国家の君臨者としての文帝の喫緊の課題であった。中国伝統文化の守護者たる皇帝像を推進する任務を帯びて、文教政策の中心にいた牛弘が直接法経等に勅命を伝達していることがそのことを物語っている。その『法経録』巻七・衆経総録に収める、目録の完成を文帝に報告する上表文には、先ずその冒頭に次のようにいう。

> 大興善寺翻経衆沙門法経等、敬んで皇帝大檀越に白す。去る五月十日、太常卿牛弘、勅を奉じていえらく、須らく衆経目録を撰すべしと。経等、謹んで即ち修撰す。総べて衆経を計うるに合せて二千二百五十七部五千三百一十巻あり、凡そ七巻と為す。別録は六巻、総録一巻なり。繕写始めて竟り、謹んで用て進呈す。

続いて漢魏・西晋代の概略を述べての後、東晋代に入り華北・五胡時代の前秦後秦と合わせて「経律粗備わる」と称して『論語』衛霊公篇の「人能く道を弘む」に基づいて「法は人に仮りて弘まり、賢明のひと日々に多し」といい、なかでも道安による翻訳経典の研究と整理、経典目録の創案を特筆し、それより開皇十四年の今に至るまでの二百年間に、十数家の経録製作者が現れる中、梁の僧祐の『出三蔵記集』を近来観るべき著作として認めつつも、『出三蔵記集』以外の経録は言わずもがな、『出三蔵記集』にも経録としての編成の未整備が認められるという。その上で南北朝末の「三国」時代を経た現在、前代の仏教典籍の全てを見て異同を調べることがかなわぬ以上、今はただ、しばらく「諸家の目録」によって大綱を示すとして、全体を大・小乗、経・律・論の六種の「蔵録」とそれ以外の三録の、併せて九録に分類し、六録それぞれを一訳・異訳・失訳・別生・疑惑・偽妄の六分に分け、経・律・論以外の論著に対しては西域・此方の二に分類し、次のように構成している。

大乗修多羅蔵録第一　六分　衆経一訳分・異訳分・失訳分・別生分・疑惑分・疑妄分
小乗修多羅蔵録第二　六分　衆経一訳分・異訳分・失訳分・別生分・疑惑分・疑妄分
大乗毘尼蔵録　第三　六分　衆律一訳分・異訳分・失訳分・別生分・疑惑分・疑妄分
小乗毘尼蔵録　第四　六分　衆律一訳分・異訳分・失訳分・別生分・疑惑分・疑妄分
大乗阿毘曇蔵録第五　六分　衆論一訳分・異訳分・失訳分・別生分・疑惑分・疑妄分
小乗阿毘曇蔵録第六　六分　衆論一訳分・異訳分・失訳分・別生分・疑惑分・疑妄分
仏滅度後抄録集第七　二分　西域聖賢抄集分・此方諸徳抄集分
仏滅度後伝記録第八　二分　西域聖賢伝記分・此方諸徳伝記分
仏滅度後著述録第九　二分　西域聖賢著述分・此方諸徳著述分

このように細目の六分では経・律・論と称しながら、六録では修多羅・毘尼・阿毘曇と梵語の音写を用いており、これは先述した北斉の『法上録』の命名と同様である。費長房撰『三宝紀』巻一五の記録によれば、『法上録』は雑録一・修多羅録二・毘尼録三・阿毘曇録四、別録五・衆経抄録六・集録七・人作録八に分類し、その内容は「都て八件、経律論真偽七百八十七部二千三百三十四巻」であったという。『法経録』は経・律・論の三蔵を中心にして真偽の区別がなされていたこととともに、法上の『衆経目録』が基礎となっており、僅か二カ月余の短期間に編成されて『法経録』巻七・衆経総録には「九録合二千二百五十七部五千三百一十巻」が記録され、部数およそ三倍弱、巻数は二倍強の目録となっている。『法経録』に遅れること四年後に完成・上進された『三宝紀』巻一五に、所依の経典目録六種の一として数えられるように、『法上録』は隋代経録の先蹤となったのであるが、しかし『法経録』巻七・衆経総録には道安・僧祐の名はあっても法上の名はない。西魏・北周を直接の背景として出発した隋朝に仕える翻経大徳として、中国の正統を継ぐ南朝梁王朝の僧祐と並べて、西魏・北周の敵対国であった東魏・北斉の法上の名を記すことは憚られたものであろう。『法経録』は現有仏典の分類整理と保存を主眼として二カ月という短期間に編纂されたが、仏典と翻訳者名の有無の判断を基本とし、派生と抄約に伴う弊害、梵語原典の有無の厳格な区別等において、後に続く経録の基準を明確に示したのである。

『法経録』に次いで開皇十七年（五九七）に著されたものが費長房の『三宝紀』である。『三宝紀』全一五巻は、釈尊誕生から隋・開皇十七年までを扱う仏教史年表である「帝年」三巻、後漢から開皇十七年までの仏典の翻訳・著述の跡を朝代ごとに編年史としてまとめた「代録」九巻、大・小乗の「入蔵録」二巻、総目録一巻によって構成されており、隋代に至る中国王朝の正統は漢族優位を主題としながら南北朝末三国時代においては南朝梁から西魏・北周・隋と継承されるとする独特の正統史観を示して隋・開皇時代に至る中国仏教史をまとめている。「帝年」「代録」に続く「入蔵録」は、従って隋・文帝の仏教政策を称揚しその治世を翼賛する『三宝紀』の重要な一部としての働きを持つ。『三宝紀』の名称は内題としての「歴代紀」によるもので、外題には「開皇三宝録」とするように、仏典翻訳史を主題とする史書でありながら経録的性格を強く帯びている。「入蔵録」の名称が初めて明示されたこととともに、それを一書の構成要素としたのは『三宝紀』を嚆矢とし、大蔵経の歴史の上に重要な位置を有する。その構成は巻一三・一四をそれぞれ大・小乗入蔵目とし、また大乗録を菩薩蔵、小乗録を声聞蔵と称し、『法経録』に同じく修多羅・毘尼・阿毘曇に分け、三蔵それぞれを有訳失訳に分類し記録する。『法経録』は現有の仏典総数を短期間のうちにまとめ上げ、現在の仏教教団の中国文化に占める力量の程を示したが、それに続き、北周の廃仏による還俗僧にして、翻経衆の一員である翻経学士の身分を持つ費長房によって、隋王朝の正統性を前面に押し出す史書『三宝紀』の中に「入蔵録」が編成・上呈され、文帝の命によって天下に頒布された。『三宝紀』

の「入蔵録」は、『法経録』の大・小乗、経・律・論の六録を範囲とし、それ以外の三録、すなわち仏滅度後の抄録集・伝記録・著述録が省かれ、大・小乗経律論三蔵のみの入蔵目録となっている。このことは、仏教大蔵経とは「大行菩薩国王」と称し転輪聖王になぞらえる文帝（『三宝紀』巻一二）によって保護される対象であることを明瞭に主張するものであり、そのような意図が費長房にあったことを示すものと思われる。

『仁寿録』は、翻経大徳彦琮を首班として『法経録』の八年後、中途に『三宝紀』の成立を挟んで、仁寿二年（六〇二）に、これら先行二書を継承して専ら入蔵録として編纂された。その序によれば、所轄の部局を通じて大興善寺の翻経衆である翻経大徳・沙門・学士等に、現有仏典を調査し「経録」を定めるべく勅命が下されたとあり、その編纂原則はインド伝来の梵本から翻訳されたものを書写すべき仏典として記録し、厳密に入蔵・不入蔵を規定する目録とするものであった。翻訳されて中国世界に提供される際の形態から、先ず翻訳者が単一ならば単本、複数であれば重本としてそれぞれを大小乗・経律論に区分し（ただし小乗は経のみ）、さらにインド西域伝来の原本を持つ著作を賢聖集伝とし、ここには先行する『法経録』の仏滅度後撰集録・伝記録・著述録にあった「此方諸徳」の部分は『三宝紀』にならって立てず、以上の三分類に収められた仏典六八八部・二五三三巻を入蔵とし、大部の経典から要点を抜粋して別経典のように流布させた「別生」経と、翻訳を経ていない人造の「疑偽」経典については、名称は記録した上で「抄写」してはならないと規定して、事実上の禁書目録となっている。ここの「別生」については、序の中において『法経録』の此方諸徳抄集に記される『法宝集』『浄住子』、此方諸徳伝記に記される『高僧伝』を特に代表例として挙げ示し、入蔵録の原則、すなわち梵本からの翻訳に成るか否かの点において不入蔵としている。ただし巻三・別生の末尾に『法宝集』から『釈迦譜』までの七部については「別集抄」として記録に残しており、さらに「旧録に目あって経本なきもの」四〇二部七四七巻を欠本として将来の捜策に委ねていて、経律論三蔵に対する更なる護持の意図を明らかにしている。以上のように『法経録』『仁寿録』は目録として、『三宝紀』は史書として編纂されたが、現在の書名上に勅撰の表示はなされていないものの、実質上は完成・上呈後、ともに勅撰の扱いを受けており、大蔵経として入蔵された仏教典籍の社会的位置は一層の向上をみせたものと思われる。以上の『法経録』を含めた隋代三種の入蔵録を一覧すると、いずれもそれらの大乗経典の冒頭には六十巻『華厳経』（東晋・仏陀跋陀羅訳）が置かれ、小乗経典では『正法念処経』（東魏・瞿曇般若流支訳）が最初を占めており、この順位は一定されていたことが分る。

大蔵経編纂の歴史において隋朝はこのように重要な位置を占めるが、また経典の保存上においても大きく寄与している。唐初期の護法僧法琳（五七二～六四〇）の『弁正論』巻三・四 十代奉仏篇は晋・南北朝・隋を経て唐の高祖・太宗の貞観六年（六三二）までの皇帝及び諸王臣下の奉仏の跡を具体的な数字を伴って記録する。経典の書写の最たるものとして一切経の書写があり、最も古くは南斉・明帝（在位四九四～四九八）に「一切経を写す」とあり、また陳の武帝（在位五五七～五五九）に「一切経一十二蔵を写す」とあるのを始めとして、続く文帝（同五五九～五六六）に「五十蔵」、宣帝（同五六八～五八二）にも「十二蔵」の一切経の書写があったと記され、陳の文人官僚として著名な江総（五一九～五九四）は「一切経一蔵三千七百五十二巻を写した」とある。北朝では北魏の北海王元詳等二人が「一切経一十二蔵を写す」とあるほか、北斉の孝昭帝（在位五六〇～五六一）が「一切経一十二蔵、合三万八千四十七巻を写す」といい、北斉の臣下の中でも唐邕（とうよう）に字数を割いた上で、末尾に「一切経三千余巻（を写す）」とする。このような数字の出所はいずれも不明確であるものの、これらの書写経典は北周武帝による仏教廃毀政策によってほとんどが失われてしまったと思われる。そのことを窺わせる記録として、次の隋の文帝・煬帝による修復事業の記録がある。同じく法琳は『弁正論』に、文帝・煬帝時代の仏典書写事業について次のように書き残している。

文帝　凡そ経論四十六蔵一十三万二千八十六巻を写し、故経三千八百五十三部を修治す。

煬帝　陳を平らげしの後、揚州において、故経を装補し、并せて新本を写すこと、合て六百一十二蔵・二万九千一百七十三部・九十万三千五百八十巻。

このほかに仏像修復の記録もあり、文帝には一五一万体弱、煬帝にも一〇万体修復の数字が残されている。これらの記録が北周・武帝の仏教廃毀政策による被害を背景とする事業であったことは想像に難くない。特に煬帝（楊広）が晋王時代に揚州（江蘇）において新旧経論の書写修繕を行ったとの記録は、楊広が晋王として南朝陳討滅の総司令官に任ぜられて江南に赴き、陳討滅後は揚州総管として天下統一の最前線を担い、その頃揚州に仏教・道教併せての四道場を置き、江南鎮撫の拠点としたことと符合し、それら四道場は、後に楊広が皇太子となり、次いで帝位に即くとともに洛陽に設置された。その晋王時代の作ではないかとされる「宝台経蔵願文」（『広弘明集』巻二二所収）には、陳朝平定の戦乱の中で「霊像尊経」が失われたのをいたみ、新たに「宝台の四蔵、将に十万軸ならんとす」る蔵経書写を実施し、宝台の正蔵は手元に置いて受持し、その他は洛陽の慧日・法雲の両道場、長安の日厳・弘善の両寺に置いたという。洛陽の慧日道場は僧寺・法雲道場は尼寺とされ、長安の弘善寺は文帝の皇后独孤氏によってその父、すなわち煬帝の祖父である独孤信の為に開皇三年（五八三）に建てられ、日厳寺は煬帝が皇太子時代の仁寿元年（六〇一）に長安における拠点として建立し江南の名僧を招致した寺院である。

こうした大規模な仏像・経典に対する保護事業が推進されるかたわら、他面では実態として偽経典廃毀政策が実施されていたことを知る史料がある。唐・道宣の最初期の著書であり、かつ律学の主著『四分律刪繁補闕行事鈔』〈貞観三年〈六二九〉〜四年〈六三〇〉初稿〉の冒頭・巻上一の第一〇に「世中の偽説を明らかにす」として『諸仏下生経』以下『提謂経』までの二六部の経論を挙げて次のように述べている。

是くの如き等の人造の経論、総て五百四十余巻あり。代代に漸出す。文義浅局にして、多くは世情に附く。隋朝久しく已に焚除するも、愚叢猶お自ずから濫用す。

さらに晩年の麟徳元年（六六四）に著した『大唐内典録』巻一〇・歴代所出疑偽経論録の末尾にも、

右、諸々の偽経論は、人間の経蔵に往往にして之あり。其の本尚お多し。更に録せられんことを待つ。

と、隋代の廃棄をくぐってなお民間に流布している実態を述べている。これもまた大蔵経編成史上の一事実である。

そうした姿を内包しながらも、唐の高宗の時に編纂された『隋書』の経籍志では、その末尾「仏経」の条に、隋・文帝による手厚い仏教政策の結果、「天下の人、風に従いて靡き、競いて相景慕し、民間の仏経、六経より多きこと数十百倍なり」とその盛況を記すに至っている。

三　漢訳仏典目録と大蔵経の確立――唐時代前期

隋・煬帝の失政もあって、隋代の末期には中国全土に新旧勢力が割拠する大乱となり、唐の時代もその初期に当たる高祖（在位六一八～六二六）の時はいまだその乱世のさなかであって、仏教に対し非常に厳しい姿勢を示し、ようやく平穏の情勢をもたらした太宗（在位六二六～六四九）の治世にあっても、その対宗教政策は、道教を優先して仏教をその下位に置くものであった。従って道教の側から繰り返される攻撃に対処すべく、仏教側からも護法運動が展開され、その先頭に立った代表的人物が法琳、そして道宣であった。唐代の制度を知る根本史料である『唐六典』（玄宗・開元二七年〈七三九〉成）には寺院・僧尼数共に数字の上では仏教が道教を凌いでいるが、革命に仏教を利用した則天武后の専権の時を除けば、政策制度の上では常に道教優位の時代であった。

このような唐時代は安史の乱（七五五〜七六三）を境にして前後に分けられ、大蔵経編成の過程においても、入蔵録を含む経録の性質がこの前後に大きく変貌した。唐代における入蔵録編纂の経緯を知るには、前期については静泰の『大唐東京大敬愛寺一切経論目録』（以下『静泰録』と略）・道宣の『大唐内典録』（以下『内典録』と略）・明佺の『大周刊定衆経目録』（以下『武周録』と略）・智昇の『開元釈教録』（以下『開元録』と略）があり、後期には円照の『貞元新定釈教目録』（以下『貞元録』と略）が現存し、以上の五種が基本史料となっている。これらの成立年次を示せば次の通りである。

『大唐東京大敬愛寺一切経論目』（大正蔵『衆経目録』）
　五巻　静泰撰　高宗・龍朔三年（六六三）　成立
『大唐内典録』　十巻　道宣撰　高宗・麟徳元年（龍朔四年〈六六四〉）　成立
『大周刊定衆経目録』　十五巻　明佺等撰　武則天・天冊萬歳元年（六九五）　成立
『開元釈教録』　二十巻　智昇撰　玄宗・開元十八年（七三〇）　成立
『貞元新定釈教目録』　三十巻　円照撰　徳宗・貞元十六年（八〇〇）　成立

この現存五種以外に、靖邁の『古今訳経図記』四巻があるが、これは「大慈恩寺翻経院の堂」（智昇『続古今訳経図記』序）に描かれた歴代翻訳三蔵の画像に附された訳経の記録であって入蔵録を持たない。また智昇によって、『訳経図記』は費長房の誤りを含めて『三宝紀』によって略記されたものと批判されている（『開元録』巻一〇・「叙列古今諸家目録」）。

そのほか『内典録』や『開元録』によれば太宗の貞観の初めに玄琬の『衆経目録』五巻があり作者不詳の「入蔵

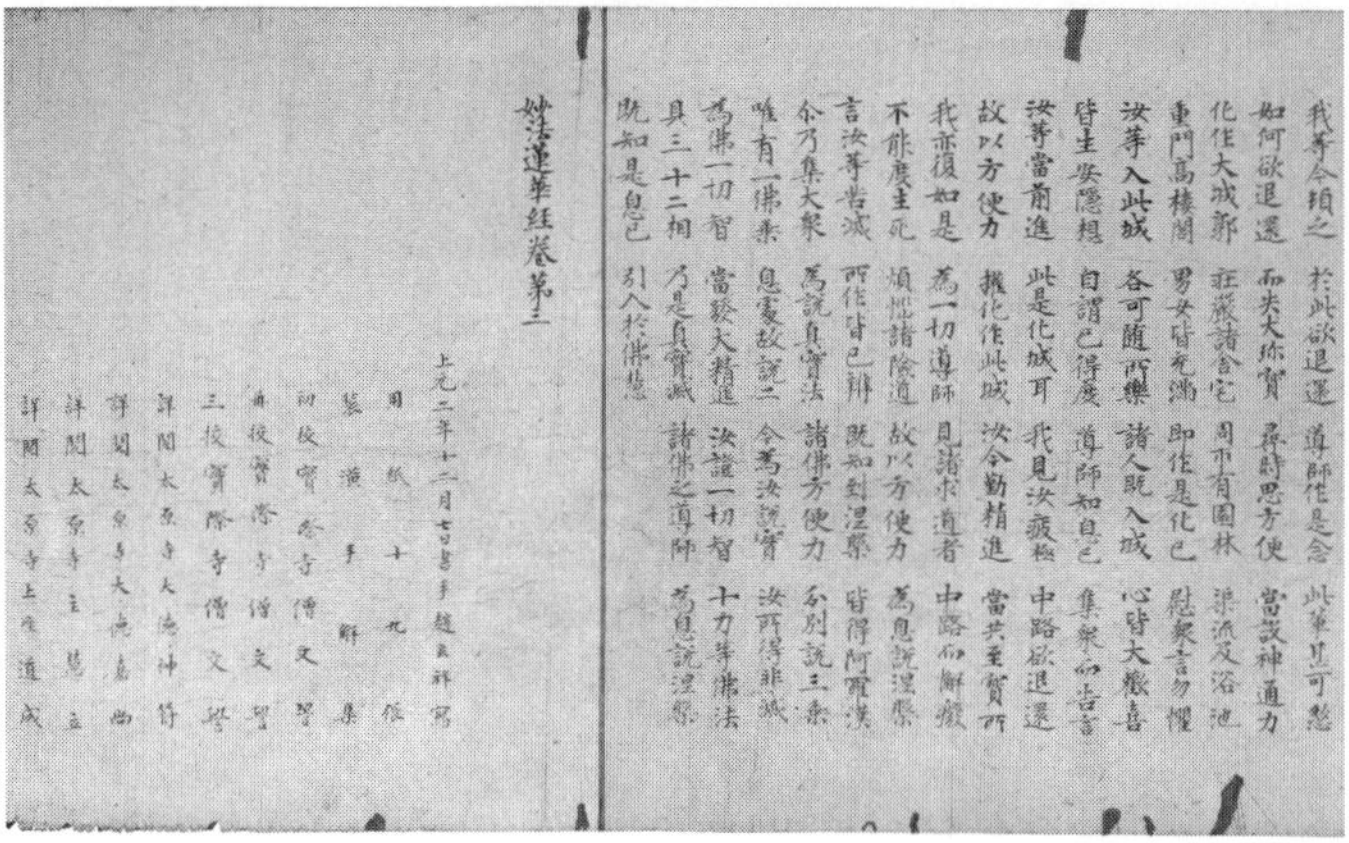

図1 『妙法蓮華経』巻第三〈巻末〉（京都国立博物館蔵）
唐の高宗時代に長安の写経場で書写された、いわゆる「長安宮廷写経」の一つ。

録」もあった。しかし玄琬の経録は、隋の『衆経目録』を利用してそれ以降の新訳を加えたものであったらしく、その点では『静泰録』も同様である。『静泰録』によれば、貞観九年（六三五）と十一年の共に四月に太宗及び皇太子李治の命によって一切経の書写が行われ、そうした動きを経てこの二巻の入蔵目が編成された。その際、『静泰録』は『法経録』を表に立てながらも実際には『仁寿録』に依存するかたちを取っている。これは『仁寿録』が『法経録』に基づいた入蔵録主体の目録であったことによるであろう。このように隋から唐にかけて入蔵録の整備が進められ、特に唐初期においては隋代の経録に範を得て行われていたことが窺われる。

唐代には大寺院ごとに編纂された経録、いわゆる寺院録も数多あったが、ほぼ同時に成ったといってよい『静泰録』『内典録』も、太宗によって洛陽に建てられた敬愛寺と、高宗によって時の孝敬太子李弘（則天武后所生）の病気平癒のために長安に建てられた西明寺がそれぞれ持つ蔵経を底本とする。入蔵録だけにとどまらない漢訳仏典に対する多面にわたる調査と分類整理の成果である経録を念頭において、智昇は前記「叙列古今諸家目録」の

『静泰録』の項において、これら官立寺院に属する大寺院を除き、それぞれの寺院名を冠する経録については、寺院の実用に供される性質上、これら寺院録は広く一般に通用されるものではないとの批判を加えている。

『静泰録』と『内典録』はほぼ同時に編纂を終えたとはいってもその内容・体裁は大きく異なる。『静泰録』は東晋代すなわち前秦・道安の経録の創始に続いて、北斉・法上の『衆経目録』を挙げ示し、隋代とは異なる対応を見せ、また特筆すべきこととして入蔵典籍それぞれの巻数の下に紙数を明記しているように、その内容は経録の実用に工夫がなされて架蔵目録としての機能に特化している。これに対し『内典録』は隋の三書を下敷きにしつつ、さらには中国に仏教が伝えられて以来、唐の高祖・太宗・高宗三代までの内典、すなわち仏典に関わる現象を、いわゆる経録の枠を越えて総合的に記録する。『内典録』の全体は次のように構成されている。

歴代衆経伝訳所従録第一（巻一～五）
歴代大乗蔵経翻本単重伝訳有無録第二―一（巻六）
歴代小乗蔵経翻本単重伝訳有無録第二―二（巻七）
歴代衆経見入蔵録第三（巻八）
歴代衆経挙要転読録第四（巻九）
歴代衆経有目欠本録第五（序のみ）
歴代道俗述作注解録第六
歴代諸経支流陳化録第七（序及び概説のみ）
歴代所出疑偽経論録第八
歴代所出衆経録目第九

歴代衆経応感興慶録第十（以上巻十）

右の中、巻六・七には大・小乗の経・律・論・賢聖集伝、及び巻九・挙要転読録所載の全ての仏典に紙数が記され、巻八の入蔵録についていえば、一〇巻一帙を原則とした上で帙数の適当なまとまりごとに経蔵中の配架位置が記されており、保存と利用の両面に注意がなされている。また『内典録』の中心となる歴代衆経伝訳所従録全五巻については、後漢より隋代までの各代録の序部分が『三宝紀』に倣っているところにその特色がある一方、隋代の二種の『衆経目録』と『三宝紀』、『内典録』以後の唐代の諸経録と相違する特徴も持つ。特に巻九・挙要転読録第四と巻一〇・応感興慶録第十はその表記自体に独特のものがある。仏典の読誦とその奇瑞としての感応を経典目録の構成要素として位置付けていることが、他の経録にはない『内典録』の特徴であり、それはまた『内典録』と同年の麟徳元年に編纂が終わった道宣の『集神州三宝感通録』や同門の道世による『法苑珠林』の編成とも密接に関連している。

『武周録』は、『内典録』に遅れること三十一年、則天武后即位（天授元年〈六九〇〉）後六年の天冊万歳元年（六九五）に洛陽・仏授記寺の明佺（みょうせん）を筆頭者として編纂された。この経録の特徴は、各巻の冒頭に「大唐天后、仏授記寺の沙門明佺等に勅して撰せしむ」とあるように、経録の勅撰を謳っていることである。ここにいう「大唐天后」とは、高宗の咸亨五年（六七四）、高宗を天皇、武皇后を天后と称したいわゆる二聖時代の到来を象徴する言葉であり、立后（永徽六年〈六五五〉）以来の武氏の唐朝簒奪への一画期をなす。この後、弘道元年（六八三）に高宗が没すると、皇太后として専権を振るい、遂に天授元年（六九〇）周朝の皇帝に登る。ところで『武周録』末巻を見ると、そこに天冊万歳元年（六九五）十月二十六日の紀年を持つ明佺以下七〇名にのぼる編纂協力者の列名録が残されている。この年は即位後六年、武后没年（神龍元年〈七〇五〉）の十年前に当り、武周朝の最中となる。大唐天后とは次に紹介する智昇の『開元録』にしばしば現れる表現であり、玄宗の直系の祖母にあたる武氏が周朝の皇帝であったことを否定できぬ以上、それ以前の高宗朝の天后の称号を用いることによって、武周朝の皇帝である武則天を祖父高宗の皇后として玄宗朝に位置付けているものである。『武周録』全一五巻の全体は経録の基本に基づき、大・小乗の経・律・論それぞれを翻訳者の単・複に分類し、賢聖集伝の梵語原本及び別生・疑偽・欠本の確認と入蔵録によって構成されている。巻一三・一四が入蔵録となっていて、最終巻の巻一五は偽経目録であり、特に『仁寿録』によったことが明記されている。また大・小乗の入蔵録だけでなく紙数を記すのも同様であるが、紙数の明記がなされていないものも多く、その基準は明確ではない。

『開元録』全二〇巻は玄宗の開元十八年（七三〇）に完成された大蔵経編成史上最善の総合目録である。全二〇巻を総録と別録の各一〇巻に分け、大要のみを記せば、次のような整理された編成となっている。

総録
　総括群経録上之一〜九　『開元録』巻一〜巻九
　総括群経録上之十・叙列古今諸家目録　『開元録』巻一〇
別録
　有訳有本録第一　（大乗）菩薩三蔵録第一　『開元録』巻一一・一二
　　　　　　　　　（小乗）声聞三蔵録第二　『開元録』巻一三
　　　　　　　　　聖賢伝記録第三　『開元録』巻一三
　有訳無本録第二　欠本　大乗経律論　『開元録』巻一四
　　　　　　　　　欠本　小乗経律論・賢聖集伝　『開元録』巻一五

支派別行録第三　別生　大乗経律論
　　　　　　　　別生　小乗経律論・賢聖集伝　『開元録』巻一六
刪略繁重録第四　新括（新収）別生経他
補欠拾遺録第五　旧訳大乗・小乗
　　　　　　　　新訳大乗・小乗・賢聖集伝　『開元録』巻一七
疑惑再詳録第六
偽妄乱真録第七　　　　　　　　　　　　　　『開元録』巻一八
大乗入蔵録上　大乗　経律論　　　　　　　　『開元録』巻一九
小乗入蔵録下　小乗　経律論・賢聖集伝　　　『開元録』巻二〇

右のように、総録一〇巻のうちの九巻が総括群経録に充てられて、後漢より唐・玄宗の開元時代までの、『三宝紀』の代録形式を襲用した翻訳史となっており、巻一〇の叙列古今諸家目録では名称のみ伝えられているものや、記録上に編目構成が明らかなものであっても実見できない経録、南朝宋の『衆経別録』、北魏・李廓『衆経目録』、南朝梁・宝唱『衆経目録』、北斉・法上『衆経目録』、唐・玄琬『衆経目録』を挙げた上で、内容を検討し得た梁『出三蔵記集』、隋『法経録』『三宝紀』『仁寿録』、唐『静泰録』『内典録』『武周録』に対し、それぞれに「撰録者曰く」として正確な調査にもとづく厳しい批判を加えている。例えば『三宝紀』には一〇の誤りを、『内典録』に対しては八の誤りと八の理解不足による誤解を指摘する等である。

後半部分の別録一〇巻は、これまでの各時代の経録が積み上げてきた実績を元にして分類整理され、末巻の大・小乗入蔵録には『内典録』のように配架位置の指示こそないものの、紙数・帙数は漏れなく記入され、ここに総計一〇七六部・五〇四八巻・四八〇帙の数値が明示され、入蔵録の完成をみたのである。『開元録』以後はこの部巻数を基準として、新訳を含む新収仏典が付加されて行く。また三蔵以外の賢聖集伝についても、『内典録』までは、中国撰述の典籍としては、具体的な名称を記さない「入蔵目録一巻・衆経目録五巻」と『内典録』十巻の三点に限定され、その他は梵語原典に由来するものを収録するとの原則が堅持されていたが、『開元録』では、例えば『大正大蔵経』の史伝部・事彙部・目録部に収められる類の典籍が列挙され、入蔵録の幅が一気に広げられている。

なお、以上に述べた唐代の各経録においては、それぞれ入蔵録の冒頭にどのような経典を置くかについて、隋代の入蔵録に比べてみると、そこに踏襲と改革の跡を見て取ることができる。最も成立年次の早い『静泰録』と『内典録』は前述の隋代入蔵録に同じく、大乗経・小乗経の冒頭に六十巻『華厳経』と『正法念処経』とを共に置くものの、『静泰録』が次に北涼・曇無讖訳『涅槃経』四十巻に続いて玄奘訳『大般若経』六百巻・鳩摩羅什訳『摩訶般若波羅蜜経』四十巻、及び『大方等大集経』三十巻とするのに対し、『内典録』は六十巻『華厳経』の後に『大方等大集経』五十八巻を置き、次いで四十巻『涅槃経』の後に『大威徳陀羅尼経』『大菩薩蔵経』と続け、その後に羅什訳『摩訶般若波羅蜜経』を置く。『内典録』は巻五・皇朝伝訳仏経録の玄奘録に六百巻『大般若経』を明記するにもかかわらず、このように入蔵録に記していない。その理由は明らかではないが、経典翻訳史の上に画期をなす玄奘の訳場に参加しつつも、旧来の入蔵録の伝統との狭間に位置する編者道宣の姿勢の現れであろう。これらに対し、『武周録』と『開元録』は小乗経の『正法念処経』については同様であるものの、大乗経については『武周録』が六十巻『華厳経』を冒頭にして、以後、多数の経典を間に配置させつつ『大般若経』・『大方等大集経』・四十巻『涅槃経』の順として、先行経録の記載を踏襲する姿勢を示すのに対し、『開元録』は先ず玄奘訳『大般若経』を冒頭に置き、その後に『大方等大集経』、六十巻と八十巻の両『華厳経』を配置し、四十巻『涅槃経』が続いて記されている。ここに『開元録』による入蔵録の記載順序の革新がなされ、以降は近世の清・官版大蔵経に至るまで玄奘訳『大般若経』を入蔵録の第一位に置くことが慣例となって維持された。

四　経録の続修と欽定化

中国における大蔵経の歴史は、一面では欽定大蔵経への道といってよい。すでに早く南北朝時代の北魏や南朝梁では李廓や宝唱によって皇帝の勅命による衆経目録の編纂がなされている。しかし後世の入蔵目録につながる目録としては、東魏・北斉の李廓、法上の目録が挙げられ、これらが隋・開皇十四年（五九四）に勅命によって法経らが編纂した『衆経目録』、いわゆる『法経録』の背景をなして、明確な入蔵録の選定に至ったのである。こうした動向の背景として、『弁正論』十代奉仏篇の記録が示唆しているように、当時、一切経書写の功徳がさかんに唱えられていたことが考えられよう。

法経らによる『衆経目録』の編纂は、明らかに隋朝による文教政策の一環として行われ、隋代における書写事業には、これ、あるいはこれに続く『衆経目録』（彦琮等奉勅撰）によってその基準が与えられたものと思われる。『三宝紀』の入蔵録は、三年前に勅撰された『法経録』に影響されてその一部として編成されたものである。また、費長房は入蔵の範囲を決定する意味で、明確に「大乗録入蔵目」「小乗録入蔵目」という名称を用いて別出しており、先行する『法経録』にこの命名がないことと対照をなしている。しかし、『法経録』や『彦琮録』が勅撰であることから明らかであるが、『三宝紀』の入蔵録にも、皇帝の勅許の下に存在する大蔵経との意味がこめられており、それは唐代の『内典録』『開元録』などに影響を与え、北宋以降の欽定の印刷大蔵経の淵源をなしたのである。『三宝紀』は費長房の私撰の史書であるが、それが上呈されるや、全国に流布せしめるようにとの勅命が下された、と『続高僧伝』に記されている。『三宝紀』が今に伝えられているのは、この時の勅許が背景となって唐代に入蔵されたからである。

唐代には勅許なくしては入蔵されず、例えば唐代屈指の密教僧不空が、大暦六年（七七一）、玄宗・粛宗・代宗の三朝において翻訳した経論七十七部一百一巻の入蔵録への加入を請うた際、代宗より、その翻訳された経典は、宜しく国の内外に宣布すべく、一切経目録に編入すべし。との勅許が下されている。不空はさらに、この「恩許」に対し、丁重な謝辞を述べているが、これらの上表はいずれも「特進試鴻臚卿」という俗官名を帯びて行われた（『不空三蔵表制集』巻三）。このように入蔵を請うているのも、入蔵されるか否かがその書物の価値を左右するからであった。

玄宗・開元十八年（七三〇）の『開元録』成立後、七十年を経た徳宗・貞元十六年（八〇〇）に西明寺の円照によって『貞元録』が完成上呈された。全三〇巻の大部であるが、後漢明帝・永平十年（六七）の仏教伝来から貞元十六年（八〇〇）までの七三四年間を範囲とするとしながら、実質上の構成・文章及び収録仏典等の紙数を含め、多くは『開元録』に倣っていて、自ら序文に『開元録』後、七十年間における四十巻『華厳経』等の新訳経典に関する記録を行うことを述べて、玄宗に続く粛宗・代宗時代の密教経典の翻訳を追加しているのが実態である。その構成の大体は次のようである。

総録　特承恩旨録　新訳華厳経・三朝翻訳経律論・大仏名経
　総集群経録（『開元録』総括群経録）
別録　分乗蔵差殊録（『開元録』別分乗蔵録）

一・有訳有本　二・有訳無本　三・支流別行　四・刪略繁重
五・拾遺補欠　六・疑惑再詳　七・偽邪乱正

入蔵録　大乗入蔵録　経・律・論
　　　　小乗入蔵録　経・律・論　賢聖集伝

『開元録』と『貞元録』はこのように大同小異といってよいが、際立った相違は特承恩旨録に象徴される皇帝の勅許をめぐる奏上と批答の記録である。例えば巻一冒頭の「特に恩旨を承くるの録」を見ると、四十巻『華厳経』について、玄宗・粛宗・代宗の三朝において翻訳されていながら「開元目録」（『開元録』入蔵録）に記載されていなかった多数の経典と共に勅許による入蔵がかない、その後はこれを前例として担当の仏僧による勅許の請願、所轄の官僚の決裁を経る文書行政の形式をもって勅許の下付が行われ、次いで天下の諸寺はこの目録によって経典の書写を実施し「一切経蔵」に入れたと記録されている。ここに象徴的に記されているように、仏法の流布は人によるとはいいながら、実態としては、皇帝勅許の下での流布に決していたとともに、さらには『開元録』とその入蔵録を基準として統一された大蔵経が、衰えつつありながらも大帝国としての威容を保つ唐王朝のもと、全国的規模で経蔵に整備されて行ったのである。

一方、唐代後半には印刷大蔵経への曙光と言い得る経典も確認されていて、写経による大蔵経とは次元を異にする事態がすでに出現しつつあった。

五　漢訳経典の公開と保存——石刻経典の発生と展開

漢訳大蔵経の歴史の中で、近年とみに研究が進められている分野に石刻経典の存在がある。経典を石に刻み付けて公開保存する行為は、すでに早く儒教経典の石刻に見られる。後漢末霊帝の熹平石経（隷書一書体　熹平四年〈一七五〉～光和六年〈一八三〉）、三国魏末廃帝（斉王）の正始石経（古文・篆・隷の三書体　正始元年〈二四〇〉～九年〈二四八〉）は断片が残るのみであるが、唐・文宗時代の開成石経（楷書体）は大和七年（八三三）～開成二年（八三七）の間に成り、ほぼのこされている。以降五代十国の後蜀、北宋・南宋をへて清の乾隆石経まで経典の刻造が継続された。これらは都の太学に建てられていたように、正確なテキストの公開と教育が目的であり、印刷技術が発展した北宋以降では象徴的な意味を持つ。これに対し、仏教の場合、自然の摩崖と人工の洞窟を利用した石刻経典については、公開と布教に力点が置かれた。先ず南北朝末・北斉時代にその展開の始めが認められ、そうした公開の最初の例として河南省安陽西方の小南海石窟が挙げられる。そこには十一種の経典が節略して刻まれ、その中窟上方に北斉廃帝・乾明元年（五六〇）の紀年を持つ「方法師鏤石班経記」があり、「方に刊んで金言を記し、末季に光流せしめんと欲す」「遂に石に鏤み経を班ちて、之を不朽に伝う」と記されている。この石窟は小規模のものであるが、北斉の帝室の援助のもとに造営された河北省邯鄲西南の北響堂山石窟に現存する「唐邕刻経記」（北斉後主・武平三年〈五七二〉）にも「以為えらく、縑緗（絹布）は壊る有り、簡策は久しきに非ず、金牒は求め難く、皮紙は滅え易し」として、「鼓山石窟の所において、維摩詰経一部、勝鬘経一部、孛経一部、弥勒成仏経一部を写す」という。これらはいずれも石に刻まれた経典に、他の書写材料とは異なる永続性を求めた文章である。一方、

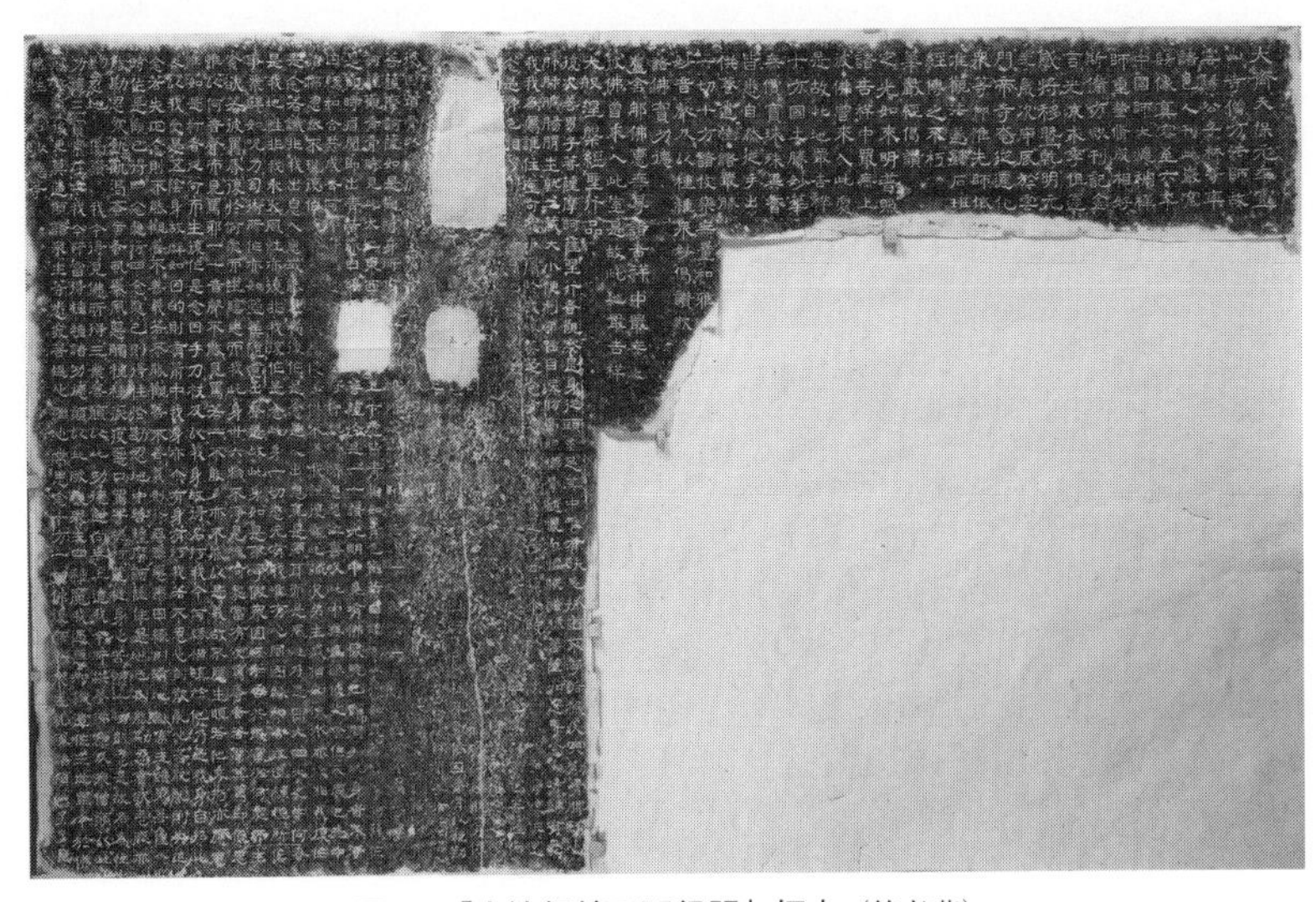

図２　「方法師鏤石班経記」拓本（筆者蔵）
小南海石窟（河南省安陽市）。窟口周囲の外壁に願文（左）と『大般涅槃経』聖行品（右）が刻されている。

同じく北斉代には末法思想にもとづく石刻が現れて、儒教経典の石刻と一線を画している。一九九五年になって存在が公表された山東省東平県洪頂山の山嶺に残る「安公之碑」（風門口碑）題記に「（釈迦双）林後千六百廿年」、大字「大空王仏」題記に「釈迦双林後一千六百廿三年」とあり、同じく洪頂山に残る「沙門釈法洪題記」に「大斉河清三年」の紀年が残されていることから、これによって摩崖刻経の期間が武成帝・河清三年（五六四）を下限とすることが判明し、仏入涅槃後一六二〇年、一六二三年とはそれぞれ北斉文宣帝の天保四年（五五三）、七年（五五六）に当たり、現在が正法五百年・像法の千年を越えて、既に末法に入っていると主張する。これはまた中国における末法思想の具体的な宣明をなした南岳慧思の『立誓願文』に言う算出基準と一致するものとして、注目されている。経典や仏名を刻石する弘法の事業の遺跡は、今も旧北斉領域の山東や河南・河北に多く点在するが、北周武帝によって建徳六年（五七七）に北斉が滅ぼされ、同時に仏教・道教を廃毀する宗教政策が北周領域に続いて旧北斉領域にも実施されると一頓挫を来し、仏教にとって末法そのものの現実がもたらされた。廃仏政策そのものは、翌年六月に武帝が病没し、その後の混乱と周隋革命の進行の中で、静帝の大象二年（五八〇）に仏・道両教の復興の詔勅が発せられて終息し、次の隋代において、以前にも増して石刻経典造営の事業が、地域と規模ともどもに拡大されていった。その代表例が隋代屈指の高僧霊裕（五一八～六〇五）によって隋・開皇九年（五八九）に造られた河南省宝山の大住聖窟と、静琬（?～六三九）の発願に始まる河北省房山雲居寺の石刻経典である。この両石窟の造営には末法法滅に対処する意識が共有されている。例えば宝山大住聖窟の壁面には『大集経』月蔵分法滅尽品やいわゆる五五百年説の文、また仏名等が刻まれ、窟内の支柱には釈尊没後のインドにおける仏教の伝承を示す摩訶迦葉以下二十四祖師の浮き彫りが遺されていて、これらはインドにおいて発展した釈尊の教えが中国へ確かに伝来したものの、末法を説く経典によれば滅亡への階梯は今まさに進みつつあるとの危機意識の発露であり、それは続く静琬によって、房山の石経山第五洞（雷音洞）外壁に遺されていた貞観二年（六二八）の題刻残石に次のように表明されている（欠字の補正は『房山石経題記彙編』書目文献出版社、一九八七年による）。

釈迦如来の正法・像法はおよそ千五百余歳、今、貞観二年に至り、已に末法に浸むこと七十五歳なり。仏日既に没し、冥夜方に深く、瞽目の群生、これより導きを失う。静琬正法を護らんがために、己の門徒・知識及び好施の檀越を率い、此の山嶺に就いて華厳経等一十二部を刊む。冀わくは曠劫に蒼生を済度し、一切の道俗、同に正覚に登らんことを。

静琬が企図した石経刻造計画においては、このように末法の時代に入った今、将来に伝えるべき経典はこれまでの北斉・隋代の石経のような節略されて公開するものではなく、全経典のそれぞれの全文を石板に刻み洞窟に封蔵し、法滅の到来に備えるという異次元の事業であった。従って右の題記に言う「華厳経等一十二部」とは『華厳経』を含む十二の経典の謂いではなく、経典の性質と内容によって総称される十二部経、すなわち一切経を指すと思われる。その一切経刻造の基準は、隋代において勅命によって頒布された三種の入蔵録であり、その影響は唐・太宗の貞観時代に及んだと思われ、冒頭第一位に共通して置かれた六〇巻『華厳経』が先ず刻石の対象となるであろう。

更に玄宗の開元二十八年（七四〇）の紀年を持つ王守泰「雲居寺石経山頂石浮図（金仙公主塔）後記」には、開元十八年（七三〇）、玄宗の妹にあたる金仙長公主によって、兄玄宗に対し「大唐新旧訳経四千余巻」の下賜と寺領の寄進を願い出て裁可され、開元の大蔵経の送付の任に当たったのが「送経京崇福寺沙門　智昇」である。開元十八年は『開元録』の完成上進の年であり、そこには前述したように、玄奘訳の『大般若経』六百巻が入蔵録の首位

図3　房山石経 拓本

（『妙法蓮華経』観世音菩薩普門品 『房山石経　隋唐刻経2』華夏出版社より）

に置かれていた。

静琬の全蔵刻石という前代未聞の発願は、その弟子たちによって深化拡大され、さらに時代が下ると雲居寺の仏僧によって、静琬の題記に言う「好施の檀越」、すなわち商人による多種多様な「行」と呼ばれる同業者の組合が布施に勤しむ門信徒の組織となって推進された。このように唐代後半になると、節度使のような地方割拠勢力の帰依・支援にも拠る一方、公権力の対極にある民間出資者の組織化がはかられ、護法事業が継続された。特に玄奘によって唐・高宗の顕慶五年（六六〇）から龍朔三年（六六三）にかけて翻訳された『大般若経』六〇〇巻の石刻が玄宗の天宝元年（七四二）に開始されると、この大事業は唐朝の滅亡（九〇七年）後、九三八年になって雲居寺一帯を含むいわゆる燕雲十六州が契丹に割譲されて遼朝の施政下に入ってからも、王朝の保護の下、前代にも増して熱心に続けられ、遼・興宗の重熙一〇年（一〇四一）に完成した。その間実に三百年が経過している。この遼の石経は、縦長の碑形を持つ唐の石経と比べ、横長の版木形となって雲居寺の塔下の石室に埋納され、女真の金朝においても継続・封蔵され、石窟第一洞から第九洞までに合計四五五九石、塔下の一万〇〇六一石と合わせて計一万四六二〇石が保存されて今に至っている。これらは現在全点が採拓影印されて、金版蔵経を底本とする『中華大蔵経』の対校本として利用されている。

参考文献

大内文雄『南北朝隋唐期　佛教史研究』（法藏館、二〇一三年）
氣賀澤保規編『中国仏教石経の研究——房山雲居寺石経を中心に——』（京都大学学術出版会、一九九六年）

第3章　版本大蔵経

一　開宝蔵（蜀版大蔵経）の刊行

九〇七年、唐朝が滅亡すると、中国は「五代十国」の分裂時代に突入する。短命王朝の交替する華北では、後周政権から禅譲を受けた趙匡胤が九六〇年に帝位（太祖、在位九六〇～七六年）に即き宋を建国した。宋は約二十年をかけ二代太宗（在位九七六～九七年）の時に中国を統一する（九七九年）。この間、宋は四川の地方政権である後蜀を滅ぼす（九六五年）と、太祖はその地に高品（宦官）の張従信を派遣して大蔵経の開板を命じた。史上初の木版印刷によるこの大蔵経は勅版・蜀版などと呼ばれるが、現在では着手時の年号をもって開宝蔵と呼ばれる。

四川（蜀）は唐代後半期から五代十国期にかけて、小仏典や暦・卜占・医学・儒教経典などの印刷物が刊行されており、印刷の経験や環境が整っていた地域の一つであった。開宝蔵はそうした先進地域の印刷技術を背景として登場した。開宝蔵の開板後、歴代中華王朝とその影響を受けた周辺諸国では、いく種もの版本大蔵経が刊行されており、開宝蔵はまさにそのルーツである。

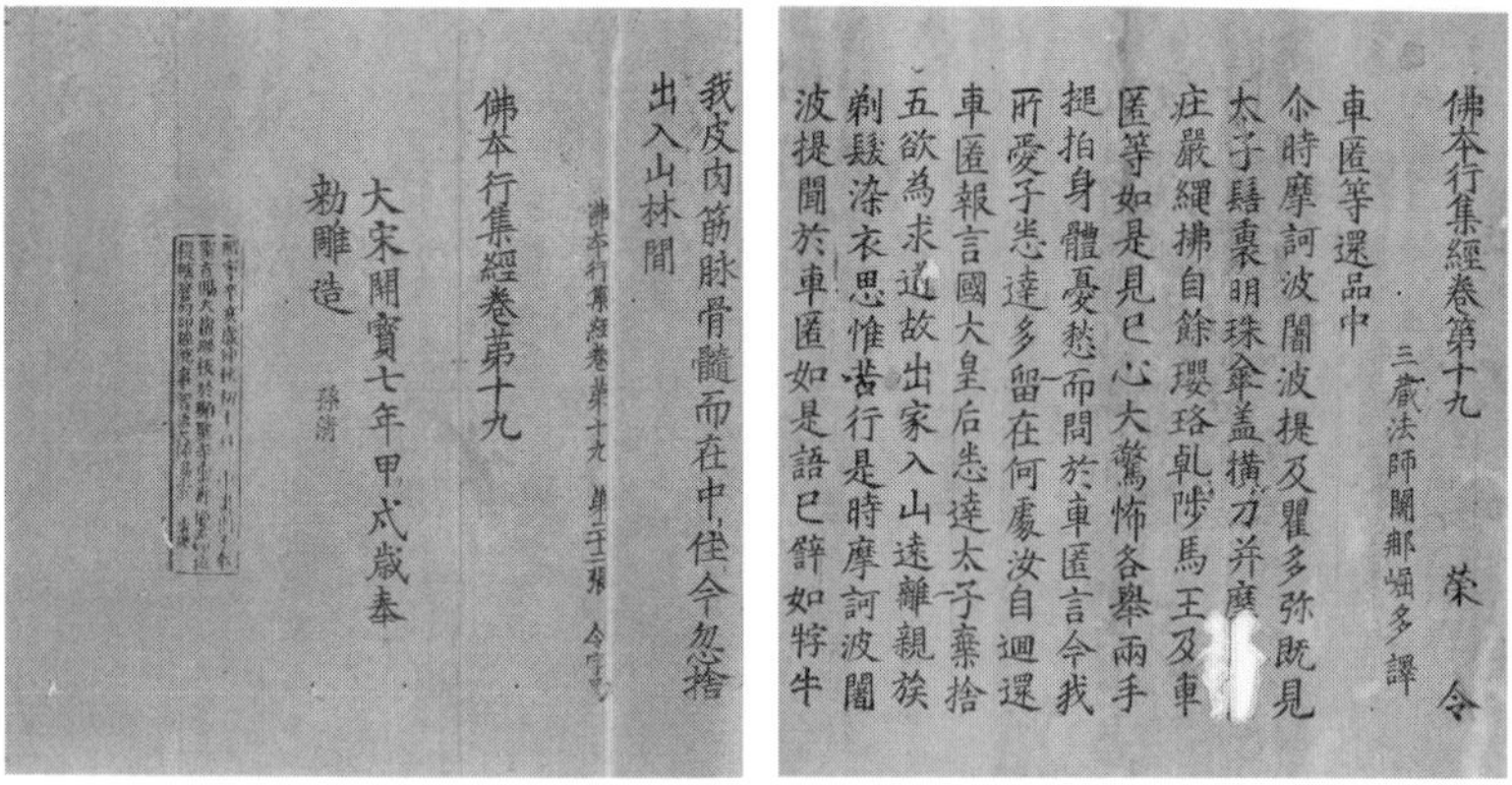

図1　開宝蔵
（『仏本行集経』巻第十九〈巻首・巻末〉　国宝　南禅寺蔵）

開宝蔵の開板

唐・智昇『開元釈教録』（二〇巻）の「入蔵録」に基づいた開宝蔵（四八〇函、五〇四八巻）の開板は、宋朝が乾徳三年（九六五）に滅ぼした後蜀の中心地である成都（四川省成都市）で始められた。ただ、開板事業に関する記録史料はほとんどなく、不明な点が多い。また、開宝蔵自体の遺品もきわめて少なく、中国・日本・アメリカにわずか一二巻（ほか、断簡数点）が現存する（二〇一〇年、中国で現存一二巻が影印刊行された）のみである。

開板の開始年について、数少ない記録史料によれば、開宝四年（九七一）説（『仏祖統紀』）と開宝五年説（『仏祖歴代通載』）とがある。現存する遺品の巻末には開板年と印造年とが併記されたものがあり、その中の『妙法蓮華経』巻第七の巻末には「大宋開宝四年辛未歳奉勅雕造」の刊記がある。同年から開板が始められたとも解されるが、同仏典には千字文函号がない。このことから同仏典は「試作品」であったといわれ、現存する『大般若経』の刊記が「開宝五年」であることから、本格的な開板は開宝五年に始まったとみられている。完成時期についても、記録史料（『仏祖統紀』）に太平興国八年（九八三）と見えるが、日本からの入宋僧の奝然（ちょうねん）（九三八～一〇一六）が宋よりもたらした開宝蔵（後述）を書写した経巻の巻末の最終年次は太平興国二年（九七七）であり、この年に事業が完了したと考えられている。

四八〇函、およそ一三万枚の板木がわずか六年のうちに開板されたことになり、宋朝はきわめて短期間での事業を成都に要求したことになる。なお、開宝蔵の開板勅命が出される直前の開宝元年（九六八）および同四年に、太祖は成都に対して二度にわたって金銀字仏経各一蔵の写本大蔵経を造らしめている。開宝蔵を含め、たび重なる大蔵経作成を太祖が命じたのは、四川に対する人心収攬のための占領政策の一環であったという。

開宝蔵の板木が都・開封（河南省開封市）の太平興国寺に運ばれたのは、太平興国八年のことである。完成から六年ものあいだ成都に板木が留め置かれたのは、皇室内の抗争があったためとされる。この問題が太平興国七年（九八二）に一応の解決がなされると、開宝蔵の受け入れが可能となり、翌八年に開封へ搬送させたという。到着と同時に太平興国寺内の印経院で印造が開始された。

これより先、太宗は訳経院を創設（太平興国七年六月。のち伝法院と改称）して新たな仏典の翻訳を命じ、翻訳された新訳仏典も印経院に送られて続蔵として開宝蔵に逐次加えられていった。開宝蔵の印造はその後も続けられたが、神宗朝における王安石（おうあんせき）（一〇二一～八六）の新法改革の実施により、熙寧四年（一〇七一）三月十九日の神宗の詔によって印経院は廃止された。これにともない開宝蔵の板木は翌五年八月に開封城内の顕聖寺聖寿禅院に移管された。確認される開宝蔵の最後の印造年次は大観二年（一一〇八）である。

靖康元年（一一二六）冬に起こった金国軍による包囲のため開封城は陥落し、翌年早々に金国軍の略奪が始まった。同年四月、金国軍は徽宗・欽宗二帝をはじめ皇族・官僚ら約三千名および多くの略奪品をともなって引き揚げ、ここに宋朝は滅亡した（靖康の変）。顕聖寺の開宝蔵の板木もこの時、金国軍によって北方に持ち去られたという。

開宝蔵の版式は、一板一紙、一紙二三行、毎行一四字、天地・行間無界の巻子本。料紙は黄麻紙を使用する。首題・尾題の下に千字文函号を刻す。一紙の右端（前紙との貼り合わせ部分）に「仏典名・巻数・紙数（第某張）・千字文函号（某字号）」を刻し、巻末には開板年を示す二行の刊記、それに印造者印がある。また、現存本の巻末には印造の経緯を記した印記が捺されているものがある。なお、開宝蔵は一行一四字という特徴を持つが、これは唐代以降に成都に伝わっていた写本系大蔵経を底本としたためであるという。

開宝蔵と入宋僧奝然

開宝蔵は国内のみならず、高麗・西夏など諸国にもたびたび下賜されている。その栄誉に浴した最初が、たまたま入宋した僧奝然であった。

東大寺の僧奝然は永観元年（九八三）八月一日、五臺山巡礼のため弟子数名をともなって宋商人の船に便乗して出航した。時に奝然は四十六歳。同月十八日、台州（浙江省臨海県）近くに着岸し、翌月天台山に赴いたあと北上し、十二月に開封へ到着した。太宗への拝謁を賜り、銅器および『職員令』『王年代記』各一巻を献上するとともに、日本国の地理・気候などを詳細に報告している（『宋史』日本伝）。

開宝蔵の印造が始められたばかりの太平興国寺内に宿泊所を賜った奝然一行は、五臺山巡礼を許され、翌永観二年（九八四）三月開封を出立し、五臺山巡礼を果たして同六月に開封へ戻っている。翌三年三月、帰国の許可を得るために二度目の太宗に拝謁した際、奝然は開宝蔵を求めた。太宗はこれを許し、奝然は開宝蔵および新訳経四一巻を下賜されている。同六月台州に戻り、翌永観四年（九八六）七月に台州から宋商人の船で帰国の途についた。

帰国した奝然のもたらした開宝蔵は、やがて藤原道長（九六六〜一〇二七）に献上されて法成寺に納められたが、天喜六年（一〇五八）の同寺火災の際、焼失したとされる。焼失以前、近隣諸寺から派遣された写経僧がこの新渡の版本大蔵経を盛んに書写し、それら書写経が現在、石山寺をはじめ京都や奈良などに伝存している。それらの書写経には開宝蔵の巻末の雕造年までもが書き写されている。

二　金版大蔵経

一九三三年、山西省趙城県の広勝寺で、古版の大蔵経がほぼ一蔵（約五〇〇〇巻）あることが報告された。間もなく緊急の調査が行われ、一九三五年に蔣唯心『金蔵雕印始末考』（支那内学院）が発表され、この大蔵経が金朝治下の山西省解州の天寧寺で開板された未知の版種の金版大蔵経であると判明し、仏教界・学界の注目するところとなった。その後、中国や日本の研究者によっていくつかの報告がなされ、歴代大蔵経に未収の経典・章疏・経録などが、『影印宋蔵遺珍』（上海影印宋版蔵経会北平三時学会、一九三五年）として刊行された。

広勝寺で発見されたこの大蔵経は、現在では中国国家図書館（北京図書館）に蔵されているが、本格的に研究がなされるようになったのは、一九八〇年代以降刊行された『中華大蔵経（漢文部分）』（中華書局）の主たる底本としてその大部分が影印され、容易に見ることができるようになってからのことである。

金版大蔵経を、発見された場所にちなみ「趙城蔵」あるいは「広勝寺蔵」などと呼ぶことがある。しかし、この大蔵経は広勝寺で開板されたものではなく、印刷されたもののうちの一つが広勝寺に伝来していたにすぎず、大蔵経の版種としては「金版大蔵経」あるいは「金天寧寺版大蔵経」とでもいうべきもので、広勝寺で発見されたものを、「趙城蔵」「〈金蔵〉廣勝寺本」、などというべきものである。

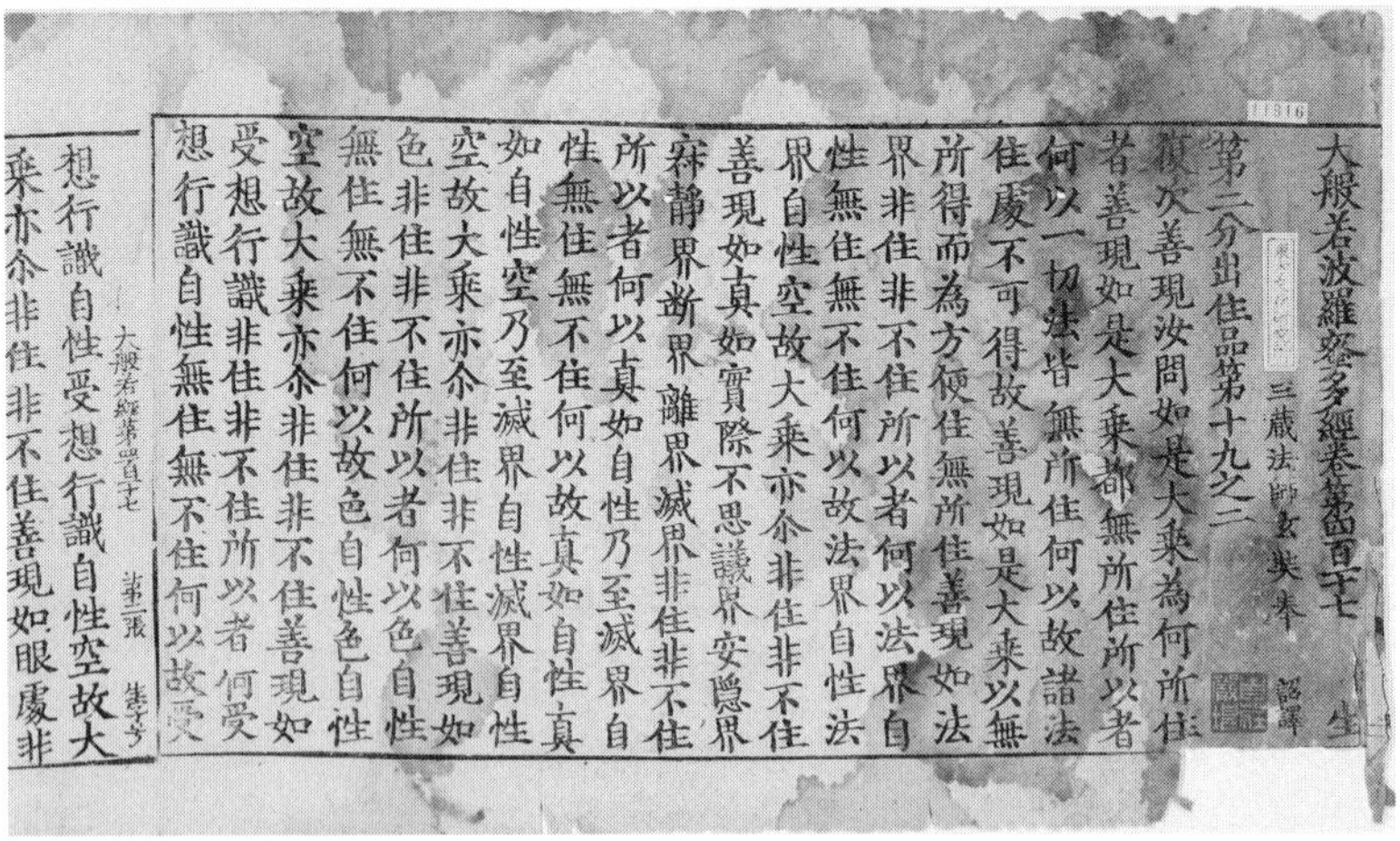

大般若波羅蜜多經卷第四百七十一　生
三藏法師玄奘奉　詔譯
第二分出住品第十九之二
復次善現汝問如是大乘為何所住
者善現如是大乘都無所住所以者
何以一切法皆無所住何以故諸法
住處不可得故善現如是大乘以無
所得而為方便住無所住善現如法
界非住非不住所以者何以法界自
性無住無不住何以故法界自性法
界自性空故大乘亦尒非住非不住
善現如真如實際不思議界安隱界
寂靜界斷界離界滅界非住非不住
所以者何以真如自性乃至滅界自
性無住無不住何以故真如自性真
如自性空乃至滅界自性滅界自性
空故大乘亦尒非住非不住善現如
色非住非不住所以者何以色自性
無住無不住何以故色自性色自性
空故大乘亦尒非住非不住善現如
受想行識非住非不住所以者何受
想行識自性無住無不住何以故受
大般若經第四百七十一　第二張　生字号
想行識自性受想行識自性空故大
乘亦尒非住非不住善現如眼處非

図2　金版大蔵経
（『大般若波羅蜜経』巻第四百七十一〈巻首〉　京都大学人文科学研究所蔵）

開板の事情は、刊記や諸史料および中国国家図書館所蔵の磧砂版大蔵経（柏林寺旧蔵）の明代補刊部分に付される「最初敕賜弘教大師雕蔵経板院記」（永楽九年杭州慧因寺僧善恢撰）などによって、おおよその状況が明らかになっている。それらに依れば、山西地方の潞州長子県の崔進（さいしん）のむすめ法珍が断臂出家して、大蔵経開板費用の募縁をはじめ、皇統九年（一一四九）頃から大定十三年（一一七三）頃まで約二十五年かけ雕造された私版の大蔵経である。大定十八年には印造された一蔵が朝廷に献上され、同二十一年には一六万八一一三枚の板木が都の燕京（今日の北京）にある大昊天寺に運ばれ、のち弘法寺に移された。

この大蔵経は基本的には開宝蔵を覆刻したもので、版式等はおおむね開宝蔵を踏襲している。巻子装で一版一紙、一紙の本文行数は二三行、一行一四字、各紙の右端の糊代部分に経名、紙次、千字文函号などを附刻している（除第一紙）。ただし、開宝蔵には天地の界線はないが、金蔵にはこれがある。金蔵と同じく開宝蔵を覆刻したといわれる高麗初雕本大蔵経もまた天地の界線がある。また開宝蔵には毎巻末に刊記が刻されているが、金蔵では刊記を付すものはさほど多くはない。

広勝寺本

広勝寺本には、黄色の表紙と扉画が付されているが、扉画は釈迦説法図で右端に「趙城縣廣勝寺」とある。金版大蔵経固有のものではなく、広勝寺に施入される際に付されたものである。現存の扉画には二種類ある。両者の図様は同じであるが、一つは板木の断裂がないが、もう一つは板木に断裂があり、摩損が激しい。また扉画の料紙にも二種類ある。一つは本文と同様のやや褐色がかった紙で、もう一つは本文の料紙とは異なり白色の紙である。広勝寺本は元の中統元年(一二六〇)頃に印刷されたもので、この扉画もまた元代以降のものである。多くの経巻の末に「印蔵経会首僧祖美」という複廓蓮台朱印がある。

発見時には四九五七巻あったとされるが、現在、中国国家図書館には、四八一三巻が蔵されている。これは、日中戦争や内戦で中国国内を転々と移動する際に破損や散逸したことによるものである。また一部は早くより民間に流出していたようで、こんにち各地の図書館や収蔵家のもとに蔵されている零本の多くは、発見前後に流出したもので、日本にも約五〇巻ある。

サキャ北寺本と弘法蔵

金版大蔵経はながく広勝寺本が唯一の伝本と考えられていたが、一九五九年にチベットのサキャ北寺で新たに三一部五五五巻の金版大蔵経の存在が報告された。広勝寺本よりややはやく蒙古・憲宗時代(在位一二五一~五九年)に印造されたもので、扉画の図柄は護法神像で広勝寺本と異なるものの、装丁・版式はほぼ同じである。はじめ大都（今日の北京）の大宝集寺に安置されていたものが、後にサキャ北寺に移されたもので、チベットに移動した時期やその経緯については不明である。サキャ北寺本も、その一部が『中華大蔵経（漢文部分）』の底本として用いられている。

燕京の弘法寺に運ばれた金版大蔵経の板木は、モンゴル期および元代に大規模な補修と校訂が加えられ、元の官版に準ずるあつかいをうけた。諸史料に元代に弘法蔵と呼ばれる大蔵経があったと伝えているが、元代に新たに開板されたものではなく、金版大蔵経の板木が補修され、弘法寺で保管・運用されたものであったと考えられている。元朝では仏教宣揚の一環として、至元二十二年（一二八五）から二十四年に、大都の大興教寺で蕃（チベット）・漢の経典の対校を行わせたが、その際に編纂された経録『至元法宝勘同総録』は弘法蔵の目録であるとされている。『至元録』編纂後に、弘法蔵（金版大蔵経）の千字文函号は、これに依って改刻されたと考えられている。

一九八四年に北京の智化寺の仏像のなかから、『大金色孔雀王咒経』、『大宝積経』巻第五、『陀羅尼集経』巻第三の大蔵経零本が発見された。版式は金版大蔵経と同じあるが、千字文函号が異なり、延祐三年（一三一六）の木記があり、新たな版種の大蔵経かとも考えられた。同種のものに、ハーヴァード燕京図書館所蔵の『妙吉祥平等瑜伽秘密観身成仏儀軌』もあるが、これらを金版大蔵経と比較すると、本文部分は同一で、千字文函号が金版大蔵経とは異なり、『至元録』に近いことが明らかされ、現在では、弘法蔵あるいは弘法蔵系大蔵経の一部であると考えられている。

三　契丹大蔵経

十世紀に契丹族が建国した遼は、歴代皇帝が仏教を保護し、ことに第六代聖宗から第八代道宗の時期は、盛んに造寺造仏がおこなわれた。大蔵経の開板が行われたことは文献資料などによってしられており、高麗再雕大蔵経の対校資料としても用いられて、契丹蔵、遼蔵、丹本大蔵経など呼れていた。経文の系統は、北宋の勅版・開宝蔵とは異なり、唐代長安で行われた写経の伝統を引くものであるとされている。しかしながら、その印本の存在は不明で、ながく幻の大蔵経といわれていた。

山西省応県にある仏宮寺木塔は、中国に現存する最古かつ最大の木造の塔である。遼の清寧二年（一〇五六）に建立され、金の明昌二年（一一九一）から同六年にかけて大規模な修理がほどこされている。

一九七三年から七四年にかけて調査が行われ、その際、第四層の釈迦像の胎内から多数の文物が出現したことが、『文物』一九八二年第六期で報告され、学界の注目を集めた。出現した文物は、経典・外典・仏画・舎利仏牙など総計一六〇件にのぼる。このうち経巻が五五件あり、刊本仏経は四七件で、このうち千字文函号のある一二件が契丹蔵とされた。

しかし、千字文函号があるもの全てが契丹蔵とは限らない、との見解もあり、現在では、

『大方広仏華厳経』巻第四七（六〇華嚴）

『大方矩陀羅尼経』巻第一三

『中阿含経』巻第三六

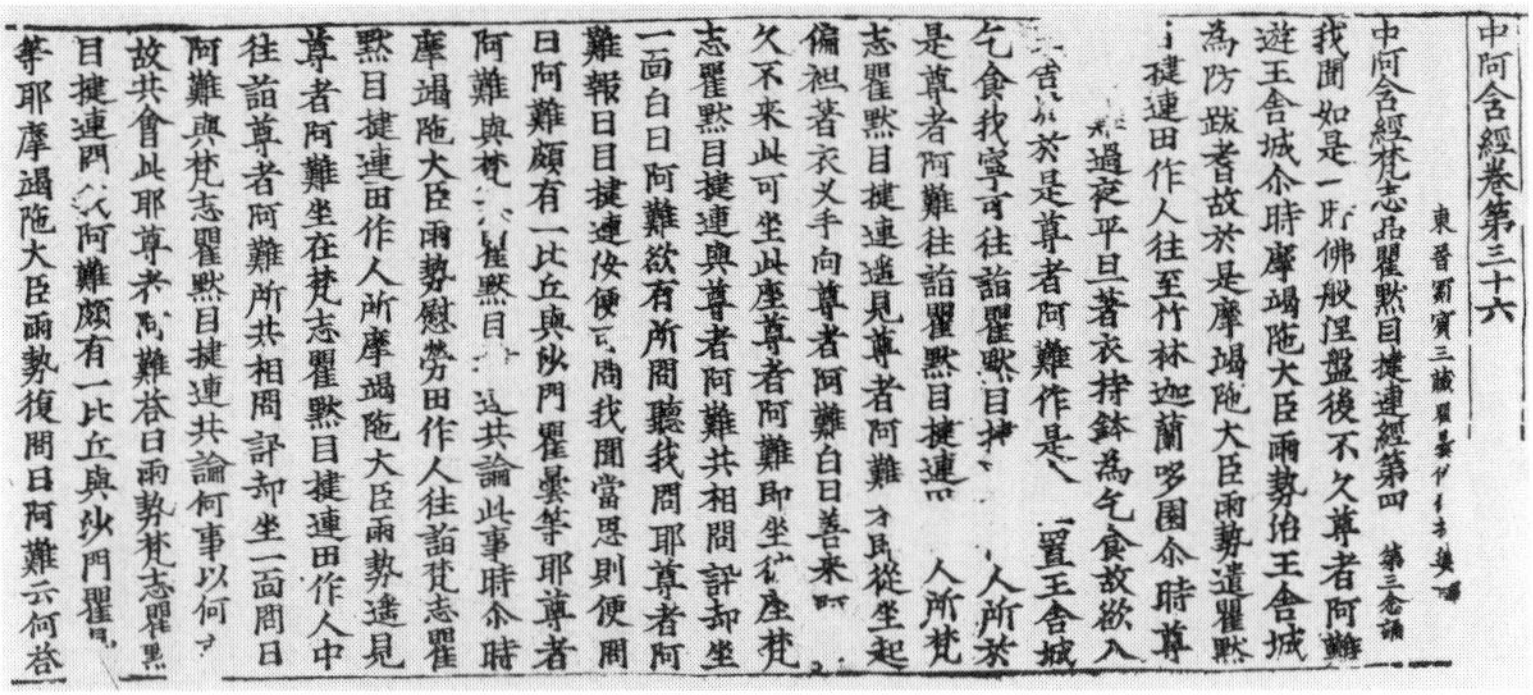

図3　契丹大蔵経
（『中阿含経』巻第三十六〈巻首〉『応県木塔遼代秘蔵』文物出版社より）

『大方便仏報恩経』巻第一
『阿毗達磨発智論』巻第一三
『仏説大乗聖無量寿決定光明王如来陀羅尼経』
『一切仏菩薩名経』巻第六
の全七点が契丹版大蔵経本であるとの説が有力である。

契丹蔵の装丁は巻子装で、一版一紙、天地の界線（単線）があり、一紙二七行乃至二八行、一行一七字という字詰めである。開雕年代は、興宗の重熙年間（一〇三二～五四）から始められ、同二十年（一〇五一）頃に、大部分が完成し、その後追雕が行われ、道宗の咸雍四年（一〇六八）に完成した。

大蔵経以外の章疏など蔵外の仏典の開板も行われていたが、応県木塔の経典類中にある、『釈摩訶衍論通賛疏』『釈摩訶衍論通賛疏科』に、以下の刊記がある。

咸雍七年十月　日燕京弘法寺奉
宣校勘彫印流通
殿主講経覚慧大徳臣沙門行安勾当
都勾当講経詮法大徳臣沙門方矩校勘
右街天王寺講経論文英大徳賜紫臣沙門志延校勘

印経院判官朝散郎守太子中舎驍騎尉賜緋魚袋臣韓資睦提点

この刊記によって、燕京の弘法寺に印経院があり、勅命によって経典が校勘雕印されていたことが判明し、おそらくは大蔵経も、この寺で雕印されたと推測される。弘法寺は、のち金代に、山西省天寧寺で開板された板木が運ばれた寺で、遼代から大蔵経とゆかりのある場所であったことがうかがえる。

従来より、新疆の吐魯番（トルファン）や内蒙古の黒水城（カラホト）などで採集された経典中に契丹蔵ではないかと推定されていた断簡が多くあったが、応県木塔本の出現により、版式や字様を比較することが可能となり、契丹版の研究がより進むこととなった。

ところで、河北省豊潤県の天宮寺には、清寧八年（一〇六二）に建立された塼塔があり、一九七六年の唐山地震で大きな損傷をうけ、一九八七年から大規模な修復が行われた。修復の過程において、第四層から第八層の心室から仏像や経典などが出現した。経典のうち冊子本が七件、巻子本が三件あり、このうち『大方広仏華厳経』（八〇巻本）八冊がある。蝴蝶包背装で、毎半葉一二行、一行三〇字の小字本で、「平」から「伏」まで、契丹蔵の函号と一致する千字文函号が付されている。

遼代に開板された大蔵経には、応県木塔から出現した版種以外にもあったとする説があり、天宮寺本は、別種の契丹蔵の可能性もあるが、大蔵経本に依った『大方広仏華厳経』の単刻本の可能性もあり、今後検討しなければならない。

房山石経

北京の南西郊外の房山に、石板に刻された仏経があることは、はやくより知られていた。隋代の僧静琬（じょうえん）が廃仏

大方等陀羅尼經初分第一卷　一　霍
北涼沙門法衆於高昌郡譯
如是我聞一時佛在舍衛國祇陀林中與五百
大弟子倶介時文殊師利法王子從王舍城與
九十二億菩薩摩訶薩衆倶其名曰文殊師利
法王子慈王法王子大自在法王子梵音法王
子妙色法王子栴檀林法王子師子吼音法王
子妙聲法王子妙色形貌法王子種種莊嚴法
王子釋幢法王子頂生法王子如是等九十二
億到祇陀林中見佛世尊遶佛三匝頭面礼足
却住一面勸請世尊轉於法輪大王波斯匿將
五百王子其名曰乾提羅王子長生王子真如法
王子法形王子如是等五百王子到祇陀林中
遶佛三匝頭面礼足却住一面勸請世尊轉於
法輪舍衛城中郁伽恒怯優婆塞將六百優
婆塞其名曰郁伽帝優婆塞妙聲優婆塞諸相
莊嚴優婆塞好嚴心優婆塞須達多優婆塞如
是等六百優婆塞到祇陀林中遶佛三匝頭面
礼足却住一面勸請世尊轉於法輪復有五百
篤信優婆夷其名曰毗舍佉優婆夷空妙相
優婆夷花異妓女優婆夷賓那羅優婆夷禪
提伽優婆夷摩訶男優婆夷如是等五百
優婆夷到祇陀林中遶佛三匝頭面礼足却住
一面勸請世尊轉於法輪復有郁伽長者子
與五百長者子倶其名曰須達多長者子盧
如達多長者子栴檀林長者子妙色形貌長
施主陳國別胥

図4　遼金時代の房山石経
（『大方等大集経』巻第一　『房山石経　遼金刻経』中国仏教図書文物館より）

に備えて、山腹の石室に刻石を封蔵したことが始まりである。この事業は、その後も代々受け継がれ、遼金時代におおむね完成したが、補刻追雕は明末まで約一千年にもおよぶ一大護法事業である。

刻経の歴史については、一九三四年に東方文化学院京都研究所の調査・研究によって明らかになったが、その全貌は、一九五〇年代以降行われた石板の採拓によって、明らかになった。ことに一九五七年に、雲居寺の南塔近くの地下に封蔵されていた遼代から金代にかけて彫られた一万片以上の小型の石経が発掘されたことにより、遼金時代の刻経事業の状況が具体的に明らかになり、これら石経が契丹蔵と密接な関係にあることが判明した。応県木塔本はわずか数点であるが、房山石経の遼金時代の刻経は大量にあり、契丹蔵の本文研究にも重要な資料となるものである。一九七〇年代後半以降、拓本の影印や、碑文・刻石題記の翻刻などが刊行され、容易に利用できるようになっている。

四　福州版（東禅寺蔵・開元寺蔵）の刊行

開宝蔵に続き、「仏国」と称され、また印刷業・製紙業の盛んな福建では、その中心地福州において北宋後半期から南宋前半期にかけて二種の大蔵経が相前後して開板されている。まずは福州城外の白馬山東禅等覚院の東禅寺蔵であり、続く城内の東芝山開元寺の開元寺蔵である。これら福州版（閩本とも）に共通する最大の特徴は、装訂が巻子本から折本になったこと、また各帖の巻首に三～六行の題記を付刻すること、である。前者は以後の大蔵経に継承されるが、後者は福州版のみという点でとくに際立っている。加えて、現在中国にはまとまった福州版の遺品の報告はないが、日本に伝存する福州版のいずれもが東禅寺蔵と開元寺蔵との「混合蔵」であり、しかもその配合は各所ごとに異なっている。このことは、日本に搬出される前の中国において混合されたことを示している。さらに注目されるのは、東禅寺蔵の一帖の中に開元寺蔵の数紙が混配（逆の場合もあり）された事例（「混合帖」）の存在である。両蔵のそれぞれの板木で刷られた料紙が混合されて一帖を形成しているということは、明らかに印造段階からの混合である。なぜ両蔵は混合されているのかをはじめ、福州版に関する謎は多い。

福州東禅等覚院の大蔵経開板

十一世紀後半、福州城外の白馬山東禅等覚院において、官僚・僧俗らの施財を仰いで東禅寺蔵の開板が行われた。後年、徽宗（在位一一〇〇～二五年）から「崇寧万寿大蔵」の名を賜り、併せて寺格も東禅等覚禅寺に昇ったことから、崇寧蔵または東禅寺版とも呼ばれる。

各帖の冒頭に付刻された最も早期の題記が元豊三年（一〇八〇）であることから、東禅寺蔵はこの年より開板が始まったとされる。しかし、冒頭に置かれる『大般若経』六〇〇巻と、それに続く仏典の中には題記がないものがある。『大般若経』の巻末には「請主参知政事元絳、捨銭開此函、用延台算」や「都勧首住持慧空大師沖真」の一文が刻まれている帖がある。請主の元絳（げんこう）は『宋史』などに伝記があり、彼が参知政事の要職にあったのは、神宗（在位一〇六七～八五年）の熙寧八年（一〇七五）十二月から、子の元耆寧（きねい）が収賄事件に連座したのを受けて職を辞する元豊二（一〇七九）年五月までであった。中央政界を退いた元絳は引退後の元豊六年に七十六歳で没している。元絳は施財して「台算」（参知政事の在職）の安泰を祈念していることから、東禅寺蔵の開板は元絳が参知政事に在職していた熙寧末より元豊初のあいだに着手されていた。

開封の太平興国寺印経院は、王安石による新法改革の実施にともない熙寧四年三月に廃止となり、開宝蔵の板木は開封城内の顕聖寺聖寿禅院に下賜された。同じ新法党に属する元絳は、嘉祐七年（一〇六二）十一月から治平二年（一〇六五）正月まで知福州事の職にあり、福州に着任していた（『三山志』）。おそらく、その折に元絳と福州仏教界との関係が深まったのであろう。その後に起きた印経院の廃止と開宝蔵の板木移管という出来事が、福州における大蔵経開板事業開始の直接的原因であったのか否かは不明ながら、福州在任中における仏教界との関係構築が元絳をして大蔵経開板に関与せしめた大きな要因であったことは間違いなかろう。

しかし、開板事業の重要な援護者であった元絳の要職辞任とその引退は、事業推進に多大な影響を与えた。東禅寺蔵の題記が元豊三年から出現するのは、明らかに元絳の辞職と関連している。このため東禅等覚院では住持の沖真が中心となり、事業を継続させるために開板費用を広く衆に募る方式へと変更する必要から考案されたのが、「謹んで衆縁を募り、大蔵経印板一副を開き、今上皇帝の聖寿の無窮を祝し、国泰かに民安んじ、法輪の常転せん」ことを記した巻首の題記であった（図5）。

こうして始まった募縁活動は広く一万家の衆縁を結ぶことを目標として、知福州事の許懋や柯述・王祖道ら官僚、および沖真をはじめとする智華・智賢・道芳・普明・達杲ら歴代住持が都勧首となって施財を募り、その下で詳対経弟子・詳対経沙門・都勾当蔵主沙門などの役職が実務に当たり、開板事業は順調に進行した。

徽宗の崇寧二年（一一〇三）十一月、福州出身の礼部員外郎陳暘（一〇六四～一一二八）の奔走によって東禅等覚院は「崇寧」の寺額を得て、福州における徽宗の聖節道場となった。加えて東禅寺蔵は同年十一月二十二日の勅によって「崇寧万寿大蔵」の名を賜り、勅版の大蔵経に準じて天下各州の崇寧寺などに頒布が許されるに至った。その名誉と権威とを示すのが、『大般若経』巻第一の冒頭に添付された「勅賜福州東禅等覚禅寺天寧万寿大蔵」の勅牒であった。

東禅寺蔵の開校事業はおおよそ政和二年（一一一二）二月には終了し、約四十年をかけて全蔵が完成した。その後、乾道・淳熙年間（一一六五～八九）に『大慧普覚禅師語録』『首楞厳経義海』、さらに天台章疏類などが続蔵として追雕されている（五九三函、六三〇〇余巻）。東禅寺蔵の印造活動は、元代後半期の泰定年間（一三二四～二七）頃まで行われている。

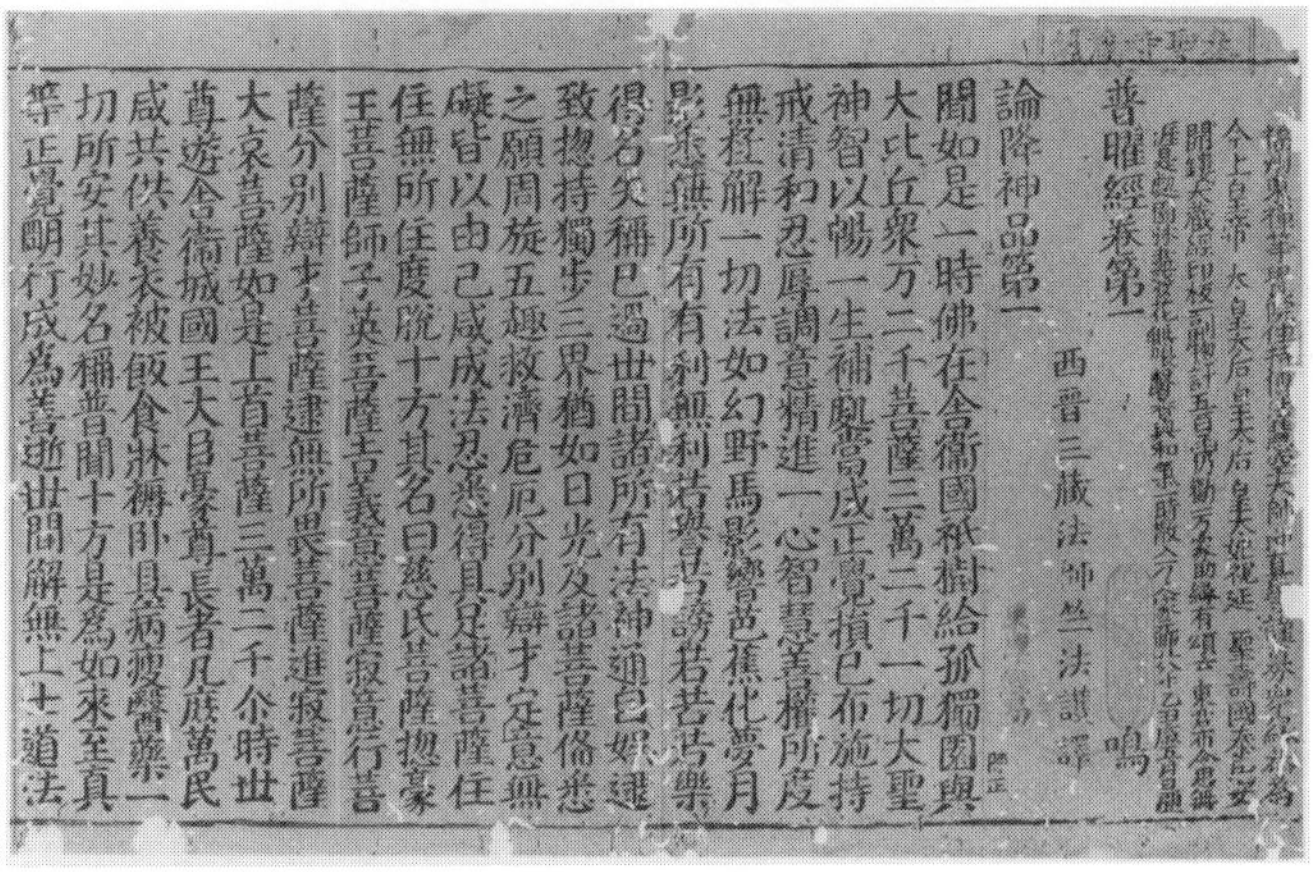
普曜經卷第一　鳴
西晉三藏法師竺法護譯
論降神品第一
聞如是一時佛在舍衛國祇樹給孤獨園與
大比丘衆万二千菩薩三萬二千一切大聖
神智以暢一生補處當成正覺損已布施持
戒清和忍辱調意精進一心智慧善權所度
無極解一切法如幻野馬影響芭蕉化夢月
影水沫無所有有利無利若毀若譽若苦若樂
得名失稱已過世間諸所有法神通已娛逮
致摠持獨歩三界猶如日光及諸菩薩愍哀
之願周旋五趣救濟危厄分別辯才定意無
礙皆以由己成成法忍悉得具足諸菩薩任
任無所任度脫十方其名曰慈氏菩薩擁豪
王菩薩師子英菩薩吉義意菩薩寂意行菩
薩分別辯才菩薩建無所畏菩薩進寂菩薩
大哀菩薩如是上首菩薩三萬二千尒時世
尊遊舍衛國王大臣豪尊長者凡庶萬民
咸共供養衣被飯食牀褥臥具病瘦醫藥一
切所安其妙名稱普聞十方是為如來至真
等正覺明行成為善逝世間解無上士道法

図5　東禅寺蔵
（『普曜経』巻第一〈巻首〉　大谷大学博物館蔵）

東禅寺蔵の版式は、一板一紙、上下単辺、一紙三〇行ないし三六行、毎行一七字、一面六行の五折または六折の折帖で、紺色の帙表紙（包帙装）を標準とする。料紙は厚手の竹紙を使用する。首題・尾題の下に千字文函号があり、各紙の折目におおむね「千字文函号・略経名・巻数・紙数・刻工名」を柱刻す。帖末尾題の前後には、その帖の印刷を担当した職人の印造者印（黒印）や、開板に協力した関係者の所属・姓名が列記された「刊行列位」が添付されるものがある。また、函ごとに数紙からなる別帖仕立ての「音釈（釈音）」が付されているが、ごく一部に音釈を帖末に収録する仏典がある。紙面・紙背には「東禅経局」「東禅大蔵」「東禅染経紙」などの朱方印が捺されていることもある。『楞伽経』（四巻）の巻第四の巻末には、元豊八年（一〇八五）九月に蘇軾（そしょく）（一〇三六～一一〇一）が執筆した書写体の跋文がある。

東禅寺蔵では『大般若経』を除き、一八紙以上を貼り継いだ帖にはその半ばに当たる一紙（全一八紙の場合は九紙目）のみが三〇行（一紙五折）となっている場合がある。これは、両面印刷をする際の折り返し部分に当たり、従来あまり注目されなかった特徴の一つで、仏典を納める経函の高さを考慮した処置とも、一帖の厚みを均等にするためともいわれている。ただし、印刷に使用した紙の厚さ（印造する時期によって異なる）にもより、必ず両面刷になるわけではなく、一八紙を超える（一紙三〇行が混じる）仏典であっても両面刷でないことがある。

『大般若経』をはじめ、印造回数の多い仏典の板木は摩滅・破損の確率が高い。摩滅・破損した板木は、僧尼や官民の信者からの施財によって補刻・改刻が施される。その場合、各紙折目（版心）などには費用を寄進した者の姓名・動機や施財額などを記した「補刻記」が刻まれた。一方で大規模な補（改）刻が行われる場合もあり、南宋の紹興年間（一一三一～六二）後半には皇叔（こうしゅく）・趙士衎（ちょうしかん）による「一蔵」の「新刻」がなされた。

東禅寺蔵の補（改）刻の費用を寄進した者として、日本僧が名を連ねている。鎌倉時代の浄土僧として名高い松尾の慶政（けいせい）（一一八九～一二六八）の名が金沢文庫および宮内庁書陵部に所蔵される東禅寺蔵『大般若経』などに確認される。慶政は建保年間に入宋（一二一七年頃）した際、東禅寺蔵の板木の補刻費用を寄進したとされる。しかし、その直後に印造された本源寺所蔵（三聖寺旧蔵、一二三四年以降の印造）の『大般若経』に彼の名は見えない。このことから、慶政は帰国してのち、一二四〇年前後に弟子の政元（せいげん）・乗蓮（じょうれん）の両僧を大蔵経求得のため南宋へ派遣しているが、その際、両僧は師・慶政の名で東禅寺蔵『大般若経』などの補刻費用を寄進したと考えられている。

なお、政元・乗蓮の両僧は開元寺蔵の補刻費用を寄進し、同蔵内に彼らの名が遺されている。このほか、東禅寺蔵中には「日本国僧行一」の名もある。

福州開元禅寺の大蔵経開板

政和二年（一一一二）二月に東禅寺蔵の開板事業が終了したが、その翌月、福州城内の東芝山開元寺において東禅寺蔵の版式に準じた新たな大蔵経の開板が開始された。開板当初より「毗盧大蔵経」と称された開元寺蔵は、東禅寺蔵に引き続いてなぜ開板されたのか、ほぼ同じ版式・構成を持つだけに、大きな謎の一つであり、いまもって明快な説明は得られていない。

これまで、両寺住持が属する宗派間の対抗意識とする説や、大蔵経を完成させた東禅寺に対する開元寺の反感と不満によるとする説などがあった。しかし、東禅寺蔵開板事業の知識と経験とが開元寺蔵のそれにも活かされ、経験や技術が共有されていたことは、両蔵間におけるほぼ一致した版式、および禅僧を介しての相互の密接な連携がそれを証明している、という指摘は重要である。開元寺蔵の開板は「禅宗の要請」という見解もあり、両蔵開板事業とその展開は福建という地域性を踏まえた巨視的な観点からの考察が必要であろう。

開元寺蔵では開板事業の当初から事業進行のための組織が形成された。その変遷を示すのが、各帖の冒頭に付刻された三～六行の題記の記載である。それによれば、「雕経都会（ちょうきょうとかい）」が設けられて蔡俊臣・陳詢・陳靖・劉漸・顔徽ら二十名ほどが都会首（在俗の助縁者代表）となり、本明・惟冲・必強・子文・了一ら開元寺歴代住持が證会（事業推進の最高責任者）となり、行崇・本悟・徳華らが勧縁沙門（資金調達および施財勧誘者）の任についたことが知られる。やがて開元寺には「開元経司（開元経局）」が設置され、雕経管勾（かんこう）沙門がその実務を管理し、対校沙門

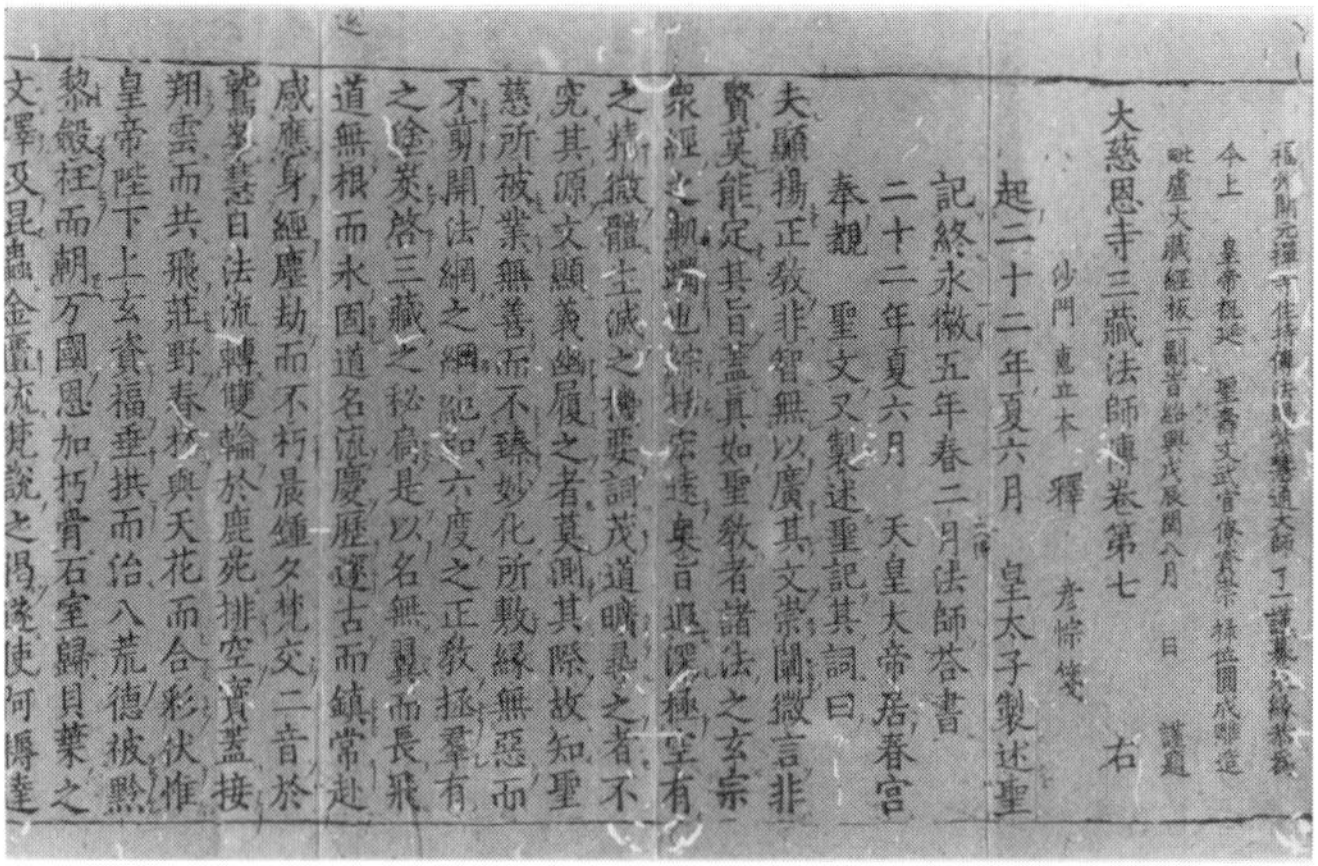

図6　開元寺蔵
（『大慈恩寺三蔵法師伝』巻第七〈巻首〉　大谷大学博物館蔵）

が板下の字句を校正する体制がとられる。

開板事業が進む中で「靖康の変」と呼ばれる事件が起き、宋朝はいったん滅亡する。難を免れた欽宗の弟・康王趙構は、南京応天府（河南省商丘市）にて即位し（高宗、在位一一二七～六二年）、年号を「建炎」と改め、宋王朝を復興させた（南宋）。南宋政権は江南各地を転々とし、紹興八年（一一三八）、杭州臨安府（浙江省杭州市）を行在（仮の都）と定めた。

宋朝にとっての「国難」が、福州の開元寺蔵開板事業にも影響を及ぼしている。「靖康の変」後、南宋政権が復興する建炎年間（一一二七～三〇）まで開元寺蔵の開板は継続されている。戦場となった華北・江淮（こうわい）地域から離れた場所が幸いしたのであろう。しかし続く紹興年間（一一三一～六二）前半になると、比較的長期の作業中断があり、とりわけ紹興八年から十五年にかけてのあいだはほぼ事業が停止している。この間、宋金戦争で失われた「経史」補充のため、南宋政府による『史記』『漢書』『後漢書』および『呉書』の四史（従来は北宋期の出版とされていた）の刊行が行われた。刊行地は杭州もしくはその近辺の都市と思われるが、「四史」開板に従事した刻工が開元寺蔵開板に参加した者と多く共通している。つまり、南宋政府の命による「四史」刊行が優先され、開元寺蔵開板に従事していた刻工たちを動員したため、開元寺蔵の事業は一時中断を余儀なくされたようである。

宋朝の滅亡と復興という事件は、開元寺蔵の募縁活動にも影響している。南宋政権が復興した直後の紹興三年（一一三三）以降になると、都会首・證会の役職はしだいに消え、代わって開元寺住持が「謹募」する体制へと変化したことが、題記の記載によってうかがえる。

こうして展開された開元寺蔵の開板事業は紹興二十一年（一一五一）二月をもって完了したが、隆興年間（一一六三〜六四）に『伝法正宗定祖図』が、乾道年間（一一六五〜七三）に『大慧普覚禅師語録』がそれぞれ追雕されている（五九五函、六三〇〇余巻）。東禅寺蔵と同様、開元寺蔵の印造活動も元末の至正十七年（一三五七）まで行われている。

開元寺蔵の版式は基本的に東禅寺蔵に準じている。日本に伝存する遺品の中には、巻首に付刻される題記が印刷されていない事例が確認される。当初より題記を持たない帖も存在するが、この場合、題記部分に押印の痕跡（凹み）が確認されるものがあるので、印造段階で意図的に刷られなかったことを示している。題記の「空白」が何を意味するのかはわかっていない。

開元寺蔵にも東禅寺蔵と同様、一帖の中に一紙三〇行（一紙五折）が混じる場合がある。開元寺蔵では『大般若経』を含め、総紙数一三紙以上の場合、半ばの一紙が三〇行となって折り返しの「目印」になっているという。尾題の前後には、おおむねその帖を印刷した職人の姓名（印造者印、黒方印）が捺されている。帖末には開板費用を寄進した者の姓名・寄進額・目的などを記した二〜三行の施財記（捨銭記）が多く刻まれている。また、紙背には「開元経司」「開元経局」「開元経局染黄紙」などの朱方印が捺されていることがある。

開元寺蔵には別帖仕立ての「音釈」がないという指摘がまま見受けられるが、日本の各所の遺品には、東禅寺蔵と同様、函ごとに数紙からなる「音釈」帖が存在している。開元寺蔵にも、ごく一部に音釈を帖末に収録する仏典がある。

開元寺蔵中にも日本僧の名が遺されており、慶政の弟子である政元・乗蓮の両僧（前述）のほか、「比丘浄刹」「千葉寺比丘了行」「比丘明仁」「日本国僧智光」「法華寺意教」「寿福寺通妙」「寿福寺僧性空」などが確認される。彼らの名は、多く一二四〇年前後（南宋の嘉熙・淳祐年間）に補刻（改刻）された板木に見え、鎌倉中期に南宋へ渡った際に補刻費用を寄進した者たちである。

五　浙西版（思渓蔵・磧砂蔵・普寧寺蔵）の刊行

宋代の江南、とくに長江デルタ地帯（浙西）は、水利や農業技術の発達、早稲でひでりに強い「占城稲」の伝来（十一世紀前半）などもあって一大穀倉地帯となり、「蘇湖（江浙）熟すれば天下足る」といわれるようになった。併せて浙西は仏教が盛んな地域でもあった。そうした地域性の中で、十二世紀前半（北宋末南宋初）には湖州において「富民」の王氏一族による大蔵経開板（思渓蔵）が行われた。

十三世紀に入ると、太湖を挟んだ平江（江蘇省蘇州市）・湖州（浙江省湖州市）・杭州において大蔵経の開板および補修の事業が相次いで展開される。平江の磧砂蔵、湖州の後思渓蔵、それに杭州の普寧寺蔵である。これらの事業は、南宋朝の滅亡と元朝の江南支配という政治的激動期の前後に行われたが、豊かで仏教の盛んな浙西という地域性がそれを可能とした。事業を推進・援助したのは、宋の皇族や「富民」「豪民」と呼ばれる資産家であり、浙西各地の信者たちであった。とりわけ注目されるのは普寧寺蔵を開板した白雲宗であり、同宗は「豪民」を信者に持つ仏教系新興教団であった。

二つの思渓蔵目録

思渓蔵の目録には二種類がある。一つは『湖州思渓円覚禅院新雕大蔵経律論等目録』（上下巻）、いま一つは『安吉州思渓法宝資福禅寺大蔵経目録』（上下巻）である（『昭和法宝総目録』第一巻・第三巻に収録）。これら二つの目録が存在することから、かつては福州版と同様、二つの思渓蔵は別個の存在であるとの説が主張された。しかし、湖州の地名が宝慶元年（一二二五）に安吉州に改められたこと、また円覚禅院は淳祐年間（一二四一～五二）に寺格が法宝資福寺に昇っていることから、二つの目録はそれぞれの時期の思渓蔵の構成を示したものであると理解されている。ただし、二つの目録の構成には若干の相違が見られ、とくに後者には前者に見られない五一函、四五〇巻の仏典が追加（続蔵）されている。つまり当初、円覚禅院で刊行された思渓蔵の板木は、やがて法宝資福寺に昇格した頃に傷んだ箇所の補刻・修補が施され、その際新たに続蔵部が加えられた（計画された）のである。このため、円覚禅院時代に印造されたものを「前思渓蔵」といい、資福寺時代のそれを「後思渓蔵」として区別している。

思渓円覚禅院の大蔵経開板

密州観察使を致仕（退任）した湖州帰安県松亭郷在住の王永従は、その一族とともに発願して私財を投じ、同県の思渓円覚禅院において大蔵経開板を企てた。「靖康の変」後、王永従は建炎三年（一一二九）に南宋朝廷に対して「銭五万緡（びん）」（一緡は一貫）を献上せんとした（『建炎以来繋年要録』）。円覚禅院では思渓蔵の開板事業がかなり進行している時期でもあり、王永従の「富民」のほどがうかがえる。

〈巻首〉

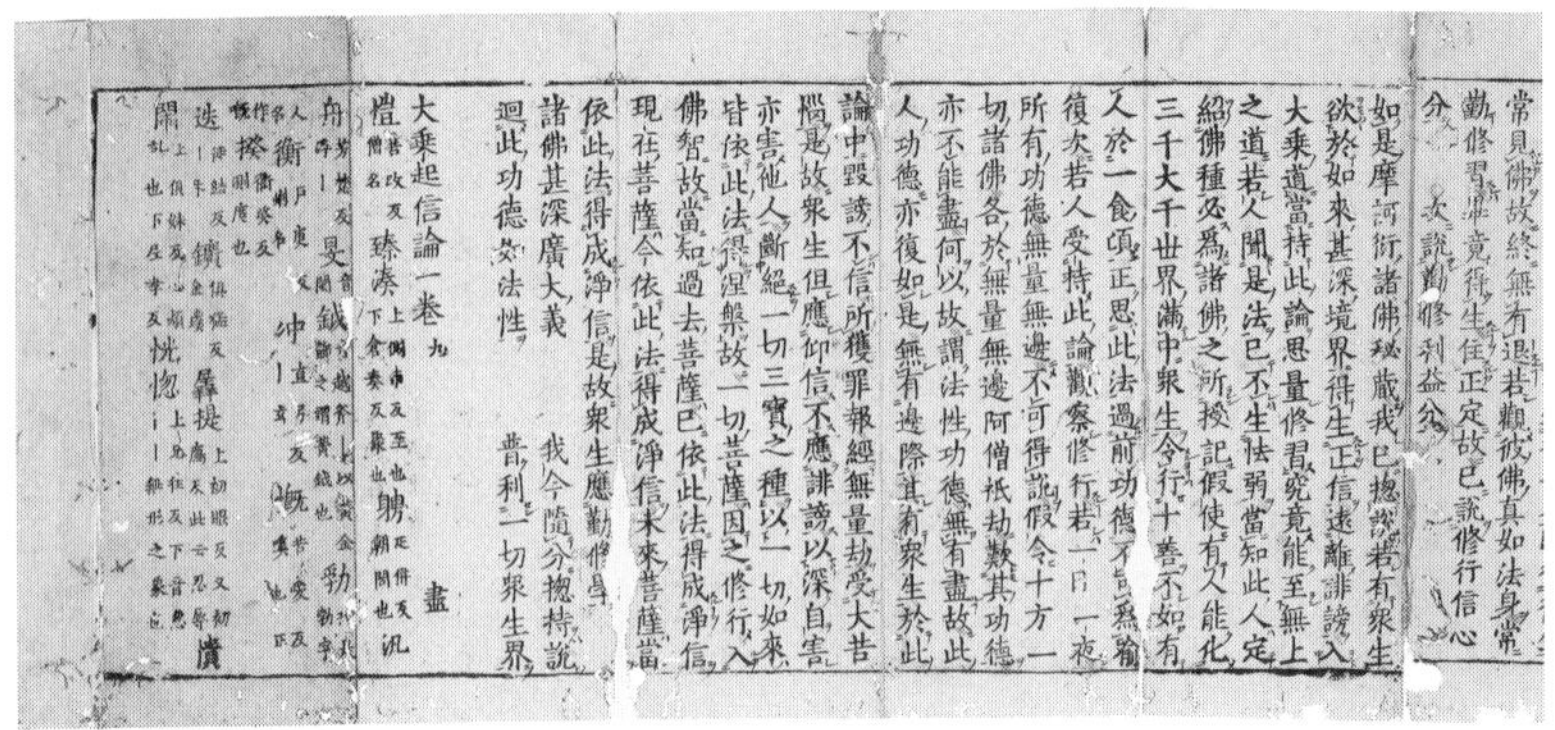

〈巻末〉

図７　思渓蔵

（『大乗起信論』巻第一　京都大学人文科学研究所蔵）

思渓蔵は王氏一族による開板事業のため、それに関わる資料が同蔵中にほとんどなく、事業の詳細については不明な点が多い。確認される数少ない刊記・題記などから、北宋末の靖康元年（一一二六）にはすでに事業が開始されており、南宋初の紹興二年（一一三二）をさほど過ぎない頃に完成したものとみられている。前後に余裕をもたせれば十年余となり、私版の大蔵経開板としては比較的短期間での事業であった（前思渓蔵、五四八〇巻）。

紹興二年四月の題記によると、この事業は、王永従とその妻および一族が今上皇帝の聖躬万歳を祝延し、法界一切の有情を利楽するため、家財を喜捨して大蔵経五五〇函を開板せんとした旨が述べられている。この事業には浄梵（じょうぼん）（?～一一二八）・懐深（えしん）（一〇七七～一一三二）らが勧縁住持となって参画し、また雕経作頭・印経作頭・掌経沙門・対経沙門などの役職が設けられている。組織的な刊行集団が編成されていたことも、王永従の私財と相まって、短期間での開校事業を可能にしたのであろう。「靖康の変」の数カ月前、王永従は『菩提行経』（槐函）巻第一の版下を自ら執筆しており、同蔵に込める彼の想いの強さをうかがうことができる。ちなみに、いわゆる「嘉祐刊本」とされた『新唐書』は、前思渓蔵開板の際の余板を利用して、紹興七年（一一三七）頃に開板されたものであった。

法宝資福寺への昇格と補刻・追雕事業

前思渓蔵を独力で刊行した王氏一族は、十三世紀に入ると没落の一途をたどり、一族の功徳墳院である円覚禅院は荒廃し、前思渓蔵の印造活動も停滞した（『金華黄先生文集』）。南宋末の淳祐年間（一二四一～五二）に皇族・趙與籌（よちゅう）が大檀越となって同院の復興を援助し、近隣在住の信者からも施財を募り、前思渓蔵の板木のうち、傷んだ部分の補刻・補修が施され、印造活動は再開された（後思渓蔵）。また、併せて続蔵仏典（四五〇巻）の追雕も「計画」され、この間に寺格は「法宝資福寺」に昇った。

しかし、徳祐二年（元朝の至元十三年、一二七六）正月、杭州臨安府の南宋政権はモンゴル・元朝軍に投降するが、その六日前、湖州はモンゴル・元朝軍の侵入を受け、その時、同寺とともに後思渓蔵の板木は焼失してしまう。ちなみに、日本に伝存するのはおおむね後思渓蔵であるが、追雕された続蔵部を具備した遺品は確認されない。続蔵仏典を記載した『安吉州思渓法宝資福禅寺大蔵経目録』は、後思渓蔵の再刻事業に際して刊行された「予定目録」であった。

前・後思渓蔵に共通する版式は、一板一紙、上下単辺、一紙三〇行、毎行一七字、六行一折（一紙五折）を標準とする折帖で、料紙は竹紙を使用する。表装は黄色または茶褐色の帙表紙（包帙装）で、おおむね題簽はなく仏典名・巻数が手書きされている。首題・尾題の下に千字文函号を刻す。福州版では仏典名などを折目行間に刻むのに対し、思渓蔵では「千字文函号・略経名・巻数・紙数・刻工名」を右端の糊代部分に刻んでいることが特徴である。

ところで思渓蔵の『大般若経』は、巻第二二〇までが一紙三六行、各紙折目に「千字文函号・経名・紙数・刻工名」を刻むのに対し、巻第二二一以降は一紙三〇行、仏典名や巻数などは糊代部分に刻まれている、といった際立った相違がある。紙幅も、おおよそ前者が六八センチ、後者は五七センチである。加えて巻第二二〇までは、開元寺蔵『大般若経』と同様、各帖の総紙数の半ばに一紙三〇行（一紙五折）が混じる。こうした特徴を総合すると思渓蔵では、『大般若経』巻第二二〇の開板時点までは同時期に開板されていた開元寺蔵の影響を強く受けて（底本に用いて）いたとみられるが、その後、何らかの理由による規格の変更があったと考えられる。

このほかの特徴として、思渓蔵の中にも巻首に数行分の空白がある帖がいくつかある。また、福州版では「音釈」が別帖となっていたが、思渓蔵では基本的に各帖末に収録（一部仏典では一括収録もあり）され、この形式が以降の歴代大蔵経に踏襲される。『楞伽阿跋多羅宝経』『大方広仏華厳経（八〇巻本）』などいくつかの仏典は、一行の字詰が一三〜一五字で、字体も写刻体である。紙面や紙背には「円覚蔵司自紙板」や「法宝大蔵経院」「法宝蔵司印」「法宝大蔵印」などの朱・黒方印が捺されている帖もある。なお前思渓蔵中には、他の大蔵経に比して多くの「女性刻工」が確認される。

磧砂延聖禅院の大蔵経開板

平江府城東の陳湖の中にあった磧砂（沙）延聖禅院において、南宋後半期に一人の僧によって大蔵経刊行が着手された。従来、磧砂蔵の刊行は紹定四年（一二三一）の『大宝積経』から始まったとされてきたが、嘉定九年（一二一六）に『大般若経』から着手されたことが、南宋末期に印造された奈良県西大寺の磧砂蔵本『大般若経』の施財記によって明らかにされた。

嘉定九年、幹造比丘の了勲（生没年未詳）は湖州などの信者から施財を募り、『大般若経』の開板を始めた。了勲自身も「梨板三十片」や「長財」を寄進している。その際の題記（巻第二）には「仏天の護祐を祈求し大蔵経律論の板をして速に円満を得せしめん」とあり、彼は当初より大蔵経刊行を計画していたのである。

ところが、開板は紹定二年（一二二九）までの十三年間にわずか一二巻分が完了しただけであった。一二巻の施財記や題記には刊行事業に関わる組織などの名称はなく、事業が了勲の個人的運営によってなされていたことを物語っており、そのことが事業進行の遅滞を招いた最大の要因であったとみられる。

これを受け、趙安国なる人物が大檀越となり、了勲の事業を継いで巻第一三以降の『大般若経』刊行を再開した。趙安国の出自や経歴などは不明（一説には皇室に連なる人物とも）ながら、巻第一三以降の各巻末には「大檀越成忠郎趙安国一力刊経一部六百巻」「大檀越保義郎趙安国一力雕経一部六百巻」などの刊記が付刻され、彼を中心に事

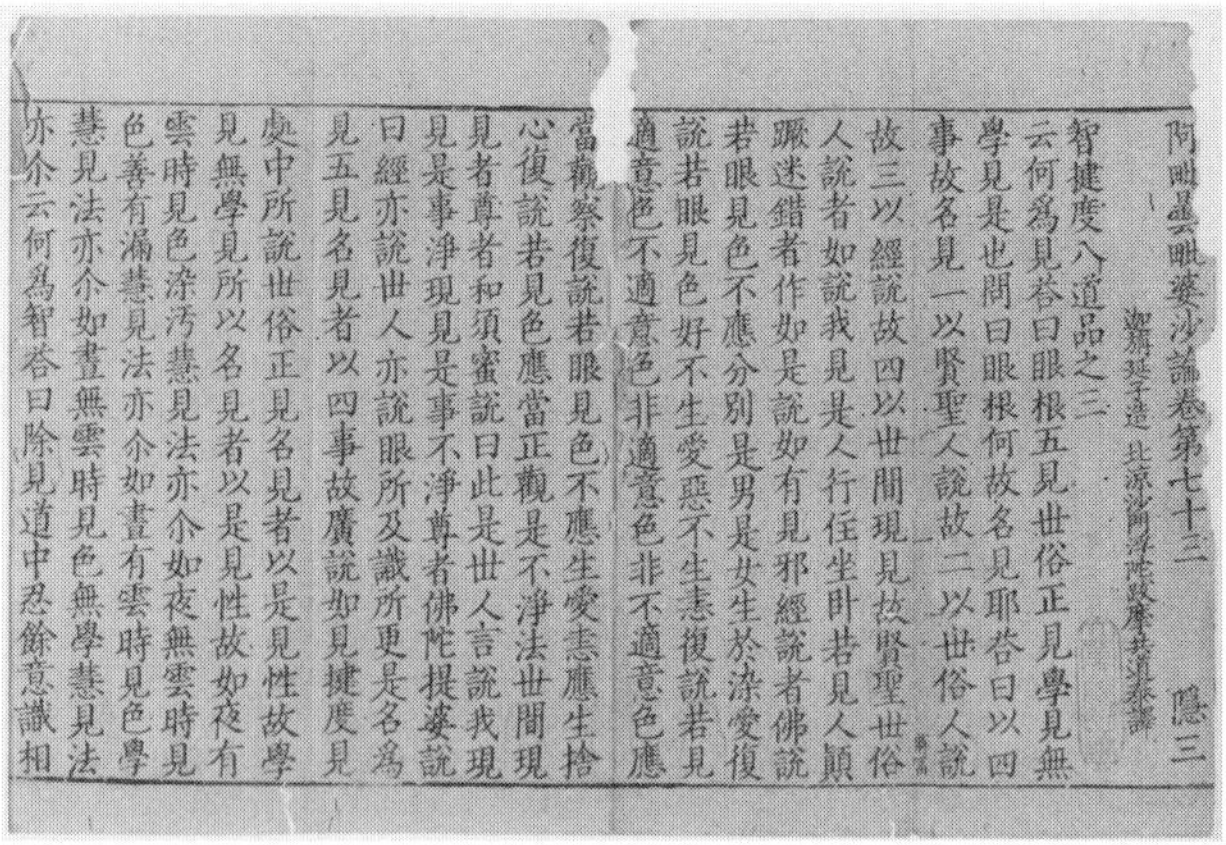

阿毗曇毗婆沙論卷第七十三　隱三
迦旃延子造　北涼沙門浮陀跋摩共道泰等譯
智揵度八道品之三
云何爲見答曰眼根五見世俗正見學見無
學見是也問曰眼根何故名見耶答曰以四
事故名見一以賢聖人說故二以世俗人說
故三以經說故四以世間現見故賢聖世俗
人說者如說我見是人行住坐卧若見人顛
蹶迷錯者作如是說如有見邪經說者佛說
若眼見色不應分別是男是女生於染愛復
說若眼見色好不生愛惡不生恚復說若見
適意色不適意色非適意色非不適意色應
當觀察復說若眼見色不應生愛恚應生捨
心復說若見色應當正觀是不淨法世間現
見者尊者和須蜜說曰此是世人言說我現
見是事淨現見是事不淨尊者佛陀提婆說
曰經亦說世人亦說眼所及識所更是名爲
見五見名見者以四事故廣說如見揵度見
處中所說世俗正見名見者以是見性故學
見無學見所以名見者以是見性故如夜有
雲時見色染汚慧見法亦尒如夜無雲時見
色善有漏慧見法亦尒如晝有雲時見色學
慧見法亦尒如晝無雲時見色無學慧見法
亦尒云何爲智答曰除見道中忍餘意識相

図 8　磧砂蔵

（『阿毘曇毘婆沙論』巻第七十三〈巻首〉　大谷大学博物館蔵）

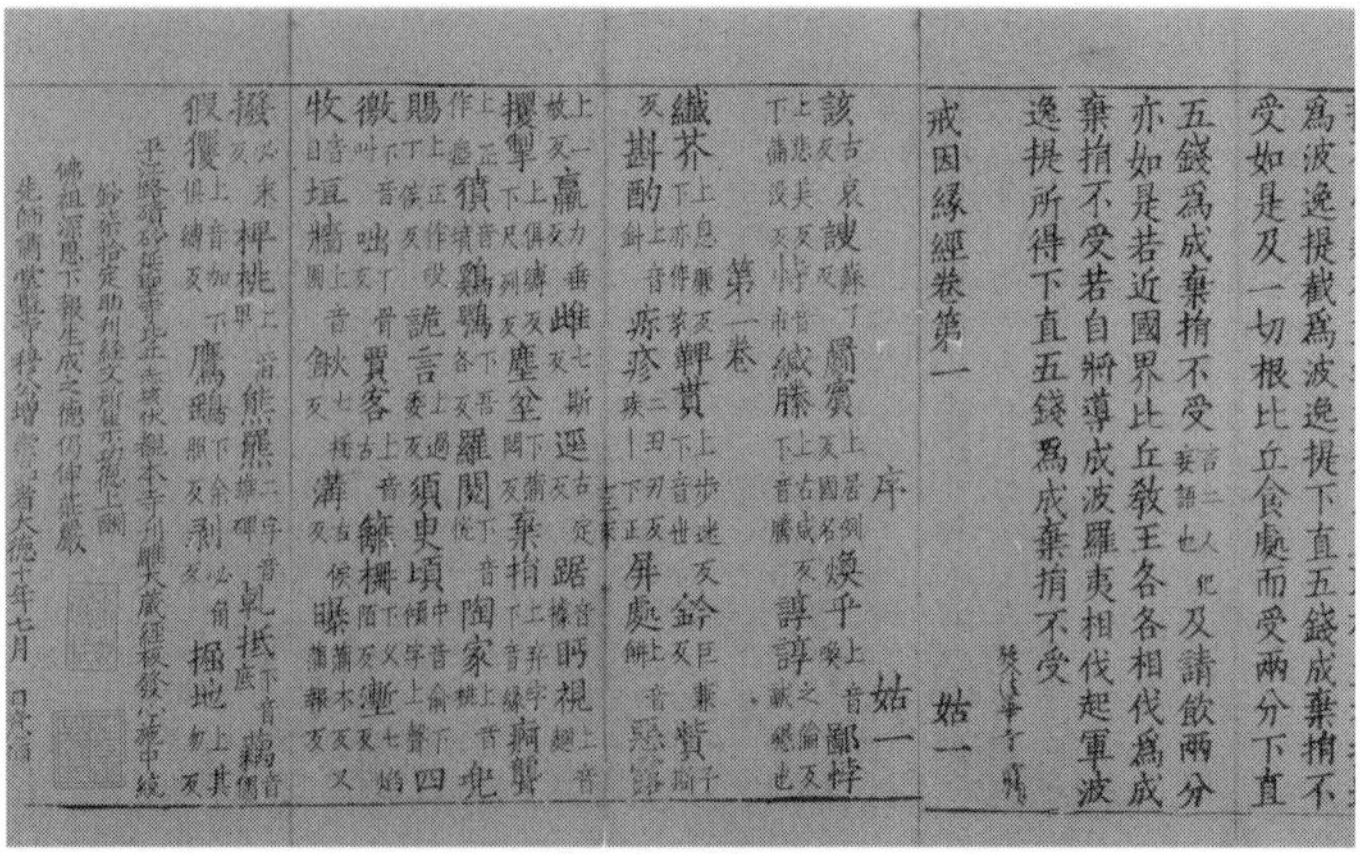

爲波逸提截爲波逸提下直五錢成棄捐不
受如是及一切根比丘食處而受兩分下直
五錢爲成棄捐不受及請飲兩分
亦如是若近國界比丘教王各各相伐爲成
棄捐不受若自將導成波羅夷相伐起軍波
逸提所得下直五錢爲成棄捐不受
戒因緣經卷第一　姑一

図 9　磧砂蔵

（『戒因縁経』巻第一〈巻末〉　大谷大学博物館蔵）

業が展開されている。事業再開後、『大般若経』とともに『大宝積経』などの複数の仏典が並行して開板された。紹定五年（一二三二）以降の刊記には趙安国の名とともに「磧砂延聖院大蔵経板刊造局」「磧砂延聖院大蔵経坊」のほか、勧縁住山・幹縁僧・幹開経僧などの名称が登場しており、早期より趙安国を中心とした事業組織が形成され、崑山県・長洲県・呉県など平江府近県の信者から施財を募っている。

西大寺所蔵の磧砂蔵本『大般若経』には、さらに開板当初の際立った特徴が確認できる。すなわち、巻第一二まではー板（三〇行）が大（二七行分）と小（三行分）の二紙を継ぎ足して印刷されているのに対し、巻第一三以降は一板一紙で印刷されているという。つまり、巻第一二以前と以後とでは板木一枚の横幅が異なっている。また、巻第一二までは一部の巻を除き、各巻末には「音釈」として唐末五代期の僧行瑫（ぎょうとう）（八九五～九五二）が編集した『内典随函音疏』が収録（巻第一三以降は従来の音釈が採録）されていることも指摘されている。こうした特徴の相違は、趙安国による事業継続に際し、了懃の開板計画とは異なる規格に変更されたことを示すものである。

南宋時代の磧砂蔵の版式は、一板一紙、上下単辺、一紙三〇行、毎行一七字、六行一折（一紙五折）を標準とする折帖で、料紙は竹紙を使用する。朱茶色の折帖装もしくは帙表紙（包帙装）。首題・尾題の下に千字文函号と帖数（例えば「河一」）を併記するという独自性が加えられ、これが普寧寺蔵や元代の磧砂蔵、続く明代大蔵経に継承される。各紙の折目には「千字文函号・略経名・巻数・紙数・刻工名」を柱刻す。巻末には「音釈」や施財記を付す。版下を書写した人名が巻末に多く刻まれている（百名余）ことも磧砂蔵の特徴で、中には「朱坦書并刊」とあって一人が書写と刻工を兼ねている事例がある。

『大般若経』と相前後して『摩訶般若経』『道行般若経』なども開板されたが、必ずしも千字文通りに開板されていない。確認される南宋期最後の刊記は咸淳八年（一二七二）十二月で、およそ七五函分が開板されたという。この四年後、杭州臨安府の南宋政権は包囲する元朝軍に無血開城して投降し事実上滅亡するが、元朝の支配下に入った直後に延聖院の開板事業は中断している。

磧砂蔵の目録として、端平元年（一二三四）に『平江府磧砂延聖院新雕蔵経律論等目録』二巻（『昭和法宝総目録』第一巻に収録）が刊行されるが、思渓蔵と同様、この目録もまた「予定目録」であった。

民国二十年（一九三一）、中国西安の臥龍寺と開元寺とにおいて磧砂蔵が発見された。これら両蔵に基づき、ただちに上海において『影印宋磧砂蔵経』（六〇函、五九一冊、首冊二冊。一九三三〜三六年）が影印刊行された。ただし、この上海影印版は欠落している仏典を思渓蔵・普寧寺蔵・永楽南蔵および単行本など他のテキストで補配した混合版である。上海影印版は忠実な磧砂蔵の覆印でなく、また補配箇所の注記も明確ではないため、利用に際しては十分な注意が必要となる（のち、上海影印版は台北および北京にて洋装本として覆印されている）。

白雲宗教団の大蔵経開板

元朝軍が杭州臨安城を囲み、事実上南宋政権を滅亡させたその翌年（元朝の至元十四年、一二七七）、白雲宗の総本山たる杭州余杭の南山大普寧寺では大蔵経の開板事業が着手された。これより先、元朝軍の兵火によって湖州帰安県資福寺の思渓蔵（後思渓蔵）の板木が焼失すると、杭州大明慶寺の寂堂閒思（じゃくどうもんし）は諸山の師徳らと大蔵経再刊をはかり、その再刊事業を仏教系新興勢力の白雲宗に要請した。

白雲宗は、孔子五十二世孫に当たる孔清覚（一〇四三〜一一二一）が北宋の元祐八年（一〇九三）に杭州霊隠寺白雲庵にて立教開宗したことに始まる。この新興教団はその庵名にちなんで白雲宗と称され、孔清覚の遺骨が葬られた杭州南山を中心に湖州・嘉興（浙江省嘉興市）など浙西地域に教線を伸張していったが、邪教としてしばしば官憲の弾圧を受けることもあった。

江南仏教界からの要請を受けた普寧寺住持の古山道安（?〜一二八一）は、同宗の僧人・優婆塞と聚議した結果、このたびの要請を受け入れることとし、ただちに大都（現北京）に上って皇帝クビライ（在位一二六〇〜九四年）に拝謁し、教団の公認と大蔵経開板の許可を取り付けた。

白雲宗教団を挙げての大蔵経開板事業は至元十四年から始められ、同二十七（一二九〇）年に終わっている。実に前後十四年という短期間で完成したが、これが一般に普寧寺蔵（または普寧蔵・杭州蔵・白雲宗版）と呼ばれる大蔵経である（五五八函、六〇〇四巻）。

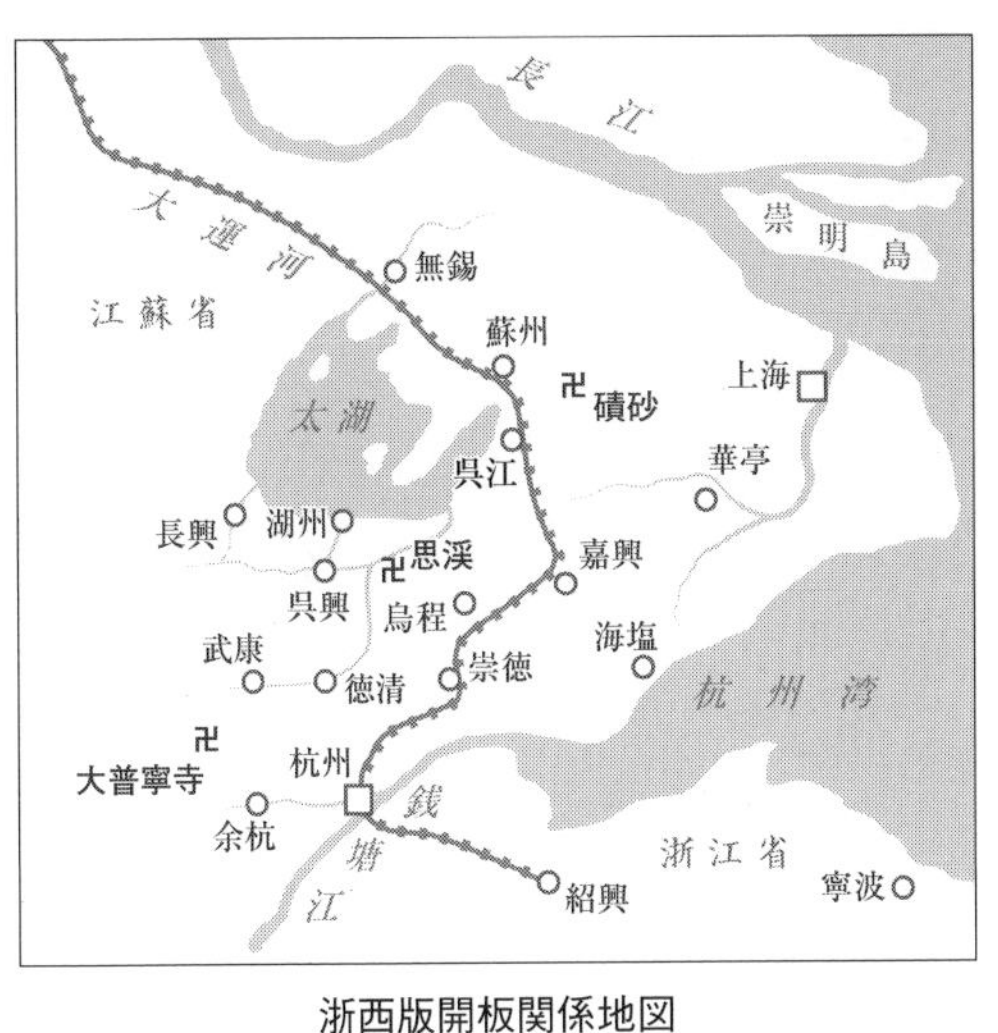

浙西版開板関係地図

普寧寺蔵の開板に際し南山大普寧寺には「大蔵経局」が設置され、刊字作頭・措置梨板勾当などの職が設けられ、校勘・勧縁には杭州を中心とした天台・慈恩（法相）・律・禅など諸宗の僧がこれに当たった。校勘テキストには思渓蔵および福州版両蔵、さらには杭州下天竺寺所蔵の写本が用いられた。

版式は思渓蔵に倣い、一板一紙、上下単辺、一紙三〇行、毎行一七字、六行一折（一紙五折）を標準とする折帖で、料紙は竹紙を使用する。茶褐色または紺色の折帖装または帙表紙（包帙装）。首題・尾題の下に千字文函号と帖数が併記される。「音釈」は巻末に掲げ、多くの帖末に施財記を刻す。各紙の折目には「千字文函号・帖数・紙数・刻工名」が柱刻され、思渓蔵に比して簡略化

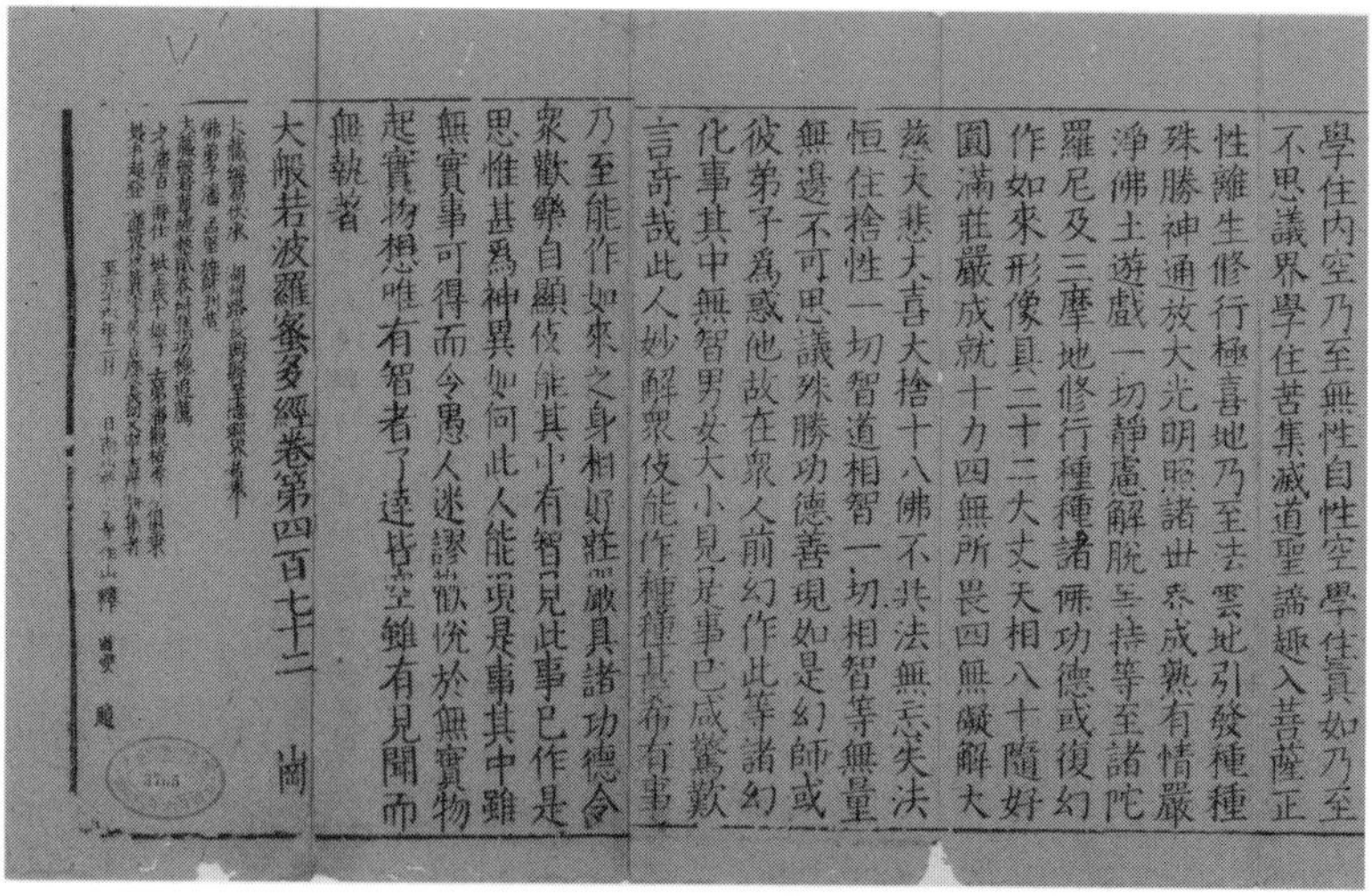
學住内空乃至無性自性空學住眞如乃至
不思議界學住苦集滅道聖諦趣入菩薩正
性離生修行極喜地乃至法雲地引發種種
殊勝神通放大光明照諸世界成熟有情嚴
淨佛土遊戲一切靜慮解脱等持等至諸陀
羅尼及三摩地修行種種諸佛功德或復幻
作如來形像具三十二大丈夫相八十隨好
圓滿莊嚴成就十力四無所畏四無礙解大
慈大悲大喜大捨十八佛不共法無忘失法
恒住捨性一切智道相智一切相智等無量
無邊不可思議殊勝功德善現如是幻師或
彼弟子爲惑他故在衆人前幻作此等諸幻
化事其中無智男女大小見是事已咸驚歎
言奇哉此人妙解衆伎能作種種甚希有事
乃至能作如來之身相好莊嚴具諸功德令
衆歡樂自顯伎能其中有智見此事已作是
思惟甚爲神異如何此人能現是事其中雖
無實事可得而令愚人迷謬歡悦於無實物
起實物想唯有智者了達皆空雖有見聞而
無執者
大般若波羅蜜多經巻第四百七十二　崗

図10　普寧寺蔵

（『大般若波羅蜜多経』巻第四百七十二〈巻末〉　大谷大学博物館蔵）

されている。また、全体にわたり印面の空所には菱形・宝珠などを描いた「宝尽」が点在する。これも普寧寺蔵の特徴であり、元代の磧砂蔵、明の南蔵もこれを踏襲している。

各帖の巻末に付刻された施財記によれば、普寧寺蔵は杭州・嘉興・湖州などの浙西地域に居住する多くの白雲宗の僧侶および在俗信者から施財を得て開板され、ほぼ千字文の順に従い開板が進められた。開板作業には職人刻工とともに、百数十名にも及ぶ白雲宗の僧や信者が刻工として参加していることも、他の大蔵経には見られない普寧寺蔵の特徴の一つである。江南仏教界の支持と協力を得てはいるものの、白雲宗教団は再刊事業をほぼ独力で組織・運営・実行していたのであり、またそれを可能とする組織力・資金力・人材を有していた。「白雲宗版」と呼ばれる理由がここにある。

普寧寺蔵は中国国内のみならず、日本へも多くもたらされたことは、今もって各所に多く伝存（『大般若経』のみも含め）していることがそれを物語る。さらに、元代後半期の高麗国の人びともまた普寧寺蔵を多く求めていたことが、当時の記録や後年半島から日本へもたらされた普寧寺蔵本の「施入記」によって知られる。このように普寧寺蔵は、日本のみならず高麗国へも多くもたらされたが、普寧寺蔵が比較的安価で入手できたためという。

至元二十七年に開板を終えた普寧寺蔵は、大徳年間（一二九七～一三〇七）になると傷んだ板木の補刻が施された。この際に注目されるのが二八函の「秘密経」の追雕である。これは、松江府僧録広福大師の管主八（かんしゅはち）が江南系大蔵経では未収録の「秘密経」を大都の弘法寺蔵に拠って補足したものである。普寧寺蔵の目録『杭州路余杭県白雲宗南山大普寧寺大蔵経目録』（四巻、大徳三年序。『昭和法宝総目録』第二巻所収）の最末尾にある『宗鏡録（すぎょうろく）』（感函）のあとに「武（函）より遵（函）に至る、計貳拾捌号の秘密経、別に目録あり」とある一文が示す仏典である。これまで数種の「秘密経」仏典の存在が確認されており、上海影印本磧砂蔵の補配として普寧寺本の「秘密経」が収録されていた。日本伝存の普寧寺蔵の多くは「秘密経」を欠いているが、幸い西大寺所蔵の普寧寺蔵には不完全ながらも二二部八〇巻が現存しており、二八函の「秘密経」追雕が事実であったことを裏付けている。

その後、普寧寺蔵には『天目中峰和尚広録』をはじめいくつかの仏典が追雕されたが、普寧寺は元末の戦乱のなかで兵火に遭い、普寧寺蔵の板木は寺とともに灰燼に帰したようである。

延聖寺の復興と磧砂蔵の追雕

普寧寺蔵の開板事業が完了する直前の至元二十五年（一二八八）七月、延聖院六世住持の惟吉（ゆいきつ）は観音堂および刻経堂を建立した。中断していた磧砂蔵の開板事業は大徳元年（一二九七）より再開された。この頃、寺格が延聖寺に昇っており、事業組織名称が「大蔵経局」と改まり、提調刊経僧がこれに当たった。事業の再開にともない南宋末の延聖院時代とは対照的に、施財者が平江路・松江府・杭州路など（元代の行政区画でいえば江浙行省）に及び、また永平路（河北省盧龍県）・真定路（河北省正定県）・大同路（山西省大同市）など華北からの施財も確認される。

大徳年間前半で注目すべき施財者として、朱文清および張文虎の両名が挙げられる。朱文清（朱清とも）はもと海賊であり、張文虎の父・張瑄（せん）とともに元朝に投降して水軍で功をなし、さらに江南と大都を結ぶ海運を独占して巨万の富を築いた。しかし彼らは、大徳六年（一三〇二）正月に弾劾され、翌七年正月に獄に繋がれた。朱文清は憤死、張瑄は獄死、張文虎は斬刑となり、家族は流刑、両家の財産は没収されるという「朱張籍没」事件が起きている。この事件の直前、両名は磧砂蔵開板への施財を行っていた。

大徳六年二月以降、同十年正月までの磧砂蔵の施財記が確認されず、いわば空白期になっている。この間、普寧寺蔵開板事業を展開した白雲宗教団は民から田宅や子女を奪い、種々の不法を繰り返したため、元朝による検挙・弾圧を受けていた。磧砂蔵の開板作業中断は、これら朱・張事件や白雲宗教団への事件が影響したためとみられている。

大徳十年正月以降、行宣政院使張閭が勧縁都功徳主に、前松江府僧録の管主八（彼は大徳六年、杭州大万寿寺において河西字〈西夏文〉大蔵経三六二〇巻を刊行していた）が提調雕大蔵経板に就任して磧砂蔵開板事業を進めた。推進者の一人管主八は同年、江南では流通していない「秘密経」を杭州で刊印し、普寧寺蔵に続蔵として補足していたが、磧砂蔵への「秘密経」補充は、管主八の死後、その子の管輦真吃剌（かんれんしんきつし）が至正二十三年（一三六三）に経板を磧砂寺大蔵経坊に施入している。

元代に開板された磧砂蔵の版式は、基本的に南宋時代のそれを継承しているが、各紙の折目には「千字文函号・帖数・紙数・刻工名」が柱刻され、「略経名・巻数」部分が省かれているのは普寧寺蔵の影響であろう。各帖の首題・尾題の下に千字文函号・帖数を付刻する。折目（版心）にはパスパ文字・西夏文字などの「非漢字文字」によって刻工名などが表記されている事例が少なからず確認され、元代という時代性を象徴している。また紙面の空白箇所に卍などの「宝尽」がわずかに点在するものがある。なお、元代に印造された磧砂蔵には巻首に扉絵を添付する帖がある。扉絵はチベット仏教の影響を強く漂わせる構図となっており、現在八種が知られている。奈良・薬師寺に所蔵されている磧砂蔵の五帖にも五種の扉絵が添付されている。仏教版画の資料として貴重である。

磧砂蔵は至治年間（一三二一～一三二三）に完成されたとされる（五九一函、六三六二巻）が、元末に印造された磧砂蔵の中には、平江の「陸家」「姚家」といった民間業者が共同で印造した事例がある。さらに、近年の調査・研究によって、磧砂蔵の印造は明朝の宣徳七年（一四三二）まで行われ、しかも磧砂蔵を求める者（請経者）たちは杭州に赴き、「朱家」「楊家」といった民間印刷業者に委託している事実も判明している。

六　元の官版大蔵経

普寧寺蔵、磧砂蔵以外に元代に刊行された大蔵経があることについて、最も早く記録したものに、養鸕徹定（うがいてつじょう）の『訳場列位』がある。『同書』武州縁山経閣元本蔵『大般若経』巻第四七一の条に、後至元二年（一三三六）太皇太后の卜答失里（ブダシリ）の大蔵経印施願文および校経列位が全文移録されている。その後一九三〇年に小野玄妙によって、卜答失里の願文の一部分の書影と録文が公表されたが、原本はその後行方知れずとなり、一九八〇年代に中国、日本で相次いで存在が明らかにされるまで「謎の大蔵経」とされてきた。

一九七九年に中国の雲南省図書館において、未知の版種の大蔵経が発見され、当初は弘法蔵とも考えられたが、版式が弘法蔵とは異なることや、願文が小野が紹介したものと同じであることから、弘法蔵とは別種の元代後期に

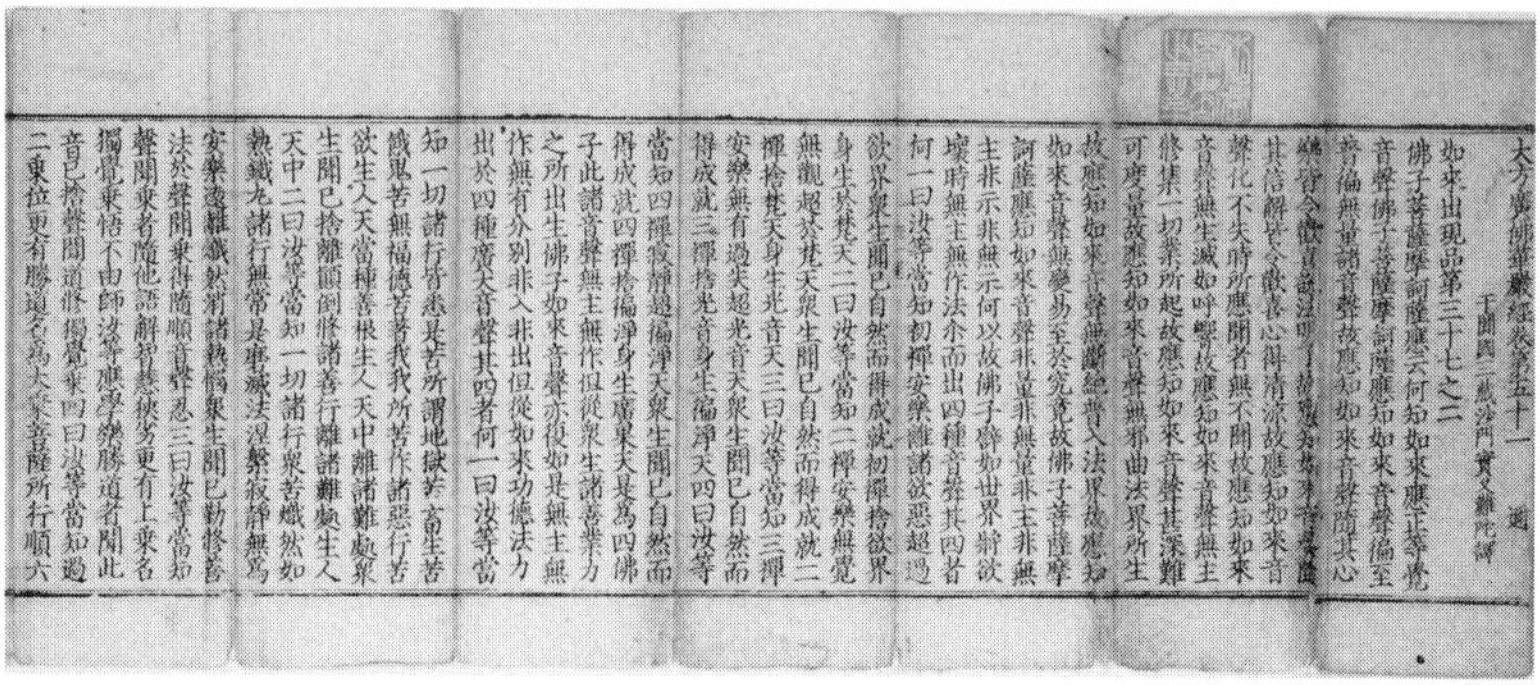

図11　元の官版大蔵経
（『大方広仏華厳経』巻第五十一〈巻首〉　個人蔵）

刊刻された官版と認定された。

中国での発見に遅れること四年、一九八三年に対馬の東泉寺所蔵の版経中に雲南本と同種の大蔵経があることが判明した。はじめこの大蔵経は弘法蔵であるとされたが、のちには雲南本とおなじく、弘法蔵とは別種の官版であるとされている。

版式は、一版一紙、上下の界線は双線、一紙四二行、毎行一七字、半折六行の折帖装で、一紙の長さは八〇センチ前後である。宋元時代の他の刊本大蔵経の一紙が五〇センチから六〇センチ程度、長いものでも七〇センチ以下であるのに比し、官版の名にふさわしい堂々たる大きさである。

元の官版大蔵経の特徴

大蔵経の経巻に扉画を付す例は、明代以降には多いが、元代までの事例は必ずしも多くない。元官版は雲南本にも対馬東泉寺本にも扉画が付されている。雲南本には七巻に扉画があるが、ほぼ同様の図柄で、各々刻工が異なるなど別版であるとされる。東泉寺本には、ほぼ毎巻に扉画があり、図柄が三種類あるとされる。このうち一種は後補で、官版固有の扉画は二種であるが、図柄は雲南本と極めて似ている。

このほか元官版もしくはその覆刻本と考えられる大蔵経の零本が、石川武美記念図書館（旧お茶の水図書館）成簣堂文庫にある。『大般若経』巻第二一と巻第二七六の二巻であるが、元官版と版式はおおむね同じで、巻第二一には扉画、願文、校経列位の一部分が付されている。扉画は雲南本や対馬東泉寺本と同様の図柄であるが、願文は元朝最後の皇帝順帝の皇后で高麗人の奇皇后によるもので、至正四年（一三四四）に大蔵経を二蔵印造し、大都の寿慶寺と高麗の神光寺に施入することが記されている。

元官版は二〇〇〇年代以降にも二〇数巻が新たに発見され、中国各地の図書館や収蔵家のもとにおさめられている。雲南本や対馬本等をあわせても約一三〇巻で、未だ不明なことも多く、成簣堂文庫本も含めて、今後更なる調査研究が望まれている。

宋元時代の刊本大蔵経の系統

宋元時代の刊本大蔵経の系統を考える場合、刊行年代順に並べて理解することが一般的であったが、一九七〇年代後半ころから、装丁、版式、千字文函号の配当など中国版本学的な方法で分類し、系統を考察することが定着し、現在では以下の三つに分類することが有力な説となっている。（千字文函号を比較する際には、便宜的に函号を記した最も早いと考えられる経典目録『開元釈教録略出』〈『略出』〉を用いる）

一　開宝蔵系

開宝蔵　金版（解州天寧寺版）　高麗初雕本　高麗再雕本

巻子装　一版二三行　毎行一四字　函号は『略出』より一字繰上

二　契丹版系

契丹版大蔵経（山西省応県木塔本）　房山石経（遼金刻部分）

巻子装　一版二七乃至二八行　毎行一七字　函号は『略出』より一字繰下

三　江南諸蔵系

東禅寺蔵　開元寺蔵　思渓蔵　磧砂蔵　普寧寺蔵

折帖装　一版三〇乃至三六行　毎行一七字　函号は『略出』と同じ

弘法蔵は、金版大蔵経の板木を補修したものであり、装丁や版式は開宝蔵系と同じであるが、千字文函号は、元代に新たに編纂された『至元法宝勘同総録』によって訂正されており、上記三系統とは異なる。

元官版は、折帖装で一行の字数は一七字と江南諸蔵系と一致するが、一版の行数が四二行と大きく異なる。また天地の界線が双線であることも、これ以前の大蔵経とは異なる。ちなみに明代北蔵・清代龍蔵の天地の界線は双線である。千字文函号は、『至元録』に合致している。

七　大明南蔵と大明北蔵の刊行

朱元璋（しゅげんしょう）（洪武帝、在位一三六八～九八年）によって建国された明朝では、その初期に南・北両京において勅版大蔵経の編纂が着手されている。まずは洪武帝の勅命により金陵（のちの南京）で開板された南蔵であり、続いて北京遷都直前に永楽帝（在位一四〇二～二四年）の勅命により北京で開板された北蔵である。とくに注意されるのは南蔵である。南蔵は洪武・建文・永楽と三代にわたり編纂事業が継続されたが、その間「靖難の役」という皇位継承をめぐる争いが起こった。建文帝の死と永楽帝の即位という政治的混乱の中で編纂されたことが、結果として洪武南蔵と永楽南蔵という二種の南蔵を出現させることになる。

洪武南蔵の開板

濠州（安徽省鳳陽県）の貧農の家に生まれ、寺に預けられて僧となった経験を持つ朱元璋は、元末の混乱のなかから一大勢力となり、一三六八年に金陵にて即位し、明朝を建国した。洪武帝は洪武五年（一三七二）までのあいだ、連年のごとく戦没者の慰霊のため金陵の蔣山寺（のちの霊谷寺）で広薦法会（無遮大会）を開いている。洪武五年春の広薦法会に召集した「四方の名徳沙門」に対し、洪武帝は「蔵経」の点校（校讐）を命じた。こうして「蔵経」（洪武南蔵）の点校作業が蔣山寺で開始されたが、それは開板に向けての準備段階だった。その後における洪武南蔵の具体的な開板経緯は不明であるが、日本からの入明僧である汝霖良佐（生卒年未詳）が点校作業に参加している。

洪武南蔵は、基本的に磧砂蔵（五九一函）を翻刻したものであったが、しかし単なる「被せ彫り」ではなく、再編集の手が加えられていた。また、とくに注意されるのが、底本として使用された磧砂蔵の『大般若経』『大宝積経』がともに妙厳寺版であった点であり、その特徴（題記等）がそのまま洪武南蔵にも受け継がれている。

洪武南蔵の完成時期については洪武三十一年（一三九八）、または永楽元年（一四〇三）とする説がある。永楽元年九月、道衍（のちの姚広孝）が永楽帝に対し、天禧寺（のちの報恩寺）の「蔵経板」を印造する者がいるので、いくらかの「施利」（費用）を徴収すべきことを奏上している（『金陵梵刹志』）。この時点で洪武南蔵が天禧寺で印造されていることから、その完成を永楽元年としたのであろう。しかしこの時の洪武南蔵は正蔵部のみであり、続蔵部の追雕という事実が見落とされている。

これより先、洪武帝を継いだ孫の建文帝（在位一三九八～一四〇二年）は建文元年（一三九九）春、諸宗に対して「有関伝道之書」の収入（入蔵）を制許（許可）した。これは建文帝が洪武南蔵への続蔵部追雕を命じたものであり、それを受けて玄極居頂（?～一四〇四）および定巌浄戒（?～一四一八）の両禅僧は禅宗仏典（禅籍）の編纂に着手している。また別の資料をもふまえると、正蔵部の完成は建文三年（一四〇一）冬のことであった。しかし洪武南蔵の「完成」をいうのであれば、建文帝の命によって追雕された続蔵部開板の完了をもってせねばならない。

建文帝の命によって始められた続蔵部追雕作業は、燕王・朱棣（のちの永楽帝）が起こした「靖難の役」（一三九九～一四〇二年）による影響で遅滞した。作業が再開されたのは永楽二年（一四〇四）以降であり、続蔵部に入蔵された定巌浄戒の『古尊宿語録』に添刻された識語によれば、同書を含めた禅籍は永楽二年から霊谷寺にて「校正」作業が始まり、永楽十一年（一四一三）二月から同十一月に開板されたという。他宗派の仏典も含め、続蔵部（八七函）の開板は永楽十二年（一四一四）末までに完了している。

現存する唯一の洪武南蔵は四川省図書館に保管されており、その影印本が『洪武南蔵』（二四二冊、四川省仏教協会、一九九九年）として刊行された。影印された洪武南蔵は、もと四川省崇慶県の上古寺（光厳禅院）に所蔵されていた。同寺に洪武南蔵がもたらされたのは、永楽帝の弟・蜀王朱椿が奏請したからであり、それは永楽十四年のことであった。

洪武南蔵から永楽南蔵へ

従来、明初において構成の異なる二つの南蔵が存在する理由について、洪武南蔵を保管する天禧寺が永楽六年（一四〇八）頃に放火のため全焼しその板木も焼失したため、永楽十～十五年（一四一二～一七）にかけ再編集して重刻され、同十七年（一四一九）末には完成（永楽南蔵）した、と説明されてきた。たしかに天禧寺は永楽五年七月以降、無籍僧の放火事件によって多大な被害を受けている（『金陵梵刹志』）。しかし当時、天禧寺にあった洪武南

図12　永楽南蔵
（『摂大乗論釈』巻第一〈巻首〉 大谷大学博物館蔵）

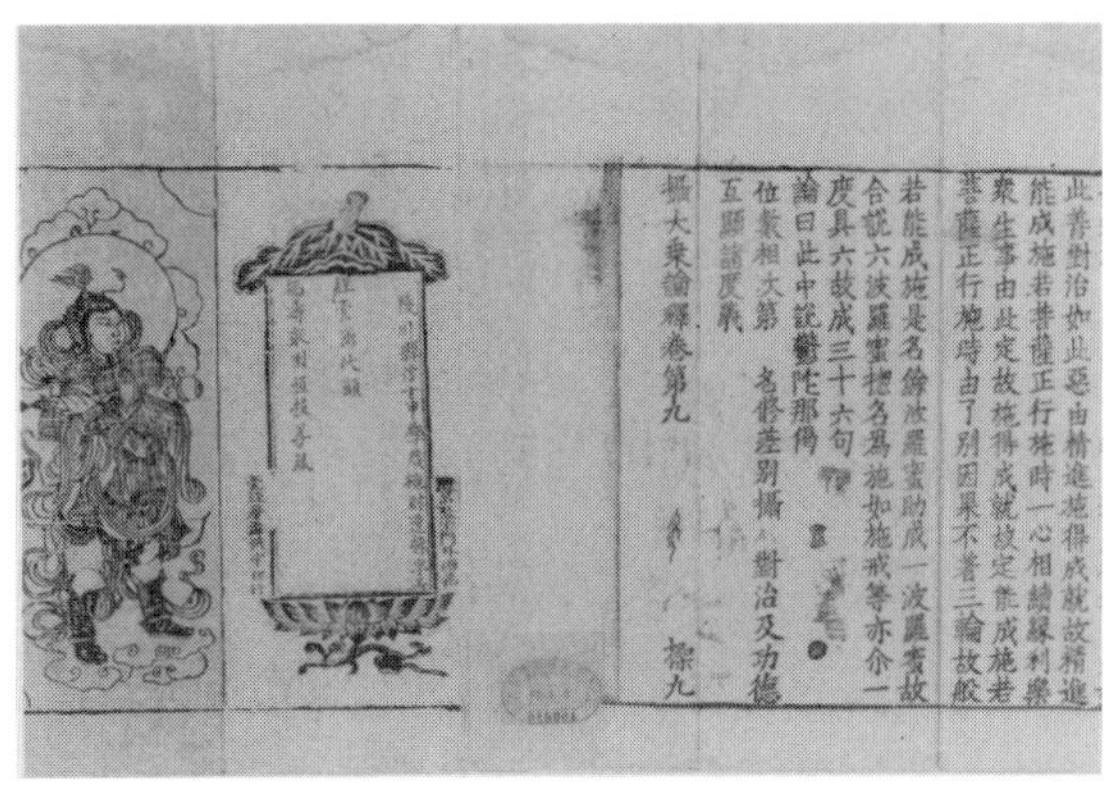

図13　永楽南蔵
（『摂大乗論釈』巻第九〈巻末〉 大谷大学博物館蔵）

蔵は正蔵部のみであり、続蔵部は霊谷寺において校正が進められているものの開板すらなされていなかった。焼失したというなら、それは正蔵部のみであったことになる。しかし、影印刊行された『洪武南蔵』は続蔵部をも含んでおり、しかもその洪武南蔵は永楽十四年、永楽帝の弟・蜀王朱椿が兄に奏請して上古寺に施入した大蔵経であった。こうしてみると、洪武南蔵の板木が焼失し、その後再編集して重刻されたのが永楽南蔵であった、という説明は成立しないことになる。

万暦十八年（一五九〇）に印造された立正大学図書館所蔵の永楽南蔵の板木に刻まれた刻工名には、元朝末期から明朝初期の江南で活動していた刻工と一致する事例が比較的多く確認される。つまり、洪武南蔵（正蔵部）の板木は天禧寺の火災の際に難を免れ、永楽十二年末までに続蔵部も加えられたが、永楽十四年以降、何らかの理由によって再編集がなされ、新たな構成となった永楽南蔵が「誕生」したと考えるほかはない。

洪武南蔵から永楽南蔵への再編集は、しばらく北京に滞在していた永楽帝が南京に帰還（永楽十四年十月～十五年三月末）した際に政治的な理由から命じたようである。再編集の作業は、かの「南海大遠征」で著名な宦官鄭和（ていわ）（一三七一～一四三四頃）が永楽十八年（一四二〇）五月、永楽南蔵「六三五函」を雲南の五華寺に施入している事実から、永楽十七年末には完了し、ここに永楽南蔵が完成をみた。

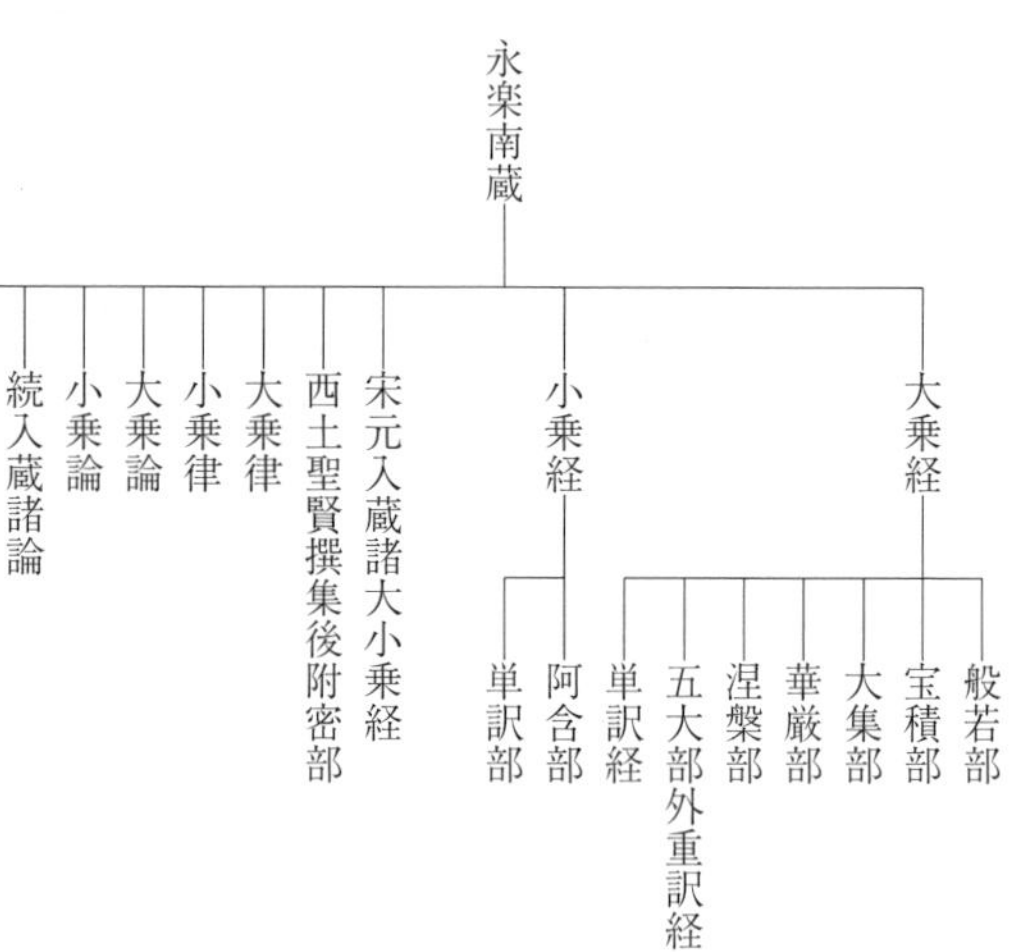

永楽南蔵構成図

永楽南蔵の新たな構成は大蔵経史上において大きな「事件」であった。洪武南蔵の正蔵部は基本的に磧砂蔵を翻刻したものであり、開宝蔵以降の江南系大蔵経が継承してきた『開元釈教録』(入蔵録)に基づく構成であった。続蔵部を含めた洪武南蔵を再編集した永楽南蔵は、大蔵経史上初めてとなる独自な分類法を採用している。この構成は続く北蔵以降に継承されるが、「顕著な変化」と評される一方、「小乗経」の次に「宋元入蔵諸大小乗経」および「西土聖賢撰集」を置いたことは、構成上不合理な点であるとの指摘もある。

永楽南蔵の版式は、一板一紙、上下単辺、一紙三〇行、毎行一七字、一折六行を標準とする折帖で、首題・尾題の下に千字文函号・帖数を併記し、各紙の折目には「千字文函号・帖数・紙数」を柱刻す。一行の字数が一八字または二〇字の場合もあり、また各紙の空白箇所にはさまざまな図柄の「宝尽」が点在する。各函号の第一帖の巻首に扉絵・経牌、最終帖の巻末に刊記・韋駄天像を付すことがある。前後の表紙・用紙は印造された時期によってさまざまなバリエーションがあったらしく、万暦年間(一五七三~一六二〇)後半になると価格に応じた表装・紙質が設定されることになる。

北蔵の編纂と頒布

永楽十五年(一四一七)三月、南京を出発して三度目の北京巡幸に向かった永楽帝は、そのまま北京に留まり、遷都実現に向け北京造営を急速に進展させていった。これより先、永楽帝は自らしたためた「御製蔵経賛」(永楽八年三月九日)の中で、「皇考(洪武帝)・皇妣(馬皇后)の生育の恩を念い、……刊梓して印施し」と、新たな大蔵経編纂に向けての動機を述べている。

南京で永楽南蔵が完成されようとしていた永楽十七年三月以降、北京での新たな大蔵経編纂の計画がしだいに具

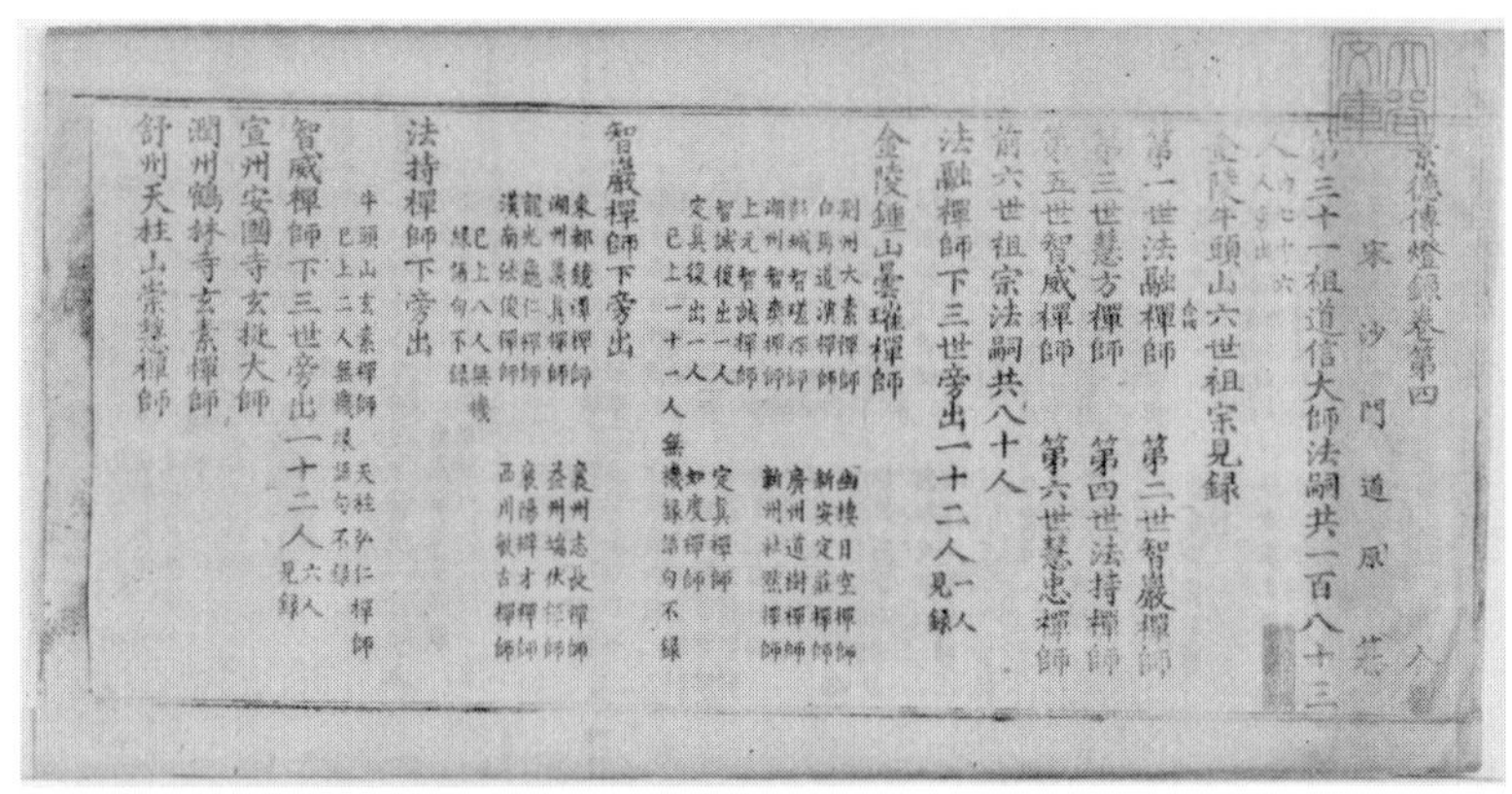
景德傳燈録卷第四
宋 沙門 道原 纂
第三十一祖道信大師法嗣共一百八十三人
金陵牛頭山六世祖宗見録
第一世法融禪師 第二世智巖禪師
第三世慧方禪師 第四世法持禪師
第五世智威禪師 第六世慧忠禪師
前六世祖宗法嗣共八十人
法融禪師下三世旁出一十二人 一人見録
金陵鍾山曇璀禪師
智巖禪師下旁出
法持禪師下旁出
智威禪師下三世旁出一十二人 六人見録
宣州安國寺玄挺大師
潤州鶴林寺玄素禪師
舒州天柱山崇慧禪師

図14 北蔵
（『景徳伝燈録』巻第四〈巻首〉 大谷大学博物館蔵）

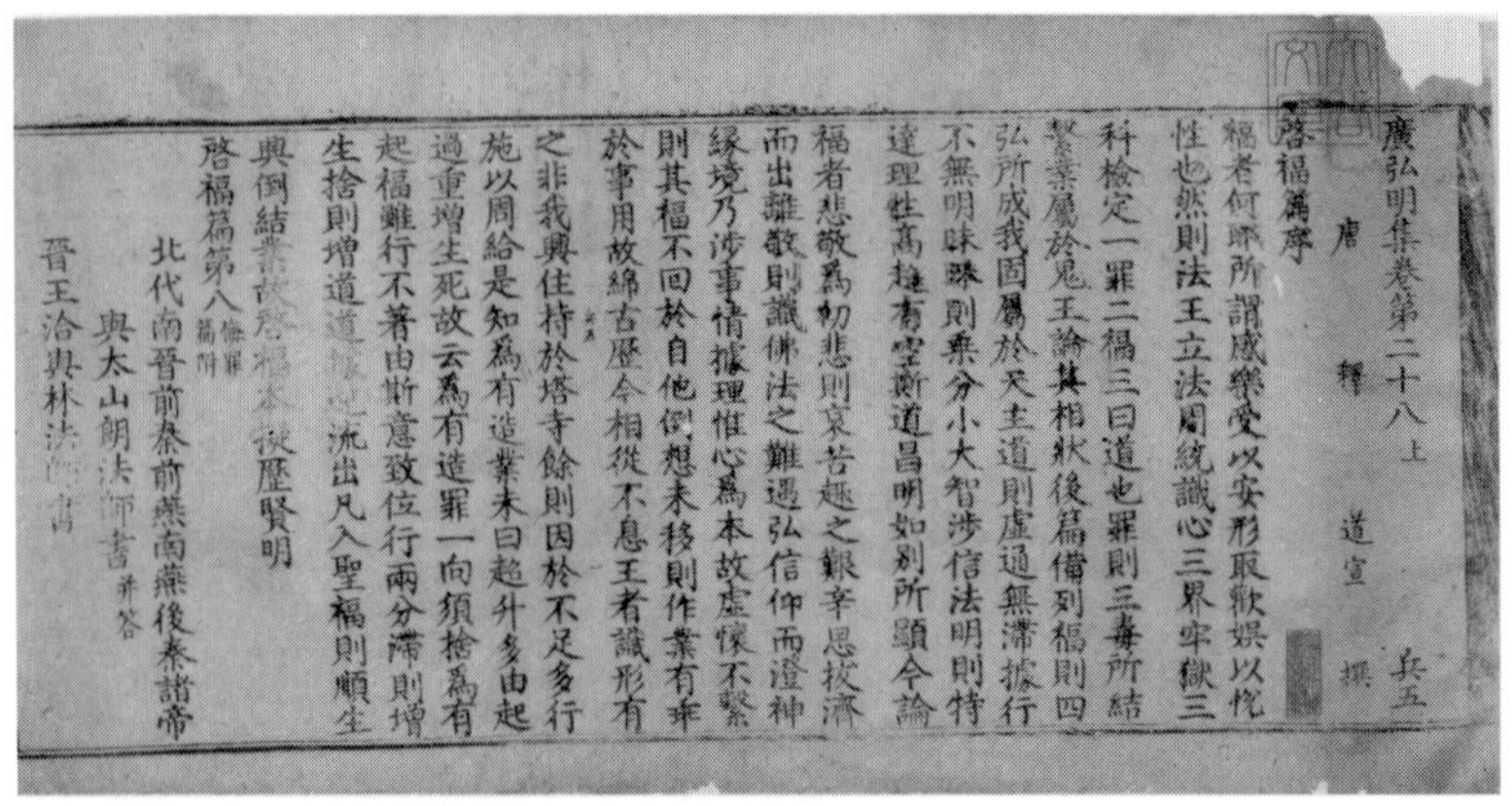
廣弘明集卷第二十八上 兵五
唐 釋 道宣 撰
啓福篇序
福者何耶所謂感樂受以安形取歡娯以悅性也然則法王立法周統識心三界牢獄三科檢定一罪二福三曰道也罪則三毒所結繫業屬於鬼王論其相狀後篇備列福則四弘所成我固屬於天主道則虛通無滯據行不無明昧昧則乘分小大智涉信法明則特達理性高拔有空斯道昌明如別所顯今論福者悲敬爲初悲則哀苦趣之艱辛思拔濟而出離敬則識佛法之難遇弘信仰而澄神緣境乃涉事情據理惟心爲本故虛懷不繫則其福不回於自他倒想未移則作業有弃於事用故綿古歷今相從不息王者識形有之非我興住持於塔寺餘則因於不足多行施以周給是知爲有造業未曰超升多由起過重增生死故云爲有造罪一向須捨爲有起福雖行不著由斯意致位行兩分滯則增生捨則增道道[illegible]心流出凡入聖福則順生興倒結業故啓福本從歷賢明
啓福篇第八
北代南晉前秦前燕南燕後秦諸帝
與太山朗法師書 并答
晉王洽與林法師書

図15 北蔵
（『広弘明集』巻第二十八上〈巻首〉 大谷大学博物館蔵）

体化していった。北蔵（永楽北蔵）と呼ばれる新たな大蔵経編纂過程の詳細については不明な点が多いが、『金陵梵刹志』によれば、永楽十七年三月以降、僧録司右善世道成および一如らは、紙質や行数・字詰、校合用の「旧蔵経」の取り寄せ、さらには入蔵すべき仏典の選定などについてたびたび上奏し、永楽帝はそのつど細かい指示を彼らに与えている。

永楽十八年三月には、一蔵ごとの巻首に「御製経序」一三篇、「仏菩薩賛跋」一二篇を付して頒かつことが定められた。北蔵入蔵仏典の定本化のために試験的なモデル（謄写本）作成とその点検を行っていた行在（北京）僧録司僧の慧進らは、同年十二月十八日、すでに「南京蔵」（永楽南蔵）に入蔵している『禅宗頌古聯珠通集』『古尊宿語録』『続伝燈録』『仏祖統紀』の四経を北蔵に入蔵させるか否かについて、永楽帝の指示を仰ぐため、四経の巻数・編者などを記したリストを添えて上奏している。これを受けて永楽帝は翌日、「不入蔵」の断を下した。

北蔵の開板は永楽十九年正月以降に開始されたようであるが、その後における作業経過の詳細は不明である。北蔵が完成するのは正統五年（一四四〇）であり、六三六函、六三六一巻であった（『国榷』）。英宗正統帝（在位一四三五～四九年、重祚一四五七～六四年）が執筆した「御製大蔵経序」が『明英宗実録』（巻第七三）の同年十一月十一日条に収められている。

北蔵の版式は、一板一紙、一紙二五行、毎行一七字、五行一折を標準とする折帖で、首題・尾題の下に千字文函号と帖数を併記し、各紙の折目に「千字文函号・帖数・紙数」を柱刻す。南蔵に倣い一〇帖を一帙とし、各帙の第一帖巻首に「釈迦説法図」の扉絵と英宗の「御製大蔵経序」（正統五年十一月十一日）・「御製賛牌」の一紙を付し、最終帖の巻末に「韋駄天」の立像を付す。これらの図柄は全体を通じて共通している。一帖の法量も南蔵に比してひと回り大きく、また天地の界線が双辺（子持ち界線）となっている。北蔵の目録として『大明三蔵聖教北蔵目録』

四巻（『昭和法宝総目録』第二巻所収）がある。

北蔵の板木は、皇城内北東の「漢経廠」に保管され、「宦官十二監」の一つである司礼監の管理下にあった。明末の談遷（一五九三〜一六五七）は「北京の刊板（北蔵）は内府（宮中）に在り。特賜に非らざれば、則ち奏請のみ。余は得ること能はず」（『棗林雑俎』）と述べており、北蔵は「特賜」や「奏請」以外に入手は不可能であった。皇帝の命によって印造・下賜される「特賜」は、実例を見ると時期的には正統年間と万暦年間とに集中しており、下賜先はほぼ全国の名山古刹であった。下賜の際、併せて「勅諭」が発給され、寺院はその僥倖に感謝し恩恵に報いるため勒石して後世に伝えんとした。このほか、政府高官や高僧による「奏請」によって下賜される場合もあるが、ほとんどの場合受理されない。ただし、有力な宦官の仲介があれば比較的容易に下賜が実現した。

万暦年間前半には、万暦帝（在位一五七二〜一六二〇年）の生母・慈聖宣文明粛皇太后の発願により、北蔵に四一函の続蔵部が追雕された。

明末の南蔵と請経条例

永楽南蔵の目録として『大明三蔵聖教南蔵目録』（不分巻、『金陵梵刹志』所収）があるが、そこに収録されている構成・内容（六三六函、六三三一巻）は同目録が作成された万暦三十四年（一六〇六）頃のものである。永楽十七年末に完成した永楽南蔵は六三五函（巻数不明）であったが、万暦三十四年までのあいだ、最末部に収録された数種の仏典には出入が見られ、函・巻数に増減があって一定していない。

永楽初めより洪武南蔵の板木が置かれた南京城南端の聚宝門外に位置する天禧寺は、永楽五年（一四〇七）七月以降に起きた放火事件で焼失すると、同十年、永楽帝の命により「大内式」に準じての再建が始まり、寺額も「大報恩寺」と改まり、宣徳三年（一四二八）に至って完成した。とりわけ九層の琉璃塔は「精麗なること古今に甲たり」（『客座贅語』）と評された報恩寺を象徴する塔であった。

永楽南蔵は報恩寺において印造されていたが、宣徳年間（一四二六〜三五）からその印造を報恩寺近辺の経鋪（民間印刷業者）が請け負う体制がとられた。確認される最も早期の経鋪は「聚宝門外姜家来賓楼」であり、その後、嘉靖から万暦年間を経て清初に至るまで、徐家・周家・曽家・胡家・孟家などの業者が請け負い、とくに徐家が世襲的に参画していた。経鋪による大蔵経印造は元末の磧砂蔵に見られるが、宣徳年間における南蔵の印造に経鋪が参入した背景は不明である。

大蔵経印造への民間業者の参入は、やがて請経者（入手希望者）とのあいだにトラブルをもたらした。請経者からのたび重なる訴えを受け、報恩寺の南蔵を監督する南京礼部は、万暦三十五年（一六〇七）正月、処罰規定をも盛り込んだ「請経条例」を制定・公布し、南蔵を印造する際、関係者はこの条例の規定に従うように命じた。大蔵経印造に関する行政側の条令制定はまさに前代未聞であった。南京経鋪による横暴な態度が問題を大きくした要因であるが、それを放置していた報恩寺の罪も重大であった。トラブル回避のため「請経条例」には「九号経価」（『金陵梵刹志』所収）が設定された。すなわち、南蔵を九つの等級に細分し、等級ごとに装訂様式や使用される紙・絹などの素材の価格などを逐一規定しており、いわば「価格表」である。

万暦年間後半の永楽南蔵には、北蔵に倣って続蔵四一函が追雕される。正蔵部の「板頭銀」（代価）の一部が続蔵開板費用に充当されており、そこに永楽南蔵の性質の一端をうかがうことができる。

永楽南蔵の印造は、完成してのち清初まで継続されていた。この間二百年以上を経ており、印造による摩滅や腐食・虫損などの被害を受けた板木は、そのつど信者からの施財によって補刻（改刻）を繰り返した。その費用を寄進した信者の姓名・出身地や願文などを版心や巻末あるいは板木の外枠に付刻して、彼らの善行に報いている（補刻記）。これらの補刻された板木には当該期の書体が用いられており、「明朝体」と呼ばれる字体の変遷が看て取れる。

八　明末の嘉興蔵と清の龍蔵の刊行

明末の万暦年間（一五七三～一六二〇）前半、江南で新たな大蔵経開板を求める動きが起こった。それは、北京の北蔵は精刻ではあるが宮中に秘蔵され入手が困難であり、一方南京の南蔵は入手が比較的容易ながら訛謬が多く読むに堪えない、という背景があった。江南出身の居士や高僧らが中心となって民間から施財を募り、当初、山西五臺山で開板が始められたこの大蔵経は、のちに江南の径山興聖万寿禅寺寂照庵に作業場を移し、やがて嘉興楞厳寺に板木が集められて印造されたことから、嘉興蔵（径山蔵とも）と呼ばれる。嘉興蔵の最大の特徴は、歴代大蔵経が踏襲してきた折帖形式に換え、閲覧に便利な方冊（袋綴）形式を採用したことであり、このため方冊蔵とも呼ばれる。正蔵・続蔵・又続蔵の三部から構成されており、又続蔵部の完成は清代前期の康熙年間（一六六二～一七二二）にまで及んでいる。

李自成によって明朝が滅ぼされる（一六四四年）と、清軍が北京に入城して李自成軍を駆逐し、清朝はここに遷都した。江南に逃れた明朝の残存勢力を掃討する一方、中国支配を強化する清朝は、大規模な図書編纂事業を行い、中華文化の継承者たることを天下に知らしめた。この清朝の下で大蔵経の編纂が行われた。龍蔵と呼ばれる勅版大蔵経の板木は当初、紫禁城内の武英殿にあったが、その後転居を重ね、今は「房山石経」で名高い房山雲居寺に保

郵便はがき

料金受取人払郵便

京都中央局
承認

3938

差出有効期間
2023年3月
31日まで

（切手をはらずに
お出し下さい）

6008790

110

京都市下京区
正面通烏丸東入

法藏館 営業部 行

愛読者カード

本書をお買い上げいただきまして、まことにありがとうございました。
このハガキを、小社へのご意見またはご注文にご利用下さい。

お買上 **書名**

＊本書に関するご感想、ご意見をお聞かせ下さい。

＊出版してほしいテーマ・執筆者名をお聞かせ下さい。

お買上 書店名	区市町	書店

◆新刊情報はホームページで　http://www.hozokan.co.jp
◆ご注文、ご意見については　info@hozokan.co.jp

21. 8. 50000

ふりがな ご氏名	年齢　　歳　男・女
〒□□□-□□□□ ご住所	電話
ご職業 (ご宗派)	所属学会等
ご購読の新聞・雑誌名 （ＰＲ誌を含む）	

ご希望の方に「法藏館・図書目録」をお送りいたします。
送付をご希望の方は右の□の中に✓をご記入下さい。　□

注 文 書

月　　日

書　　名	定　価	部　数
	円	部
	円	部
	円	部
	円	部
	円	部

配本は、○印を付けた方法にして下さい。

イ. **下記書店へ配本して下さい。**
（直接書店にお渡し下さい）

（書店・取次帖合印）

書店様へ＝書店帖合印を捺印の上ご投函下さい。

ロ. **直接送本して下さい。**
代金（書籍代＋送料・手数料）は、お届けの際に現金と引換えにお支払下さい。送料・手数料は、書籍代 計5,000円 未満630円、5,000円以上840円です（いずれも税込）。

＊お急ぎのご注文には電話、FAXもご利用ください。
電話 075-343-0458
FAX 075-371-0458

（個人情報は『個人情報保護法』に基づいてお取扱い致します。）

管されている。

嘉興蔵の刊行

万暦初めに嘉興蔵刊行の議が持ち上がる直前、杭州において私版の大蔵経が刊行されたという。方冊（袋綴）形式を採用したこの蔵経は杭州の古名にちなみ「武林蔵」と呼ばれるが、現物が確認されないことから、その実在を疑問視する意見もある。しかし、嘉興蔵刊行の推進者の一人である密蔵道開は「……後、浙の武林……更めて方冊を造るも、歴歳既に久し。その刻、遂に煙む」（「募刻大蔵文」）と「武林蔵」に言及しているので、方冊大蔵経の刊行計画もしくは一部の開板が行われていた可能性はある。いずれにせよ、江南地方において方冊形式の大蔵経を求める「声」が早くからあったことに注意すべきである。

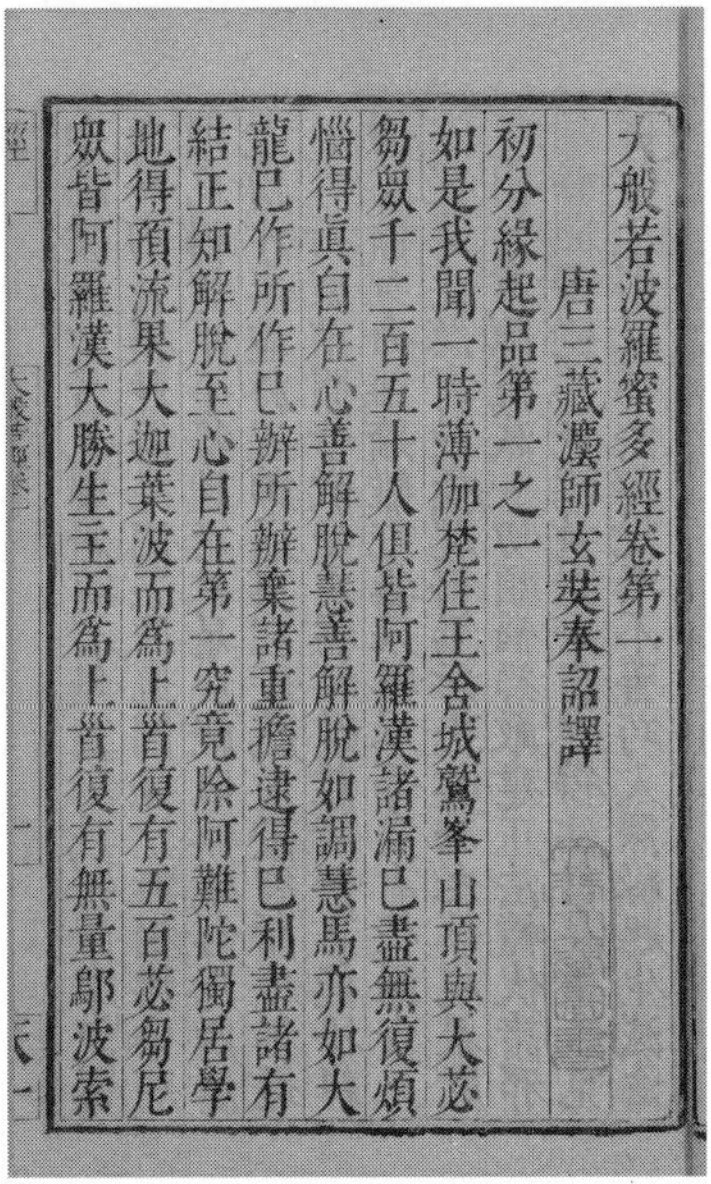
大般若波羅蜜多經卷第一
唐三藏法師玄奘奉詔譯
初分緣起品第一之一
如是我聞一時薄伽梵住王舍城鷲峯山頂與大苾
芻衆千二百五十人俱皆阿羅漢諸漏已盡無復煩
惱得真自在心善解脫慧善解脫如調慧馬亦如大
龍已作所作已辦所辦棄諸重擔逮得已利盡諸有
結正知解脫至心自在第一究竟除阿難陀獨居學
地得預流果大迦葉波而爲上首復有五百苾芻尼
衆皆阿羅漢大勝生主而爲上首復有無量鄔波索

図16　嘉興蔵
（『大般若波羅蜜多経』巻第一〈巻首〉大谷大学博物館蔵）

万暦元年（一五七三）、「新たな方冊大蔵経」刊行を提唱したのは袁了凡（袁黄、生卒年未詳）であった。袁了凡は雲谷法会（一五〇一～七五）に参禅した時、その侍者の幻余法本に会い、南蔵を印造する者は多いが蔵板が摩滅し腐朽して経文は清白でなく、また北蔵は禁中にあって印造は容易でない。古来からの折帖を方冊本とすれば、経費節減となり取り扱いは簡便であるから、法宝流伝に裨益するところ大なるものがあると強調したという。

これ以降、了凡や法本を中心とする方冊蔵の開板の議に、紫柏大師達観真可（一五四三～一六〇三）および密蔵道開らが加わった。開板事業は道開が主導的存在となり、実現へ向けての準備が進められた。この事業には、陸光祖・馮夢禎・管志道・傅光宅・王世貞ら高官経験者が名を連ねて協賛者となり、彼らは募縁のための一文を草してこれを援助した（『募刻縁起』）。

万暦十四年（一五八六）、真可は道開をともない、皇室および官界の支持を得るために北京へ赴いた。万暦帝の生母・慈聖宣文明粛皇太后は刻蔵事業を支持するとともに、内帑金を発して援助した。また同年秋、真可は道開とともに憨山徳清（一五四六～一六二三）を訪ね、その支援を得ている。

万暦十七年（一五八九）、山西五臺山紫霞谷の妙徳庵において嘉興蔵の開板が始められた。嘉興蔵は北蔵を底本とし、南蔵および宋元二蔵（磧砂蔵と普寧寺蔵か）をもって対校本とした。一字一句の対校の結果、異なる箇所は各巻末に「校訛（校譌）」として一覧化するという独特な体裁を採用している。対校に関する細かな規定は「刻蔵凡例」（『刻蔵縁起』所収）としてまとめられており、用意周到さがうかがえる。

現存する嘉興蔵には万暦七年（一五七九）・同八年など、万暦十七年以前の刊記や序文を持つ仏典が十数種確認される。このため、嘉興蔵の開板を万暦十七年以前に求める意見もある。これらはいずれも続蔵部や又続蔵部に含まれる仏典であり、しかもその版式は標準とする正蔵部とは大きく異なっている。これは、万暦十七年以前に刊行された単行本の板木を後年に買い求めて、続蔵部・又続蔵部として転用したものではないかと考えられる。嘉興蔵を翻刻した日本の鉄眼版大蔵経においても当初、町版（民間刊行書）の板木を使用していた事実がある。開板費用と作業日数の節約のためである。

五臺山で作業が開始されて四年目、作業場の移転問題が持ち上がった。五臺山は僻遠の地に加え、気候は寒冷であり、資材輸送の困難といった事業の進捗に支障をきたす問題が発生したためである。いったい五臺山が開板作業の場として選定されたのは、道開が五臺（清涼）山の如来像の前で卜ったところ「三探三得清涼」との結果を得たためである。このことについて、「卜」という宗教儀礼的意味合いよりも、五臺山の「聖名」を大蔵経開板に借り、その霊験をもって完遂せんとしたのではないかとの指摘がある。

五臺山妙徳庵において開板された仏典は四六種五九〇巻であったとされ、主に正蔵部が開板されたが、この時点ですでに続蔵部も開板されていた。従前の各大蔵経がおおむね『大般若経』から開板するのとは異なり、嘉興蔵の場合、需要の多い仏典から開板していたのであり、またすでに続蔵部の構成内容も早期に決定されていたことに注意したい。

万暦二十一年（一五九三）、作業拠点は江南の杭州径山興聖万寿禅寺に移され、同二十六年から同寺別院の寂照庵に移った。万暦四十年（一六一二）頃からは山上の雲霧を避け、余杭県北の双渓化城寺に「蔵板房」を造ってここに移り、事業が進められた。天啓年間（一六二一～二七）以降、金壇顧龍山・呉江接待寺・金沙東禅青蓮社・虞山華厳閣などでも開板が進められ、さらに清初の順治・康熙年間（一六四四～一七二二）には嘉興楞厳寺般若堂でも開板が行われている。請経・印造の業務は嘉興楞厳寺で行われ、中国国内の各地からの請経に応じたが、その余波は江戸時代の日本にまで及んでいる。

嘉興蔵は世に「万暦蔵」の名をもって呼ばれるが、その完成時期について従来、正蔵部（二一〇函、六五九一巻）は万暦末年ないしは崇禎年間（一六二八～四四）、続蔵部は清朝の康熙五年（一六六六）、又続蔵部は康熙十五年、とされる。かくも長きに及んだ背景には、信者の施財を仰いでの事業に加え、明朝の滅亡、清軍の北京入城と華北支配の開始、江南各地における清朝への抵抗運動などがあったためであろう。正蔵部はおおむね北蔵と同じ函・巻数であるが、続蔵部および又続蔵部は印刷時期によって函・巻数に増減（函数は続蔵部が九〇～九三函、又続蔵部が四三～四七函）があり、収録仏典にも出入があって一定していない。現存する嘉興蔵の正蔵部には清初期の刊記を持つ仏典もあれば、康熙五年以降の刊記を持つ続蔵部仏典もある。つまり嘉興蔵の場合、どの時点をもって完成とするかは一概にいえない。ある時期に一応の完成をみても、その後（清初以降）において、とくには禅宗界からの要望への対応のためか、語録を中心とする続蔵部・又続蔵部はそのつど構成・内容が変動している。

正蔵部の版式は、四周双辺、行間に界線を持つ方冊（袋綴）で、毎行二〇字、半葉一〇行を標準とする。前表紙の左方に薄青色の印刷した短冊状の題簽（区分・経名・巻数・千字文）が貼付されている。料紙は薄茶色の竹紙を用い、字体はいわゆる明朝体が用いられる。その版心には上部に「経」「律」「論」「印度著集」「支那撰述」などの区分を表示し、その下に経名・巻数・丁数、さらに千字文と冊数を刻す。各巻末には、他本との異同を列記した「校訛（校譌）」および「音釈」を載せ、そのあとに開板費用を寄進した旨を記した数行の施財記がある。施財記には施財者の「出身地・姓名・願文・金額・対校者名・書写人名・刻工者名・開板年月日・識者」が列記される。続蔵部・又続蔵部の版式はおおよそ正蔵部に準ずるも、まま界線のないもの、半葉が八・九・一一行のもの、毎行一三、一六～一九字のものと、行格を異にする仏典が多く確認され、また一部の仏典を除き版心に千字文は無く「■」（墨釘）がある。前表紙の右方には「続」もしくは「又」と函数・冊数を墨書するものもある。嘉興蔵では全体的に各仏典の第一冊の首には表面に扉絵（釈迦二比丘像・禅師像など）、裏面に龍牌記があり、扉絵は三〇種を数えるという。

嘉興蔵の目録は、康熙十六年（一六七七）の日付を持つ『嘉興蔵目録』（北京刻経処、民国九年〈一九二〇〉）があり、『昭和法宝総目録』第二巻に『蔵版経直画一目録』として再録されている。これは、「遵依北蔵字号編次画一」（正蔵部目録）・「続蔵経値画一」（続蔵部目録）・「又続蔵経値画一」（又続蔵部目録）の三部から成り、仏典ごとの冊数と価格が明記された、いわば嘉興蔵の「価格表」である（『昭和法宝総目録』では価格が省略）。続蔵部・又続蔵部は印造時期によって構成・収録内容・函（巻）数に出入・増減があり、この『嘉興蔵目録』の内容はあくまでも康熙十六年時点のものである。

明代の南・北両蔵はほとんど日本へは舶載されなかったが、嘉興蔵は、正蔵部がほぼ完成する頃（江戸時代前期）に輸入されている。このため日本では「明蔵」は嘉興蔵を指す代名詞ともなり、各方面に影響を与えた。輸入された嘉興蔵の一部の仏典が時を経ずに京都の民間業者から覆刻され、また天海版大蔵経の一部の仏典の底本に使用され、さらには黄檗山の鉄眼道光が刊行した大蔵経（鉄眼版）は、基本的に師の隠元隆琦（一五九二～一六七三）から下賜された嘉興蔵（正蔵部のみ）を覆刻したものであった。このほか、記録や現存の事例などを総合すれば、江戸時代を通じて五〇蔵以上が輸入されていたとみられる。

清初における龍蔵の刊行

明朝滅亡後、北京に入城した清朝は華北支配を開始し（一六四四年）、江南で抵抗する明の残存勢力を掃討していった。順治帝（在位一六四三～六一年）を継いだ四代康熙帝（在位一六六一～一七二二年）は「三藩の乱」（一六七三～八一）を鎮め、台湾鄭氏を降伏させて中国全土の支配の基礎を固めた（一六八三年）。

清朝は満洲族の風習である辮髪を漢人男性（僧侶・道士は除外）に強制しつつ、『康熙字典』や『四庫全書』などの大規模な図書編纂事業を興して知識人たちを優遇した。しかし反清的な言論や思想に対しては、五代雍正帝（在

〈扉絵〉

大般若波羅蜜多經卷第一　天一
唐三藏法師玄奘奉　詔譯
初分緣起品第一之一
如是我聞一時薄伽梵住王舍城鷲峯山頂
與大苾芻衆千二百五十人俱皆阿羅漢諸
漏已盡無復煩惱得眞自在心善解脫慧善
解脫如調慧馬亦如大龍已作所作已辦所
辦棄諸重擔逮得己利盡諸有結正知解脫
至心自在第一究竟除阿難陀獨居學地得
預流果大迦葉波而為上首復有五百苾芻
尼衆皆阿羅漢大勝生主而為上首復有無
量鄔波索迦鄔波斯迦皆見聖諦復有無量
無數菩薩摩訶薩衆一切皆得陀羅尼門三
摩地門住空無相無分別願已得諸法平等
性忍具足成就四無礙解凡所演說辯才無
盡於五神通自在遊戲所證智斷永無退失
言行威肅聞皆敬受勇猛精進離諸懈怠能
捨親財不顧身命離矯離誑無染無求等為
有情而宣正法契深法忍窮最極趣得無所
畏其心泰然超衆魔境出諸業障摧滅一切

〈巻首〉

図17　龍蔵（乾隆版大蔵経）
（『大般若波羅蜜多経』巻第一　龍谷大学図書館蔵）

位一七二二〜三五年）の「文字の獄」のような厳しい弾圧でこれに臨んだ。

清朝による大蔵経の刊行事業は、雍正・乾隆年間に行われた。まれにみる勤勉な性格であった雍正帝は、早くから仏典に親しみ禅学に精通していた。雍正帝の「御製重刊蔵経序」（雍正十三年二月一日）によれば、「明代の北蔵は未だ精校を経ず、拠依するに足らない」として勅版大蔵経の刊行を命じたが、その背景には反清思想を含む仏典（語録など）の排除という政治的な目的があったという。

雍正帝は、雍正十一年（一七三三）に「蔵経館」を設置し、皇城の東安門外にある賢良寺に沙門を集めて校閲の任に当たらせた。「蔵経館」は荘親王允禄と和親王弘昼とが事務を総理し、三人の校閲官と九人の監督の下に筆帖や執事六四名の事務官がこれに従事した。賢良寺住持超盛以下四人の高僧が総率となり、その下に僧超鼎ら三人が御製語録にあたり、僧源満ら四人が大蔵経の校閲を綜理した。蔵経の校閲には僧祖安ら六人が分担し、その下に僧真乾ら三八人が各経論の校閲に従事した。

開板事業は雍正十三年より始められた。同四月には勅命によって『華厳会本懸談』三〇巻など四種が、さらに乾隆元年（一七三六）正月には『法華玄義釈籤』など五一種の仏典が続入蔵を許され、続蔵部は都合五四部一一二七巻となった（『大清三蔵聖教目録』五巻）。

乾隆帝の乾隆三年（一七三八）十二月十五日をもってこの大事業は竣工した（七二四函、七二四〇帖）。清朝の勅版大蔵経は一般に「龍蔵」と呼ばれる。龍蔵は勅版大蔵経を示す普通名詞であるが、一般に龍蔵といえばこの清初の大蔵経を指す。現在では「乾隆版大蔵経（乾隆大蔵経）」または「清蔵」などの呼称も用いられている。

版式は底本とした北蔵と基本的に同一で、一板一紙、上下双辺、一紙二五行、毎行一七字、五行一折を標準とする折帖で、首題・尾題の下に千字文函号と帖数を併記し、各紙の折目に「千字文函号・帖数・紙数」を柱刻す。各函の第一帖巻首に扉絵・龍牌を添付し、最終帖の巻末に韋駄天像を付刻する。

乾隆三十年（一七六五）、勅命によって銭謙益撰『華厳経疏蒙鈔』六〇巻が入蔵を除外される処分がなされた。銭謙益（一五八二～一六六四）は、明末における東林党の領袖的存在の政治家・文人で、仏教とも深い関わりのある居士であり、南蔵に対して補刻費用を寄進し、また嘉興蔵の開板にも尽力した人物である。明朝滅亡後、南京で史可法（?～一六四五）らが南明政権を樹立すると、彼は礼部尚書となって仕えたが、南明政権が清朝に降るとともに彼も投降し清朝に仕え、康熙三年に没している。『華厳経疏蒙鈔』は乾隆元年の際の続蔵として龍蔵に加えられたが、彼が明・清二朝に仕えた（弐臣）こと、および蟄居中に清朝への不満を盛り込んだ詩を作ったことから、入蔵除外の処分を受けたとされる。したがって、乾隆三十年以降に印造された龍蔵にはこの仏典が含まれていない。

龍蔵の板木（七万八〇〇〇枚余）は当初、紫禁城内の武英殿に保管され、完成直後の乾隆三年には一〇〇部が印造されて国内の寺院に下賜された。その後、板木は北京柏林寺に移管され、清末までの間に都合一五〇部ほどが印造されたという。ちなみに、龍谷大学図書館に現蔵される龍蔵は、西太后（一八三五～一九〇八）が摂政に復帰した直後の光緒二十五年（一八九九）、大谷光瑞（一八七六～一九四八）が清朝政府に対して「請印」して許可・下賜された一蔵であり、西本願寺を経て同図書館に寄贈されたものである。

板木は一九八二年に北京智化寺に移され、一九八八～九〇年にはおよそ八〇部が新摺され（『乾隆版大蔵経』、文物出版社）、日本にも数蔵もたらされている。現在、龍蔵の板木は房山雲居寺に安置されている。

九　清末・民国初期刊行の大蔵経

清代に刊行された大蔵経は、勅版の龍蔵と、明末から刊行が始められた私版の嘉興蔵がよく知られているが、未完ではあるものの、清末から中華民国初期にかけて刊行された私版の大蔵経があったことは、必ずしも注目されてこなかった。

この時期、もっとも知られている仏典開板事業に、安徽省石埭出身の文人・官僚の楊文会（一八三七～一九一一）が創設した金陵刻経処の活動がある。楊文会（号仁山）は、一八六四年に大病をわずらったのをきっかけに、『大乗起信論』を読み篤信の仏教信者となった、清末を代表する居士である。日本伝来の仏教典籍の収集にかかわる南条文雄をはじめとする日本の仏教者との交流や、日本の浄土思想に関する小栗須香頂との論争などでも知られる。これまで中国における仏典刊行は、主として寺院あるいは営利を目的とした書肆によって行われていたが、居士が主体となる仏典刊行組織の設立は、特筆すべきことである。

清末の中国の仏教界、ことに江南地方では、太平天国の乱によって多くの仏寺が灰燼に帰し、堂宇はもとより、多くの経典も失われ、復興が大きな課題であった。楊文会は、このような状況にかんがみ、低廉で校勘が行きとどいた仏典の刊行を行うために、南京に金陵刻経処を創設した。金陵刻経処は、独立した組織として活動するとともに、このころ相継いで創設された北京刻経処、天津刻経処、江北刻経処（揚州）、支那内学院（南京）、常熟刻経処、毗陵刻経処（常州）などと連系して、大蔵経や大蔵経未収の典籍の刊行を行った。各地の刻経処で刊行された典籍は、明末から清初にかけて刊行された嘉興蔵にならい、袋綴の冊子装で、版式もほぼ同様であるが、完全に同一

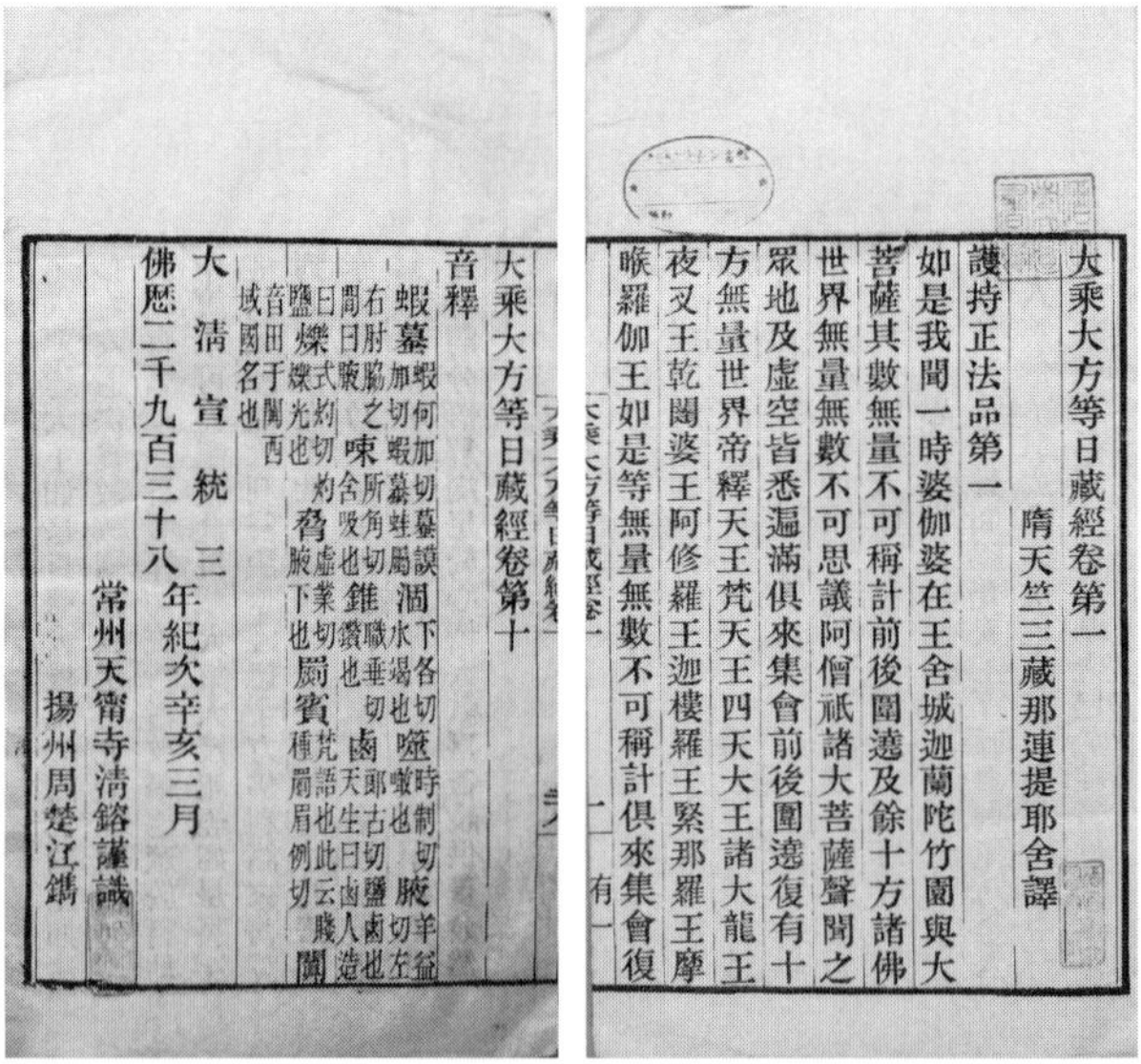

図18　毗陵蔵
（『大乗大方等日蔵経』巻第一　酒田市立光丘文庫蔵）

規格で製作されたものではない。大蔵経所収経典の配列は龍蔵にならい、千字文函号も同一である。各地の刻経処の連携・分担によって、大蔵経を完成させるという事業は、楊文会の没後、しだいに低調になり、未完におわった。

常州天寧寺の毗陵刻経処は、前述のように金陵刻経処と連携して刻蔵事業を精力的に行っていたが、楊文会の没後間もなく袂をわかち、独自に大蔵経を刊行するようになった。その開板事業は天寧寺の僧清鎔（せいよう）を中心に行われ、金陵刻経処本と同様に、経典の配列や千字文函号は龍蔵により、装丁・版式はおおむね嘉興蔵を模し、袋綴、有界、毎半葉一〇行二〇字で、版心下部に千字文函号を付している。

常州天寧寺が刊行した大蔵経は、日本においては零本を所蔵する図書館はあるが、まとまって所蔵するところは少ない。もっともまとまって所蔵する機関に酒田市立光丘文庫がある。光丘文庫所蔵本は、大川周明の旧蔵書で、〈常州有板経〉として、蔵外の典籍も含めて、光緒五年（一八七九）から民国二十三年（一九三四）に刊行された六四五冊・二舗の典籍がある。うち一冊は、『常州有板経価目』で、書名・巻数・冊数・価格が記された販売目録である。この目録によって、天寧寺刊行の大蔵経の概要を知ることができる。

毗陵刻経処の大蔵経を、金陵刻経処を中心に各地の刻経処が連系して刊行した、いわゆる〈百衲本大蔵経（百衲蔵）〉の一部とみるか、天寧寺独自の大蔵経とみるか評価の分かれるところであるが、刊行された経典は、小部のものが多いものの、龍蔵の約半分の約九八〇部三〇〇〇余巻にも及ぶことにより、未完ではあるが独立した大蔵経で、《毗陵蔵》と呼ぶべきであるとの評価もある。なお、毗陵刻経処の板木の多くは、中華人民共和国成立後、北京刻経処など全国各地の刻経処の板木とともに金陵刻経処に集められ、修補・運用されている。

参考文献

尾崎　康『正史宋元版の研究』（汲古書院、一九八九年）

梶浦　晋「日本における漢文大蔵経の収蔵とその特色——宋元版大蔵経を中心に——」（『東アジア海域交流史　現地調査研究——地域・環境・心性——3』、二〇〇九年）

椎名宏雄『宋元版禅籍の研究』（大東出版社、一九九三年）

竹村真一『明朝体の歴史』（思文閣出版、一九八六年）

竺沙雅章『中国仏教社会史研究』（同朋舎、一九八二年。増訂版、朋友書店、二〇〇二年）

竺沙雅章『宋元仏教文化史研究』（汲古書院、二〇〇〇年）

張秀民著・韓琦増訂『中国印刷史（上）（下）〈挿図珍蔵増訂版〉』（浙江古籍出版社、二〇〇六年）

野沢佳美『明代大蔵経史の研究——南蔵の歴史学的基礎研究——』（汲古書院、一九九八年）

長谷部幽蹊「明治以降における蔵経の開雕」（『愛知学院大学論叢（一般教育研究）』三〇—三・四　三一—一、二　一九八三〜八四年）

方広錩「《毗陵蔵》初探」（『蔵外仏教文献』第二編総十五輯、中国人民大学出版社、二〇一〇年）

李際寧『仏経版本（中国版本文化叢書）』（江蘇古籍出版社、二〇〇二年）
李富華・何梅『漢文仏教大蔵経研究』（宗教文化出版社、二〇〇三年）

大久保良峻著
伝教大師 最澄
2750円

六度集経研究会訳
全訳 六度集経
仏の前世物語
3850円

中前正志著
寺院内外伝承差の原理
縁起通史の試みから
4400円

藤丸 要著
華厳法界義鏡講究
13200円

松本史朗著
仏教思想批判
14300円

永沢 哲編著
チベット仏教の世界

下坂 守著
祇園祭千百五十年記念
中近世祇園社の研究
19800円

内田啓一著
仏教美術史展望
内田啓一論集
7700円

安川如風の本

京の宮絵師 安川如風の描く
こころのぬりえ
1430円

現代に生きる宮絵師
京の宮絵師 安川如風の半生と親鸞聖人の歩まれた道
1980円

重版出来

越智淳仁著
密教概論
空海の教えとそのルーツ【2刷】
4400円

伊吹 敦著
禅の歴史

新刊

親鸞とマルクス主義

——闘争・イデオロギー・普遍性

近藤俊太郎著

近現代日本において、マルクス主義と交差した局面で構築された親鸞論に注目し、「親鸞を語る」という営為の思想史的意義を検証する。　8250円

婆藪槃豆（ばすばんず）伝

——インド仏教思想家ヴァスバンドゥの伝記

船山　徹著

ヴァスバンドゥの最古にして最も詳しい伝記の、基礎的で平易な、そして詳細な訳注書。世親伝研究百年の歴史を画する最重要成果。　2750円

神智学と仏教

吉永進一著、碧海寿広解題

神智学やスウェーデンボルグ思想といった〈秘教〉と〈仏教〉を架橋し、近代仏教研究へさらなる展望を与えた著者による待望の単著!　4400円

朝鮮

第1章　高麗版大蔵経

一　高麗初雕大蔵経

写本の大蔵経

朝鮮半島へ仏教が本格的に伝わったのは四世紀頃と考えられているが、高句麗・百済・新羅の三国では、各地に仏寺が建立され、僧侶が養成されていたことは史伝や遺跡などによってうかがい知ることができる。経典も中国からもたらされ、朝鮮半島において書写も盛んに行われたことは疑いないところではあるが、この時期の写経は現存していない。

三国鼎立時代ののち、文武王八年（六六八）に統一を成し遂げた新羅は前代に引き続き仏教興隆を進めた。唐との交流も密接であり、僧侶の往来も盛んで、円測（えんじき）・義湘（ぎしょう）・元暁（がんぎょう）など多くの名僧を輩出している。仏国寺などこんにちも伝存する新羅時代の仏教建築はあるが、統一新羅時代の写経もほとんど残存していない。明確な紀年のある写経は、天宝十四載（景徳王十四年〈七五五〉）の奥書を持つ『大方広仏華厳経』が最古のものとして確認できるが、写本の大蔵経は伝存していない。

高麗時代になると仏教は王朝の保護を得てますます隆盛を極め、仏寺の建立、斎会の開催や、経典の書写・刊行

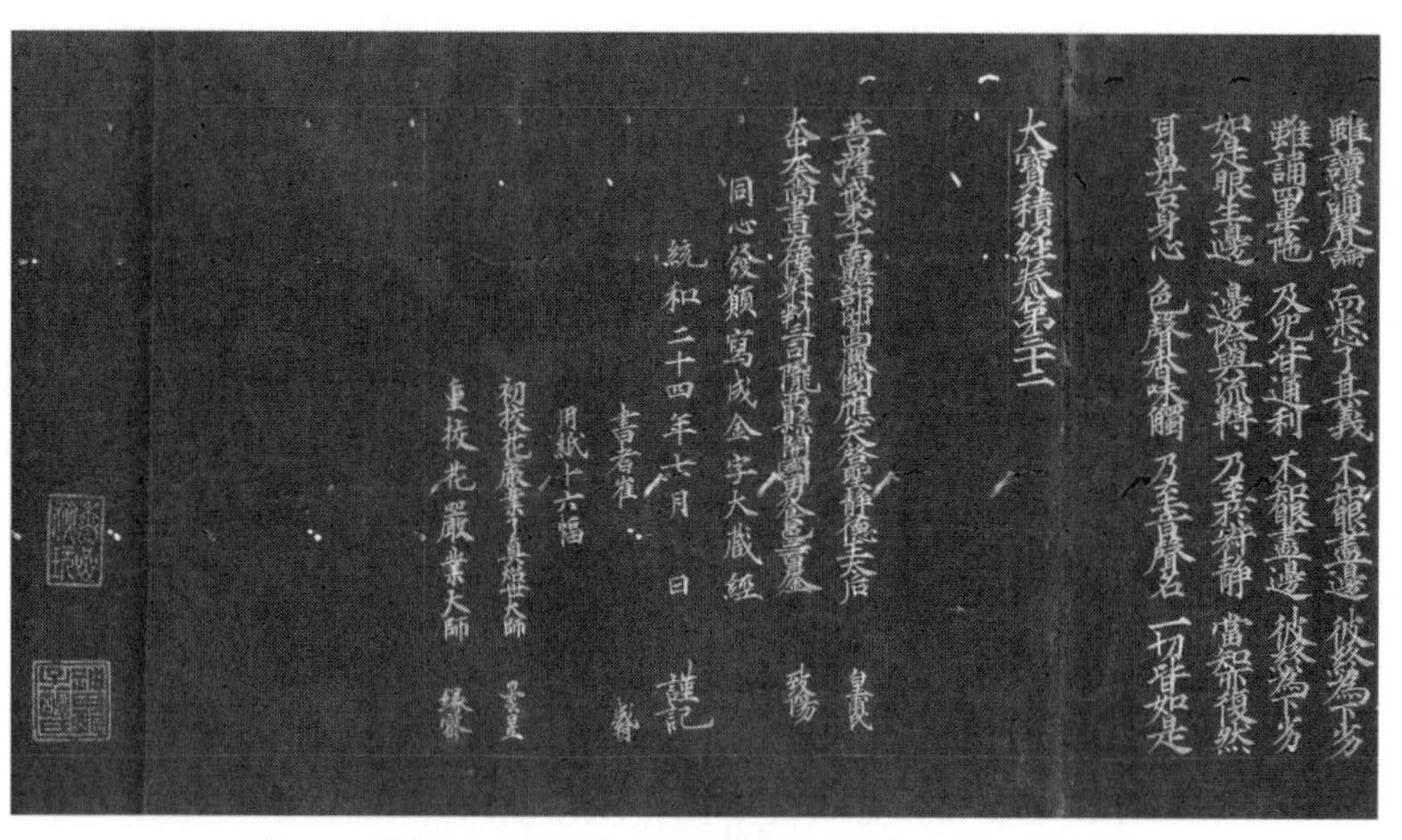

図1　統和二十四年銘『大宝積経』巻第三十二〈巻末〉
（国宝　京都国立博物館蔵）

が前代にもまして盛んに行われた。大蔵経の書写も何度も行われているが、伝存するものは少ない。紀年のあるもので最も古い写本大蔵経は、統和二十四年（一〇〇六）の奥書を持つ紺紙金字『大宝積経』である（図1）。現存する高麗時代の写本大蔵経の最も大きな特徴は、高麗王族の発願による、紺色や橡色の料紙に金字あるいは銀字で書写した装飾経が多いことである。

初雕本の雕造

高麗時代の仏教で最も大きな事蹟として、二度の大蔵経開板がある。

宋朝で開宝蔵が刊行されると、高麗は使いを派遣し開宝蔵の下賜を願ったが、史料によると、少なくとも二度もたらされている。確実な記録のある最初の将来は、成宗十年（九九一）のことである。その後、高麗は契丹の侵攻をたびたび受けるようになり、仏力により契丹退散を祈願して、独自に大蔵経の開板を始めた。これを初雕本という。

初雕本については刊記や関連資料が乏しく、開板の事情に不明なところが多いが、顕宗二年（一〇一一）から始められたと考え

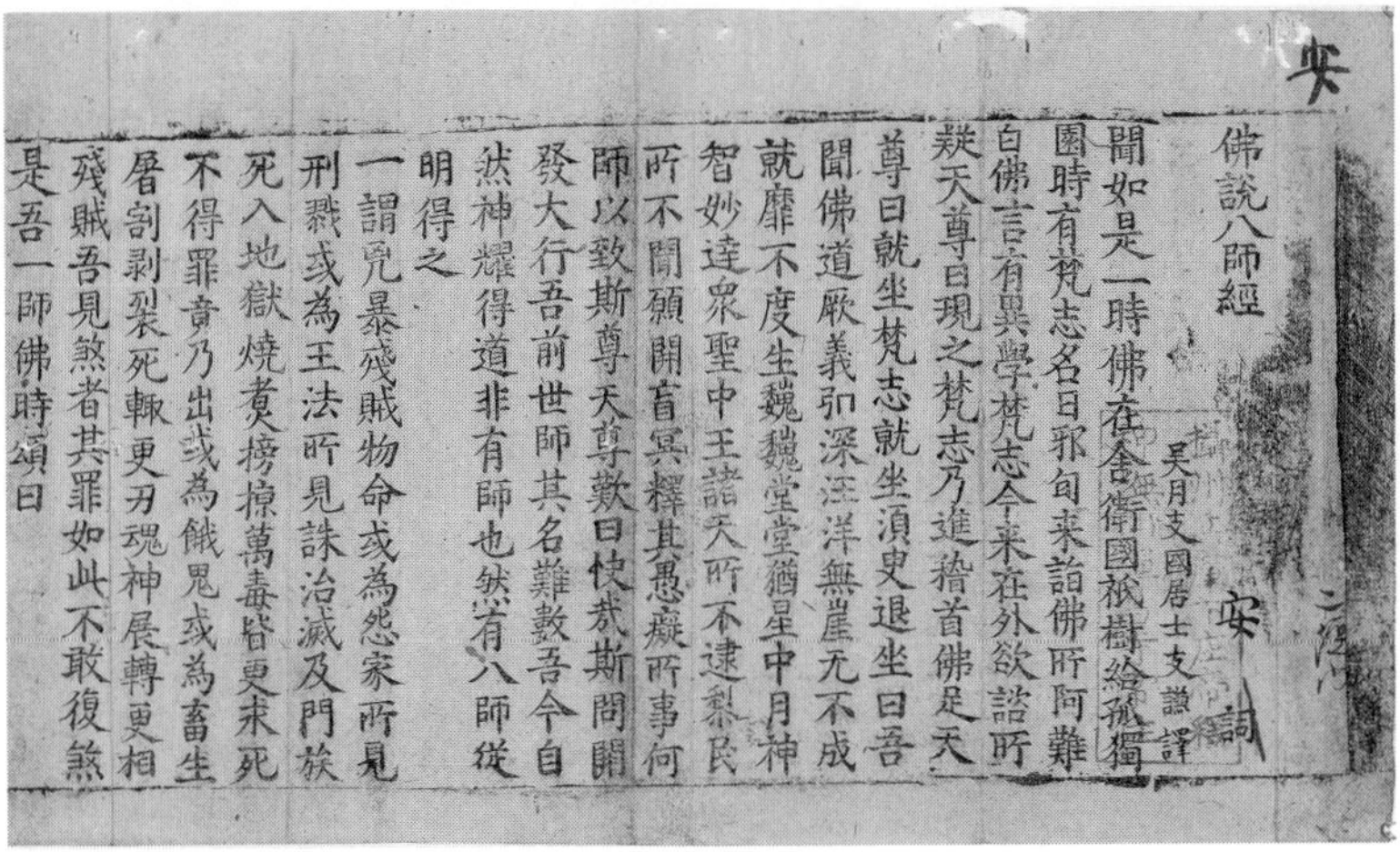
安
佛說八師經　　吳月支國居士支謙譯　安
聞如是一時佛在舍衛國祇樹給孤獨
園時有梵志名曰耶旬来詣佛所阿難
白佛言有異學梵志今来在外欲詣所
疑天尊曰現之梵志乃進稽首佛足天
尊曰就坐梵志就坐須臾退坐曰吾
聞佛道厥義弘深汪洋無崖无不成
就靡不度生巍巍堂堂猶星中月神
智妙達衆聖中王諸天所不逮黎民
所不聞願開盲冥釋其愚癡所事何
師以致斯尊天尊歎曰快哉斯問聞
發大行吾前世師其名難數吾今自
然神耀得道非有師也然有八師從
明得之
一謂兇暴殘賊物命或為怨家所見
刑戮或為王法所見誅治滅及門族
死入地獄燒煮搒掠萬毒皆更求死
不得罪竟乃出或為餓鬼或為畜生
屠剖剥裂死輙更刃䰟神展轉更相
殘賊吾見然者其罪如此不敢復煞
是吾一師佛時頌曰

図2　高麗初雕版大蔵経

（『仏説八師経』〈巻首〉　重要文化財　南禅寺蔵）

られている。完成の年次についても明確な記録はないが、宣宗四年（一〇八七）までには完成したとされる。完成までに七十年以上かかったことについて、実はこの間、二度大蔵経の開板があったとする説や、大幅な改訂増補があったとする説などがあるが、いまだ確定的なことは判明していない。初雕本の板木は開雕されたあと、何度か移動したようであるが、最終的には符仁寺（大韓民国大邱広域市）に安置され、高宗十九年（一二三二）にモンゴル軍の侵攻時に焼失したとされる。

初雕本の版式と伝本

版式は一版一紙、毎版二三行一四字を基本とし、天地に界線がある巻子装である。初雕本と開宝蔵や開宝蔵を底本としている金版大蔵経と比較すると、版式、文言に一部分差異が見られ、基本的には開宝蔵を底本として覆刻したものであるが、完全な覆刻ではなく、校訂を加え、かつ構成や版式も一部開宝蔵と異なるところがあるとされる。

伝本は少なく、韓国では三〇〇巻ほどが確認されるのみである。日本では南禅寺一切経中に一七〇〇巻ほど伝存する（図

2）ほか、壱岐の安国寺と対馬の長松寺などに『大般若波羅蜜多経』が伝えられている。近年、南禅寺所蔵本を含む多数の初雕本の画像が公開され、初雕本に関する研究が進められている。

続蔵（義天教蔵）

高麗文宗の第四王子である義天（ぎてん）（一〇五五～一一〇一）は諱（いみな）を煦（く）といい、大覚国師と諡（おくりな）された名僧である。幼くして出家し、宣宗二年（元豊八年〈一〇八五〉）に入宋し浄源をはじめとして各地の名僧を訪ね仏教を学び、帰国時には三〇〇〇余巻の経典を持ち帰った。帰国後、大蔵経未収の章疏類の集成を企図し、宋はもとより遼や日本からも典籍を求め、『新編諸宗教蔵総録』と名づける目録を編纂した。この目録は、日本の永超撰『東域伝燈目録』などとともに、当時存在した大蔵経以外の仏典目録として貴重なものとされている。義天は目録を編纂するのみならず、高麗王の宣を奉じて章疏類の刊行を始めた。『総録』には一〇〇〇余部の章疏類が収録されているが、このうち実際に刊行されたものがどれほどあるかについては不明である。現存するものは、東大寺所蔵の『大方広仏華厳経随疏演義鈔』や大東急記念文庫所蔵の『貞元新訳華厳経疏』などきわめて少ない。ただ、朝鮮半島では李朝の刊経都監刊行の『大般涅槃経疏』など、宋では紹興十九年（一一四九）に浙江地方で刊行された『唐大薦福寺故寺主翻経大徳法蔵和尚伝』などの覆刻があり、日本では平安時代書写の『釈摩訶衍論通玄鈔』や、正応元年（一二八八）に高野山で刊行された『釈摩訶衍論賛玄疏』など転写・覆刻されたものが伝存している。

なお義天による章疏類の集成を、日本においては初雕本に次いで刊行されたことをもって「続蔵」と呼んでいるが、韓国においては、義天の意図が経・律・論を収めた大蔵経刊行ではなく、あくまでも章疏の集成・刊行であり、「続蔵」という名称ではなく、義天自身が編纂した『新編諸宗教蔵総録』によって「教蔵」と称すべきであるとしている。

二　高麗再雕大蔵経

再雕本の雕造

高宗十八年（一二三一）から始まったモンゴル軍の侵攻によって高麗の国土が荒らされ、翌年の高宗十九年には、符仁寺（大韓民国大邱広域市）に所蔵されていた初雕本の板木が焼失した。高宗はモンゴル軍の退散を祈願して再び大蔵経の開板を発願した。その事業は十六年で完成し、王は百官を率いて都城（江華城）の西門外にある大蔵経板堂に行幸して焼香した。これが高麗再雕大蔵経（以下再雕本と略称）の開板の動機とその期間である（『高麗史』高宗三十八年〈一二五一〉九月条）。しかし、各板木の末尾に刻まれている刊記を見ると、実際に板木が造られた期間は高宗二十四年（一二三七）から高宗三十五年（一二四八）の十二年間である。しかも、高宗三十五年に造られた板木は『大蔵目録』だけであり、高宗三十四年（一二四七）までにほぼ終わっていた。『高麗史』にある「十六年」とは、実際に板木を造った十二年と、それ以前に板木に使用する原木を切り、虫害を防止するため海水に一年間浸すなど、板木を彫る準備作業の四年間を含めた期間を意味する。また、これと並行して華厳宗系列の開泰寺僧統の守其（しゅき）らによって大蔵経の校訂作業も進められていた。

再雕本の雕造作業はその業務を統轄していた大蔵都監で行われていたが、高宗三十年（一二四三）からは分司大蔵都監も設置されて行われるようになった。分司大蔵都監では、高宗三十年（一二四三）から同三十四年の五年間に七二部五〇九巻の板木が造られた。しかし、分司都監での板木の雕造は、大蔵経全体の枚数からするとその一割にも満たない数字であり、その役割については疑問視されている。

ところで、大蔵経が開板されていた大蔵都監と分司大蔵都監の場所について、従来は、前者が江華島に、後者が南海に、それぞれ設置されていたといわれていた。しかし、同一の経典の板木が同じ年に大蔵都監と分司大蔵都監で造られていたことから、これらが同一の場所であったという説や、分司大蔵都監は一カ所ではなく複数箇所にあったという説などがあり、明確にされていない。また、大蔵都監が武人政権崔氏の願刹である江華島の禅源寺に設置・運営されていたといわれていた。しかし、禅源寺は高宗三十二年（一二四五）に創建された寺院であり、その時期には再雕本の板木の九割以上が完成していたことから、大蔵都監と禅源寺の関係は否定されている。

再雕本の形式

再雕本は巻子本の形式であり、その版式は基本的に毎行一四字詰め、一張二三行である（図3）。各張の前後には「経論名」「巻次」「張次」などの版心が彫られている。張次は、「張」以外にも「丈」や「幅」などもある。また、板木には経文や版心以外に、版心の下などに刻工者名も刻まれている場合がある。

しかし、こうした一般的な版式と異なる経典が何種類かある。まず、三本『大方広仏華厳経』（六〇巻本、八〇巻本、四〇巻本）と『新華厳経論』である。三本『大方広仏華厳経』の版式は、毎行一七字詰め、一張二四行である。現存する初雕本の『大方広仏華厳経（八〇巻本）』巻第二と『同』巻第七二は、最初の張が二二行一四字詰めで、それ以下は二三行一四字であり、再雕本よりも文字が大きい。さらに、再雕本に入っている他の経典類にはない釈音が、巻尾題と刊記の間に刻まれている。そして、張次は「張」ではなく「丈」や「幅」、「卜」などが使われている。『新華厳経論』も毎行一六字詰め、一張二五行である。これら四種の経典は、当時高麗国内で流通していたも

佛說八師經　　　　詞
吳月支國居士支謙譯
聞如是一時佛在舍衛國祇樹給孤獨
園時有梵志名曰耶句來詣佛所阿難
白佛言有異學梵志今來在外欲諮所
疑天尊曰現之梵志乃進稽首佛足天
尊曰就座梵志就座須臾退坐曰吾
聞佛道厥義弘深汪洋無涯靡不成
就靡不度生巍巍堂堂猶星中月神
智妙達衆聖中王諸天所不逮黎民
所不聞願開盲冥釋其愚癡所事何
師以致斯尊天尊歎曰快哉斯問開
發大行吾前世師其名難數吾今自
然神耀得道非有師也然有八師從
明得之
佛言一謂光暴殘賊物命或為怨家所見
刑戮或為王法所見誅治滅及門族
死入地獄燒煮搒掠萬毒皆更求死
不得罪竟乃出或為餓鬼或為畜生
屠割剝裂死輒更刃魂神展轉更相
殘賊吾見煞者其罪如此不敢復煞
是吾一師佛時頌曰
煞者心不仁　強弱相傷殘　煞生當過生

図3　高麗再雕版大蔵経
（『仏説八師経』〈巻首〉　大谷大学図書館蔵）

のを底本としたため、再雕本の一般的な版式とは異なる。

次に、『新集蔵経音義随函録』『大蔵目録』『一切経音義（慧琳音義）』などは、袋綴じを目的として造られたものであり、装丁も巻子本の形式とは異なる。これらの版式は、『新集蔵経音義随函録』が片面七行、一行一四字詰め（小字双行一九字）で、『大蔵目録』が片面九行、一行一四字詰め、『一切経音義（慧琳音義）』が片面六行、一行一四字詰め（小字双行一七字）である。そして、これらの版心は中央にある。

再雕本の編集と海印寺への板木の移動

再雕本は、三種類の大蔵経と国内流通伝本などを対校して編纂された。その編纂を担当したのは、守其である。守其は高宗の勅を受け、編纂の責任者として多くの仏教有識者とともに底本の誤字・脱字を厳密に正した。また、特定経典の再雕本への入蔵の可否についても論議している。こうした作業内容は、守其などが撰した『高麗国新雕大蔵校正別録』三〇巻に記されている。

『高麗国新雕大蔵校正別録』には、七八種の経典に関する校勘内容が記されている。その内容を見ると、主に「国本」「宋本」

「丹本」などを校勘している。「国本（国前本、国後本など）」とは初雕本を、「宋本（旧宋本・官本）」とは開宝蔵を、「丹本」とは契丹版大蔵経（以下契丹蔵と略称）をそれぞれ指す。そして、『開元釈教録』などの目録類も参考本としても使われている。『高麗国新雕大蔵校正別録』に収録されていない校正録が、再雕本の本文中や経巻の末尾にも記載されており、すべての内容が収録されているわけではない。

初雕本は開宝蔵を底本としているが、再雕本もその影響を受けている。『高麗国新雕大蔵校正別録』には、契丹蔵・初雕本を意味する二本・諸本・東北二本で開宝蔵を校勘した例が二六例ある。これは開宝蔵を第一次的な底本として使っていることを意味し、再雕本もそれを底本として使っていたことになる。また、初雕本と開宝蔵で錯乱・欠漏した部分や誤謬部分を契丹蔵で補足・修正している。再雕本の編纂過程で、契丹蔵を含む国丹（初雕本と契丹蔵）・宋丹（開宝蔵と契丹蔵）などの名称で校勘した例が、全校勘記の中で五三件を占めていることから、その影響が大きいことがわかる。しかし、契丹蔵の錯誤や欠落によってそれを採択しなかった例もあり、守其はそれに依拠していたわけではない。契丹蔵は、優秀ではあるが誤謬も多いことが指摘されている。このように、再雕本は開宝蔵と契丹蔵、初雕本などを校勘して造られたため、日本では善本として評価されている。また、契丹蔵に収録されていた経典や音義書類など、散逸した典籍が多く入蔵されている点においても貴重な大蔵経であるといえる。

再雕本の板木は、高宗三十八年（一二五一）九月以前に江華城の西門外にある大蔵経板堂に移されていたことは前述したとおりである。現在、その板木は大韓民国慶尚南道の伽耶山海印寺の大蔵経板殿に保存されているが、いつ頃江華島から移されたかについては諸説ある。すなわち、洪武十四年（禑王七年〈一三八一〉）以前という説、洪武二十六年（太祖二年〈一三九三〉）以前には海印寺にあったという説、洪武三十年（太祖六年〈一三九七〉）から永楽三年（太宗五年〈一四〇五〉）の間に移されたという説、洪武三十一年（太祖七年〈一三九八〉）五月以後から建文元年（定宗元年〈一三九九〉）正月以前に移されたという説などである。以上の諸説から、少なくとも一四〇〇年代初頭には、板木が海印寺に移されていたようである。

再雕本の構成と補遺版

再雕本は、『大般若波羅蜜多経』から慧琳の『一切経音義』まで、六三九の千字文函（天函から洞函）に収録されており、その総数は一四九八部六五六九巻である。

再雕本の構成を見ると、天函から英函までは『開元釈教録』に収録されている経典である。これには『大般若波羅蜜多経』をはじめとする大乗経とその単訳、大乗律・大乗論・小乗経とその単訳、小乗経単訳、小乗律・小乗論、インドや中国撰述の聖賢集などが収録されている。社函から轂函までの九二部と遵函から塞函までの九〇部は、主に『開元釈教録』編纂以降から宋代までに翻訳されていた経典である。これらと振函から纓函の『新集蔵経音義随函録』（契丹蔵に入蔵）は、再雕本に追加編入された。富函から輕函は、宋の王室で製撰された『御製蓮華心輪廻文偈頌』『御製秘蔵詮』などである。策函から丁函までは『続貞元釈教録』に収録されている『大方広仏華厳経（四〇巻本）』『新華厳経論』などである。俊函から密函には守其撰の『高麗国新雕大蔵校正別録』が編入されている。『高麗国新雕大蔵校正別録』は、本来なら大蔵経の後部に収録されるべきものであるが、再雕本の編集過程で、元来そこにあった経典（『一切経源品次録』三〇巻）と交換して編入された。『大蔵目録』も同様の理由で途中に編入されている。

また『一切経音義』のあとに、『宗鏡録（すぎょうろく）』一〇〇巻、『南明泉和尚頌証道歌事実』三巻、『金剛三昧論』三巻、『法界図記叢髄録』四巻、『祖堂集』二〇巻、『大蔵一覧』一〇巻、『禅門拈頌集』三〇巻、『大方広仏華厳経捜玄分斉通智方軌』九巻、『十句章円通記』二巻、『釈華厳旨帰章円通鈔』二巻、『華厳経三宝円通記』二巻、『釈華厳教分記円通鈔』一〇巻、『礼念弥陀道場懺法』一〇巻、『慈悲道場懺法』一〇巻、『華厳経探玄記』二〇巻などの補遺版と呼ばれる一五部二三五巻とその目録である『補遺目録』一部一巻がある。これらは、同治四年（高宗二年〈一八六五〉）に海冥壮雄が大蔵経二蔵を印出した際、『大蔵目録』に漏れがあったと勘違いし、再び目録を作って入蔵させたものである。補遺版のほとんどは、高宗三十八年（一二五一）までに雕造されている。とくに『宗鏡録』『祖堂集』『大方広仏華厳経捜玄分斉通智方軌』『華厳経探玄記』の四部は分司大蔵都監で高宗三十二年（一二四五）から同三十五年までに雕造されている。『宗鏡録』には、千字文函号「禄・侈・富・車・駕・肥・軽・策・功・茂」が付けられているが、これは再雕本の『新集蔵経音義随函録』巻第十九から『大方広仏華厳経（四〇巻）』巻第三十までに相当する。『宗鏡録』だけは正蔵に編入する目的で造られたようである。

補遺版には、元暁（がんぎょう）、義湘（ぎしょう）、均如（きんにょ）、慧諶（えしん）などの華厳関係の著述や『宗鏡録』『慈悲道場懺法』などの禅関係の著述が入っており、その分野の研究には欠かせない貴重な典籍である。また、『祖堂集』は補遺版のみにあり、この発見がなければ永遠に散逸していたであろう。しかし、補遺版は後代に海冥壮雄が大蔵経に入蔵したものであり、本来ならば再雕本の範疇には入らない。

再雕本の影印本

『朝鮮王朝実録』などの記録によると、室町時代に足利氏をはじめとする諸国の大名が朝鮮に大蔵経を求め、四四蔵（中国版の大蔵経も含む）が日本に伝来している。大谷大学図書館や高野山金剛峯寺、増上寺、建仁寺、相国寺、輪王寺、吉備津神社、法然寺、多久頭魂神社、金剛院（『大般若波羅蜜多経』のみ）などに所蔵されている再雕本は、当時日本に伝来したものである。また、大正時代から昭和三十年代にかけても再雕本は印刷され、泉涌寺や立正大学図書館などに所蔵されている。このように再雕本は、高麗時代から昭和三十年代まで何度か印刷されてきたが、これらの中で最も古いものが金剛院蔵本である。

再雕本は、日本各地の寺社や大学機関に所蔵されている以外に、韓国では影印本として出版されている。影印本には、東国大学校から出版されたもの（以下東国大学校本と呼称）と、東洋仏典研究会が編纂して東洋出版社から出版されているもの（以下東洋仏典研究会本と呼称）の二種類がある。影印本の出版によって『大正新脩大蔵経』に入蔵されることのなかった典籍類の閲覧が容易になり、また日韓両国での初雕本と再雕本に関する研究が飛躍的に発展するなど、学界に大きな影響を与えた。

二種類の影印本には、本の構成法や欠字補修の点などで違いが見られる。東国大学校本は全四八巻で、正蔵のほかに補遺版一六部二三七巻も収録されているが、東洋仏典研究会本は全四五巻で、『大蔵目録』三巻以外の正蔵のみが収録されている。また、東国大学校本は各所に金属活字で補塡されていたり、空白部分があったりする。こうした原因は、影印本の底本に問題があるからである。再雕本の板木も時間の経過とともに磨滅や欠落箇所が多くなるため、それを底本とした影印本は、そうした箇所が金属活字で補塡されている。影印本は写真製版によって古版を原本のまま伝えようとするものであるが、不鮮明な箇所に修正を加えたり、別版で差し替えたりすることがあるため、利用に際しては十分に注意する必要がある。また、経典によっては落張や錯張があり、掲載されている経典が目次に対応していないものもある。

刊経都監

朝鮮時代は基本的に排仏崇儒政策をとっていたが、世祖（せいそ）や明宗（めいそう）など崇仏の王もいた。とくに、世祖代には刊経都監を設置して仏典を刊行していた。刊経都監は、天順五年（世祖七年〈一四六一〉）に王命によって設置され、成化七年（成宗二年〈一四七一〉）に廃止されるまでの十一年間存在した官立の機関である。ここでは、主に仏典を刊行していたが、後年になると仏教関連の全般的な事業を総轄する機関としての役割も担っていた。

刊経都監では、漢文仏典と諺解仏典が刊行された。諺解仏典とは、正統十一年（世宗二十八年〈一四四六〉）に製作された訓民正音（ハングル）に翻訳された仏典である。難解な漢文仏典を翻訳出版して、広く民衆に頒布するために刊行された。また漢文仏典は、現在三〇部が確認されている。現存する三〇部を見ると、刊経都監で新たに開板された仏典と義天の続蔵を重修したものとの二種類に分けられる。義天の続蔵は、高麗時代に印刷された原刻本が東大寺や大東急文庫などに所蔵されているが、朝鮮時代に刊経都監で重修されたものも残されている。

日本

第1章　日本古代の一切経

一　仏典の将来と書写

日本への仏典の将来は六世紀中頃の仏教公伝にさかのぼる。仏教公伝の時期については二説がある。一つは『上宮聖徳法王帝説』などによって欽明天皇戊午年（五三八）に百済の聖明王（せいめいおう）が仏像・仏具などとともに経論を献納したとするものであり、もう一つは『日本書紀』などによるもので同内容ながら欽明天皇十三年（五五二）とするものである。前者が有力視されているが、欽明朝に百済の聖明王から仏像とともに仏典が伝えられたことは一致しており、六世紀中頃には何かしらの仏典の将来があったことは間違いないといえよう。なお写経が盛んに行われた奈良時代では、『日本書紀』にいう欽明天皇十三年説が律令国家の公式見解であった。

日本における一切経（以下、「大蔵経」ではなく、当時の用語としての「一切経」と表記）の史料上の初見は『日本書紀』の記事で、孝徳天皇の白雉二年（六五一）十二月晦日に味経宮（あじふのみや）において二千百余僧に一切経を読ませたとするものである。この記事から当時日本に一切経が伝来していたことはうかがえるが、その一切経が輸入された舶載経であるのか、日本で書写されたものなのかは不明である。また、いずれの経録（仏典目録）による一切経であったのかということもわからない。

一切経書写の初見となると、『日本書紀』の天武天皇二年（六七三）三月の、書生を集めて一切経を川原寺（弘福寺）で書写させたという記事である。この書写事業は数年続いたらしく、天武天皇四年（六七五）十月には四方に使者を派遣して、一切経の本経（手本）を求めさせている。その事業が一応の完成をみたのは天武天皇六年（六七七）であったらしく、飛鳥寺で設斎して一切経を読ませたことが知られる。

一切経は、周知のとおり中国において作成された経録のうち、その所収リストとしての入蔵録が成立して以後に生まれた仏典叢書あるいは全集といえるが、経録によって総部巻数が異なっている。つまりその一切経の内容がどのようなものであったのかを知るためには、どの経録に基づいているかを知る必要がある。そのため経録が明示されていない場合は、総部巻数を手がかりとして推測するしかない。そこで、この白雉二年に読まれた一切経について、招聘された僧侶の人数から、隋・仁寿二年（六〇二）の彦琮撰『衆経目録』の二一〇九部五〇五八巻に当たるのではないかとの指摘があるが、これも推測の域を出るものではない。したがって、内容を確定できる一切経の事例は、七世紀代には皆無であり、内容がわかるようになるのは奈良時代に入ってからであるといえる。

この間、中国あるいは朝鮮半島からの仏典の将来は継続していたと考えられるが、最も著名なものは道昭（道照、?〜七〇〇）の仏典将来であろう。

道昭は、河内国丹比郡の人で、渡来系氏族の船連氏出身であった。彼は日本で初めて火葬された人物としても有名である。白雉四年（六五三）五月に入唐学問僧として遣唐大使吉士長丹の船に乗船して唐へ出発したが、唐では玄奘三蔵に師事し、玄奘より舎利・経論をことごとく授けられたという。帰国後、元興寺（本元興寺）の東南隅に禅院を建て止住する一方、天下を周遊して港湾整備や架橋などの土木工事によって民衆の便をはかったといわれる。道昭の物化後、平城京遷都に際して、その禅院は弟子らの要請で平城左京に移建された。この禅院には道昭が将来した多くの仏典が所蔵されたが、その書迹文字には錯誤がなかったとされ、一切経論の流布に大きな役割を果たしたと考えられる。奈良時代になっても、道昭将来経はきわめて信頼性の高い仏典群として、「禅院寺経」として重用されている。

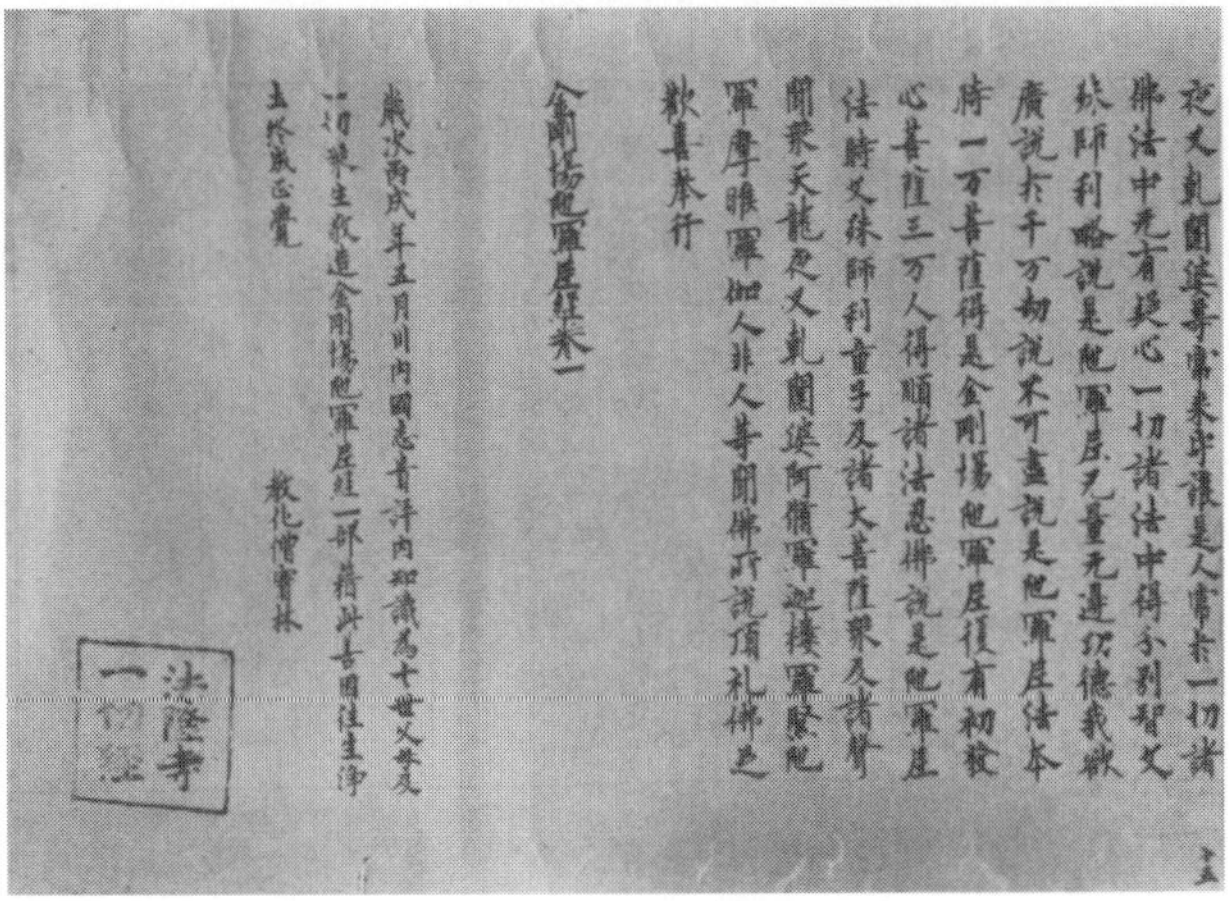

図1　現存最古写経

（丙戌年銘『金剛場陀羅尼経』巻一〈巻末〉　国宝　文化庁蔵）

奈良時代までの現存写経の数は決して多くない。仏典としては、書風などから七世紀にさかのぼるとされる、伝聖徳太子述「三経義疏」（『法華義疏』『勝鬘義疏』『維摩義疏』、宮内庁蔵）が存在するが、いわゆる仏典の現存最古の書写例は、丙戌年の年紀を持つ『金剛場陀羅尼経』（国宝、文化庁蔵　図1）である。丙戌年をいつとみるかについては異論もなくはないが、六八六年、天武天皇の没する朱鳥元年に当たるとする見解が一般的であろう。奥書によれば、僧宝林から教化を受けた川内国志貴評（のちの河内国志紀郡）の人々が知識となり、七世父母と一切の衆生のために書写したものであることがわかる。本品については、奈良県桜井市の長谷寺に所蔵される「銅板法華説相図銘」（国宝）と書風の類似性が指摘されている。

一方、一切経の書写については、七世紀代、史料には見えるものの、現存例は皆無である。最も古いものに、平城遷都後の和銅三年（七一〇）五月十日の年紀を持つ『舎利弗阿毘曇論』巻十二

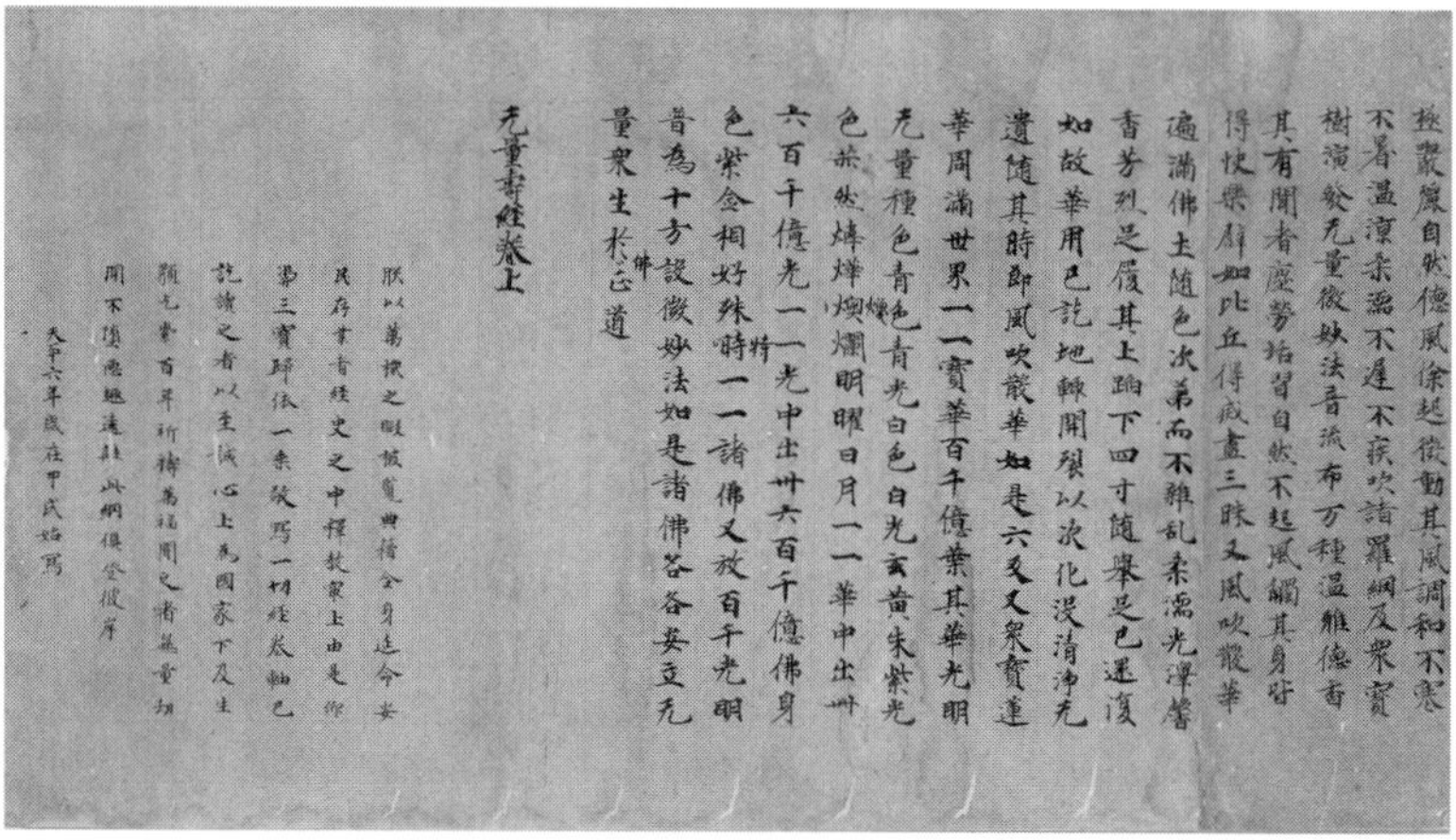

図2　聖武天皇発願一切経
（『雙観無量寿経』巻上〈巻末〉　重要文化財　（公財）阪急文化財団 逸翁美術館蔵）

（根津美術館蔵）がある。奥書によれば、沙門知法が聖朝の福寿のため、つまりは元明天皇の福寿を目的として一切経論を書写し、荘厳したことがわかる。しかし、その書写の事情は不明であり、本文の書写年代は和銅年間頃と目されるものの、奥書は本文と異筆で、同時期かどうかは疑問視されている。そして、確かな事例となると、さらに下がり、聖武天皇（七〇一～五六）が天平六年（七三四）に発願した「聖武天皇発願一切経」とせざるをえない。この一切経も『仏説雙観無量寿経（無量寿経）』巻上（重要文化財、逸翁美術館蔵）・『観世音菩薩授記経』（重要文化財、根津美術館蔵）・『仏説七知経』（重要文化財、檀王法林寺蔵　図2）ほかが遺存するのみである。

二　奈良時代の一切経

日本古代の一切経は、前述したように白雉二年の読誦を初見とし、天武天皇二年の川原寺での書写をそのはじめとするが、六六〇年頃の入唐僧道昭の仏典将来後、養老二年（七一八）の入唐僧道慈（どうじ）の帰朝に際しても仏典の将来が推定される。ついで、奈良時代の一切経に大きな影響を与えたのは、入唐僧玄昉（げんぼう）（?～七四六）が天平七年（七三五）に最新の経録である『開元釈教録』とそれに基づく「経論五千余巻」を将来したことである。『開元釈教録』は、智昇が唐・開元十八年（七三〇）に西崇福寺の経蔵整備を目指して撰述したもので、私撰ながら、流布・普及していき、事実上、勅撰に準ずる存在として大きな影響を与えた。その目録は成立まもない天平七年に玄昉により将来され、中国の最新経録として重視されたと考えられる。ただし、玄昉の将来した「経論五千余巻」の内容は、『開元釈教録』入蔵録のすべてではなかったようで、その点、問題があったものの、奈良時代の一切経の基準として受容されていくことになった。さらに天平勝宝六年（七五四）の唐僧鑑真（六八八～七六三）の来朝や彼をともなった遣唐使による仏典将来は、当該期の一切経のありように影響を与えていった。

このような絶え間ない仏典の将来や最新の中国の仏教事情が輸入されるなか、奈良時代、とくに天平期には律令国家によって数多くの一切経が書写されていくことになり、表1に示すごとく、二〇蔵をはるかに超える盛況ぶりを見せることになる。

五月一日経と景雲一切経

奈良時代の一切経の書写として、最も代表的なものは、複数ある「光明子発願一切経」のうち、次に掲げる天平十二年（七四〇）五月一日付の願文により「五月一日経（ごがつついたちきょう）」と称されるものである（以下「五月一日経」とする。図3）。

「五月一日経願文」

　皇后藤原氏光明子奉為

尊考贈正一位太政大臣府君尊妣

表1　七～八世紀の一切経

No.	名称	構成	巻数	発願者	目的	写経機構
1	味経宮転読一切経	不明	二一〇〇巻?	天智?		不明
2	川原寺一切経	不明	不明	天武?		川原寺
3	知法発願一切経	一切経論律	不明	沙門知法		不明
4	元正天皇請坐大安寺一切経	不明	一五九七巻	元正か		不明
5	西宅一切経	大小乗経律論＋章疏	不明	不明		不明
6	光明子発願一切経	大小乗経律論賢聖集伝＋別生・疑偽・録外＋章疏	約七〇〇〇巻	光明子	藤原不比等・県犬養三千代の追善ほか	皇后宮職系
7	聖武天皇発願一切経	大小乗経律論賢聖集伝＋章疏	不明	聖武		内裏系
8	藤原豊成一切経	大小乗経律論＋章疏	二四三五巻＋α	藤原豊成		藤原豊成家
9	藤原夫人発願一切経	大小乗経律論賢聖集伝＋章疏	不明	藤原夫人	藤原房前・牟漏女王の追善	元興寺?
10	光明子発願一切経	不明	不明	光明子		不明
11	大官一切経	大小乗経律論＋別生・疑偽・録外	約三八五〇～四〇〇〇巻	聖武		皇后宮職系
12	大井寺一切経	不明	不明	不明		不明
13	観世音寺一切経	不明	不明	不明		不明
14	武蔵国一切経	不明	不明	不明		武蔵国?
15	後写一切経	大小乗経律論＋別生・疑偽・録外	合三四六一巻うち重写三〇巻	不明		皇后宮職系
16	六人部東人知識一切経	不明	不明	六人部東人		不明
17	善光朱印経	大小乗経律論?	不明	善光尼か		内裏系?

18	孝謙天皇発願一切経	大小乗経律論賢聖集伝＋別生・疑偽・録外＋章疏	六五〇〇巻以上	孝謙		内裏系
19	賢璟発願一切経	不明	四二〇〇余巻	僧賢璟		不明
20	光明子発願一切経	大小乗経律	予定三四三三巻	光明子		皇后宮職系
21	周忌斎一切経	大小乗経律論賢聖集伝＋別生・疑偽・録外	合五三三〇巻	孝謙	光明子一周忌	皇后宮職系
22	光覚知識経	不明	不明	僧光覚	不明	不明
23	吉備由利発願一切経（西大寺四王堂一切経）	大小乗経律論賢聖集伝＋録外＋章疏	合五二八二巻	吉備由利		不明
24	行信発願一切経	大小乗経律論	二七〇〇巻	僧行信	国家と四恩	不明
25	西大寺弥勒堂一切経	大小乗経律論＋疏	四六一三巻	称徳		不明
26	甲部一切経	大小乗経律論＋別生・疑偽・録外	約四六四〇巻	不明		皇后宮職系・内裏系？
27	五部一切経	大小乗経律論＋別生・疑偽・録外	一部約四六〇〇巻	不明		皇后宮職系・内裏系
27	先一部一切経	大小乗経律論＋別生・疑偽・録外	四五八五巻	不明		皇后宮職系・内裏系
27	始二部一切経	大小乗経律論＋別生・疑偽・録外	四六〇九巻×二部	不明		皇后宮職系・内裏系
27	更一部一切経	大小乗経律論＋別生・疑偽・録外	四六〇九巻	不明		皇后宮職系・内裏系
27	今更一部一切経	大小乗経律論＋別生・疑偽・録外	四六〇九巻	不明		皇后宮職系・内裏系
28	西大寺薬師堂一切経	大小乗経律論＋録外＋疏	二九四二巻	称徳		不明
29	西大寺十一面堂一切経	大小乗経律論＋疑偽・録外＋疏	四三八三巻	称徳		不明

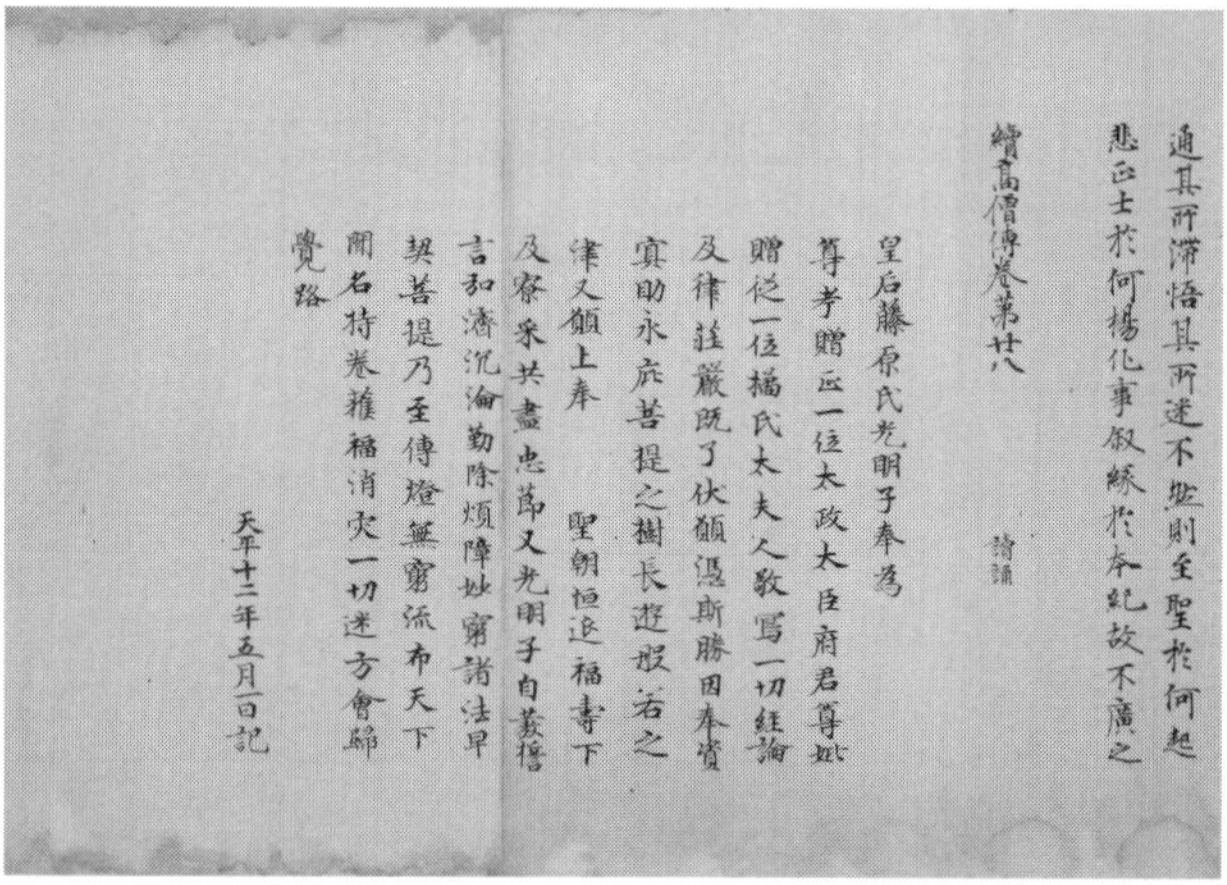

図3　五月一日経
（『続高僧伝』巻第二十八〈巻末〉　重要文化財　京都国立博物館蔵）

贈従一位橘氏太夫人敬写一切経論
及律荘厳既了伏願憑斯勝因奉資
冥助永庇菩提之樹長遊般若之
津又願上奉聖朝恒延福寿下
及寮采共尽忠節又光明子自発誓
言弘済沈淪勤除煩障妙窮諸法
早契菩提乃至伝灯無窮流布天下
聞名持巻獲福消灾一切迷方会帰
覚路

天平十二年五月一日記

五月一日経は、書写の総数が約七〇〇〇巻にも及んだと考えられ、聖語蔵に現存する約七五〇巻に巷間にあるものを合わせて一〇〇〇巻ほどが伝存している。その書写の経緯は、官営写経所の帳簿群を主とする正倉院文書によって詳細に追うことができる。

皇后宮職管下の写経所で天平五年頃にはすでに開始されていたもので、ある一切経を書写する方針であったらしい。しかし、天平七年に唐へ留学していた玄昉が帰朝し、唐・開元十八年（七三〇）に成立したばかりの最新の経録である『開元釈教録』とそれに基づく仏典を将来すると、天平八年（七三六）九月からは『開元釈教録』入蔵録（五〇四八巻）に基づく一切経の書写へと大きく方針が変更されることになった。玄昉将来の仏典が本経（底本）とされ、この頃より順次借用されていったことが知られる。しかし、前述のごとく、実際には玄昉がすべての入蔵録の仏典を将来したわけではなかったようで、不足仏典について学僧たちへしばしば問い合わせている。しかし、それも十分進まなかったようで、底本がすべて揃わず書写事業は停滞していった。

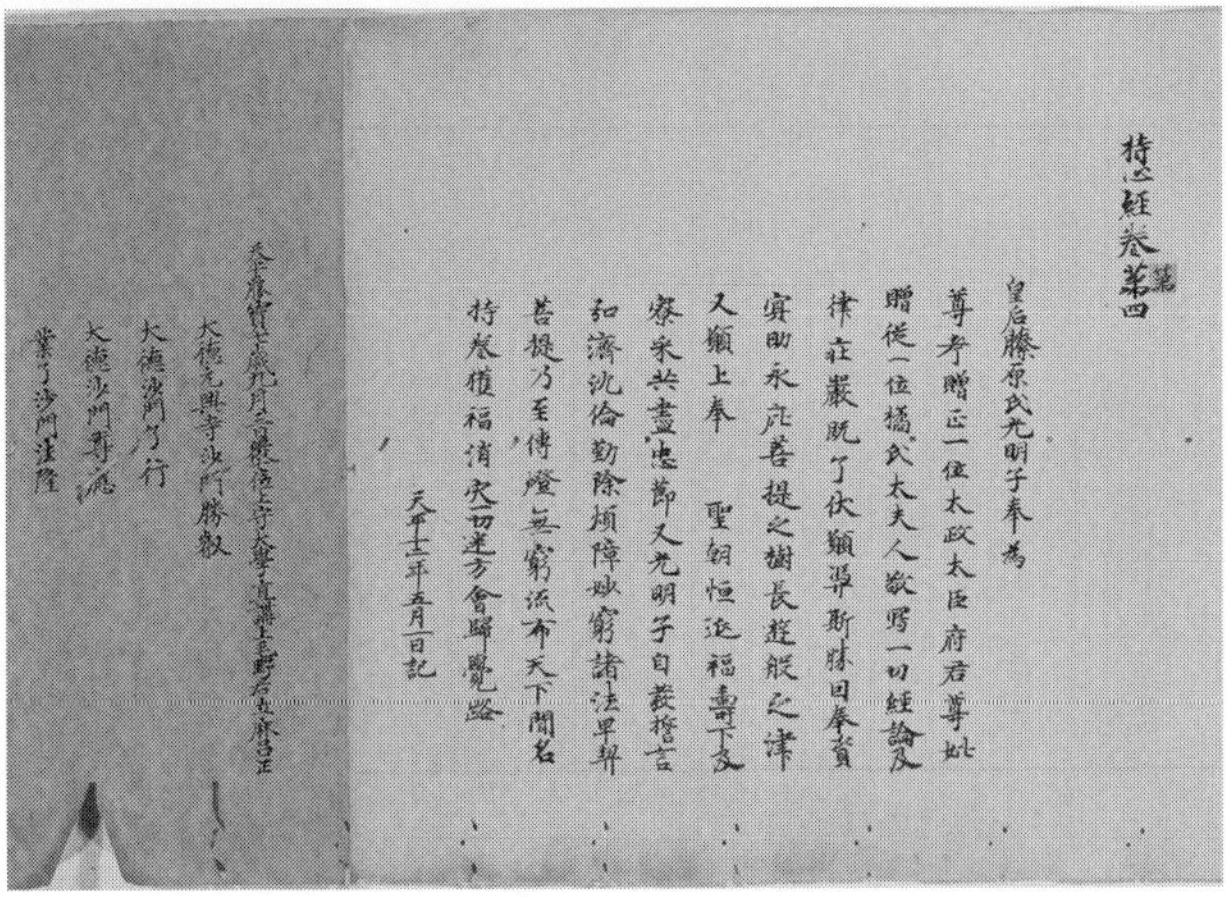

天平十五年五月からは『開元釈教録』の入蔵録以外の別生経・疑偽経、さらには目録自身にも掲載されていない目録外経や中国や朝鮮半島で作成された章疏類をも書写対象としていくことになる。おそらく当時、日本に所在するあらゆる仏典を蒐集して書写するように第二の変更がなされたと考えられる。その後、書写事業は天平勝宝八歳（七五六）五月に聖武天皇が没したことによって終了したと思われる。この間、天平勝宝四年（七五二）四月九日の東大寺盧舎那大仏の開眼会で講説、転読に使用され、東大寺に施入された。さらに後述するように天平勝宝五年～七歳にかけて他本との対校である勘経（かんきょう）が行われている（図4）。

図4　五月一日経の勘経追跋
（『持心梵天経』巻第四〈巻末〉　重要文化財　京都国立博物館蔵）

勘経は校経とも呼ばれる作業で、一般に写経事業において書写された写経は二度ほどの校正作業を伴うが、それとは異なるものと思われる。五月一日経の場合、写経事業を終えたあと、本経ではない図書寮（ずしょりょう）所蔵の「唐経」と呼ばれる将来仏典で校訂作業が

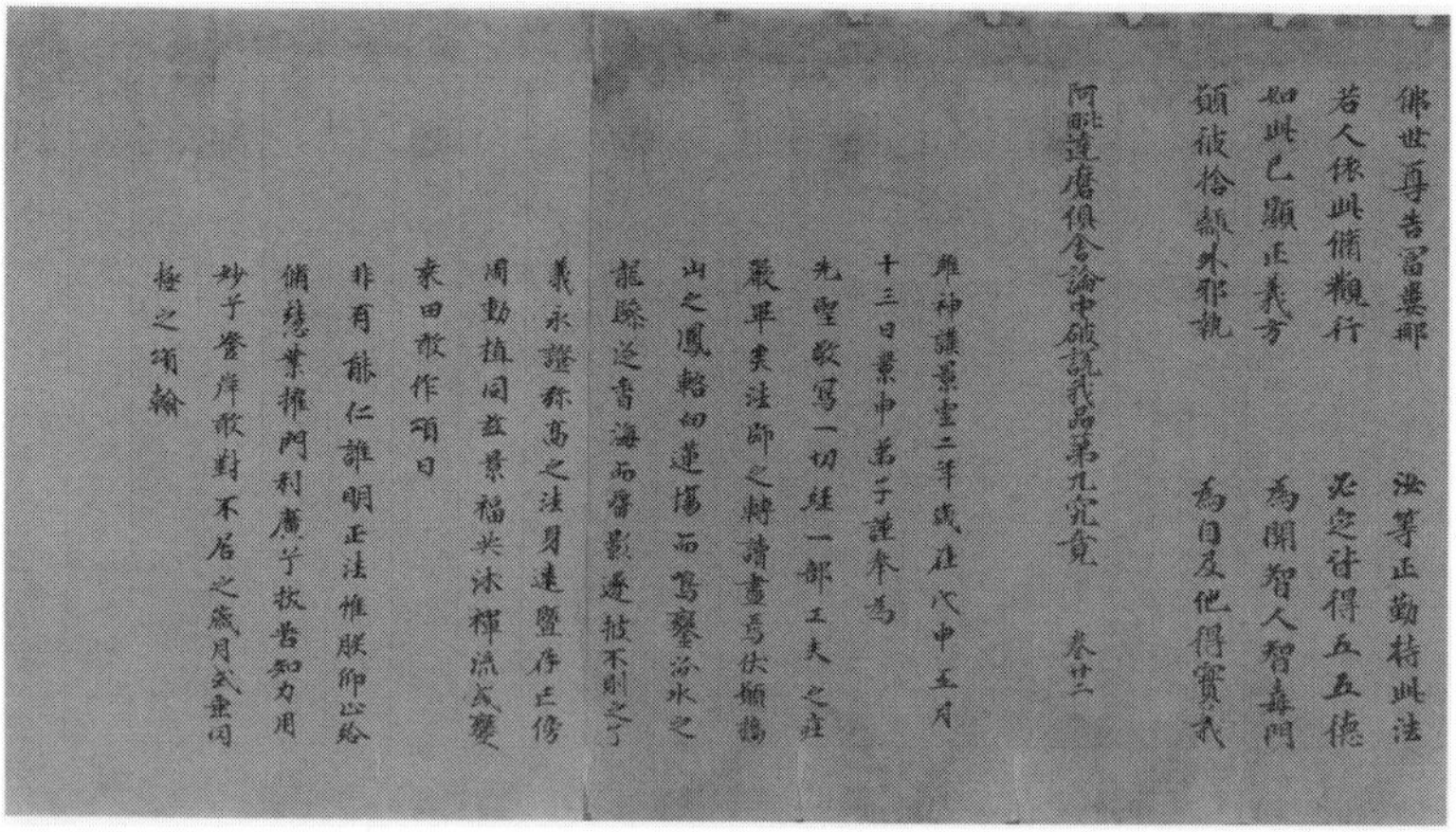

図5　景雲一切経
（『阿毘達磨倶舎論』巻第二十二残巻〈巻末〉　文化庁蔵）

行われたと考えられる。後述するようにこの作業は書写された五月一日経を将来仏典により内容的に保証する意味合いがあったといえよう。さらに天平勝宝七歳（七五五）に正倉院文書に見える『大宝積経』の勘経では、他の『大宝積経』のみではなく、『大宝積経』として集成される以前の別生経なども勘経の本経とされており、いわば仏典研究に類する行為でもあったと思われる。

　五月一日経は、のち日本における一切経のモデルとされ、さらに書写の本経として重要視されていくことになった。

　五月一日経と並んで、奈良時代の一切経書写の事例として代表的なものが「孝謙天皇発願一切経」で、神護景雲二年（七六八）五月十三日付の願文より「景雲（けいうん）一切経」と称されるものである（以下「景雲一切経」とする。図5）。

　「景雲一切経願文」

　　維神護景雲二年歳在戊申五月
　　十三日景申弟子謹奉為
　　先聖敬写一切経一部工夫之荘
　　厳畢矣法師之転読尽焉伏願橋
　　山之鳳輅向蓮場而鳴鑾汾水之

龍驂泛茲香海而留影遂被不測之了
義永証弥高之法身遠曁存亡傍
周動植同茲景福共沐禅流或変
桑田敢作頌曰
非有能仁誰明正法惟朕仰止給
修慧業権門利広兮抜苦知力用
妙兮登岸敢対不居之歳月式垂罔
　極之頌翰

景雲一切経も、書写総数六五〇〇巻以上にのぼると考えられ、聖語蔵の約七四〇巻とされてきたが、近年の研究によって「景雲一切経」は四巻のみであることが明らかとなり、巻間にあるものと合わせて一〇巻弱が伝存している。五月一日経のようにすべての経巻に奥書を持つことはなかったが、その書写の経緯は五月一日経と同様に正倉院文書によって追える。

内裏系写経機構である「写御書所」で書写が行われたが、天平宝字二年（七五八）には書写事業が始まっていたと思われる。天平宝字六年六月頃に孝謙天皇（七一八〜七〇、のち重祚して称徳天皇）の側近を中心として勘経が行われ、天平神護元年（七六五）三月から五月頃にかけて、その事業は「御執経所」に引き継がれていった。のち御執経所は「奉写一切経司」に発展したが、勘経が神護景雲三年七月頃には終了し、景雲一切経の事業がすべて終了している。その内容は、五月一日経と同様で、『開元釈教録』入蔵録を基準としながら、別生経・疑偽経や目録外経、また章疏類を含むものであった。勘経に際しては、五月一日経をはじめとして、「水主内親王（みぬしないしんのう）経」「審祥師書（しんしょうししょ）」

「内堂経」「図書寮経」などのテキストが対校本とされ、とくに五月一日経が重要視されていたと考えられる。「水主内親王経」は、詳細は未詳ながら、天智天皇（六二六～七一）の皇女水主内親王（?～七三七）の旧蔵になるもので、何らかの由緒により重視された仏典群であった。「審祥師書（経）」は、新羅への留学経験のある僧で、東大寺の『華厳経』講説をはじめた審祥（審詳、生没年未詳）が将来した仏典群であった。「内堂経」と「図書寮経」は、前者が内裏の仏堂（内道場か）に、後者は中務省管下の図書寮に、それぞれ所蔵されていった仏典群であったと思われる。

奈良時代の写経機構

すでに五月一日経と景雲一切経を紹介するなかで、その書写機構についてふれたが、律令国家による一切経の書写は、主に国家的写経機構によって担われていき、その機構は皇后宮職系写経機構と内裏系写経機構に大別することができる。

皇后宮職系写経機構は、天平八年（七三六）以前に光明子（七〇一～六〇）の皇后宮職管下の写経機構において写経が行われたのが、変遷を遂げながら国家的写経機構として整備され、天平二十年頃には、東大寺の造営官司である造東大寺司管下の写経所となったもので、当該期の写経事業において重要な役割を果たすことになった。奈良時代の正倉院文書は、主にこの造東大寺司写経所に伝来した帳簿群である。なお皇后宮職とは、光明子の皇后冊立にあたり、天皇の后たちのために設けられていた中宮職とは別に、天平元年（七二九）に設けられた令外官であった。一方、奈良時代の写経では皇后宮職系写経機構のみが注目される嫌いがあるが、もう一つの重要な写経機構が内裏系写経機構である。内裏系写経機構の存在は、前述した一切経の現存最古例と思われる天平六年の「聖武天皇発願一切経」の願文にみえる「写経司」に当たるとされ、のち皇后宮職系写経機構の写経事業と関連しながら、奈良時代後半の写経事業で大きな役割を果たすことになった。

これら二系統の官営写経所での一切経書写事業は、皇后宮職系写経機構では「光明子発願一切経」「大官一切経（先写一切経）」「後写一切経」「周忌斎一切経」などが挙げられ、内裏系写経機構では「聖武天皇発願一切経」「孝謙天皇発願一切経」などが挙げられる。また両機構にまたがる書写事業も確認されており、「甲部一切経」「五部一切経」などが挙げられる。

また、写経機構での組織について、皇后宮職系写経機構をモデルに主な人員を記すと、事務官としては、写経所長官は本司の造東大寺司四等官で兼務した別当、個々の写経事業の担当責任者である案主、各種の現場での指示責任者と思われる領などがいた。写経従事者としては、本経を基に経文を書写する経生（経師）、書写された写経を校正する校生、写経料紙の作製・調整および経巻の装丁を行う装潢などがいた。

なお、現存古写経や文献史料によって、これら国家的写経機構とは別の、さまざまな写経機構が存在していたことが知られる。それらは貴族の邸宅・寺院などに設けられたもので、そこで書写された一切経には、「藤原豊成一切経」（のち「図書寮一切経」）「元興寺北宅一切経（藤原夫人願経）」「善光朱印経」「吉備由利発願一切経」などが挙げられる。

国家的写経としての一切経

さて、奈良時代の代表的な一切経を概観してきたが、これらの一切経にはどのような特徴があるであろうか。国家的写経事業の代表である五月一日経と景雲一切経について見てみたい。

五月一日経と景雲一切経は、律令国家によって認定された一切経、いわば「勅定一切経」と意識されていたと思われるが、次のような特徴を持っていた。

①国家的写経機構での書写

②勅定一切経として一切経の基準兼テキストとして重要視

③構成の特殊性（『開元釈教録』入蔵録を基本としながら、別生経・疑偽経、目録外経、章疏も含む）

このうち重要なのは一切経の構成の特殊性を示す③である。それは一切経の中味に関わる問題であり、一切経の受容、つまりは仏教理解に関わる問題といえるからである。

まず『開元釈教録』入蔵録を基準とすることについては、前述のごとく中国における最新経録として重視されたと考えられ、中国の最新の仏教事情が日本へも大きな影響を与えているといえよう。

ついで、入蔵録以外の別生経・疑偽経、また目録に掲載されない目録外経や章疏を含むことについてである。別生経・偽疑経や目録外経が含まれていったことには、当時の日本の仏典理解の実状との関わりが考えられる。『開元釈教録』巻二〇末尾の不入蔵目録と称すべき部分に該当する仏典について、『開元釈教録』ではさまざまな理由によって入蔵しなかったが、当時の日本では、真偽判定が不可能で、遺漏した場合を危惧してとりあえず入蔵しておくという状況であったらしく、偽疑経に対する嫌悪感が薄く、受容側の仏典理解に関する限界をうかがうことができよう。

さらに章疏を含む点についてである。日本では一切経を「経律論疏集伝」と呼称するように、章疏類も一括として考えられているふしがある。仏典研究の未熟な当時の日本においては、経律論の講説に章疏が必要、不可欠であったと考えられ、当時、日本においては論と章疏の差異の認識があまりなかったのではないだろうか。東大寺大仏造立の思想的基盤となったと考えられる天平十二年（七四〇）からの『華厳経』講説についてみると、その経疏である法蔵述『華厳経探玄記』や恵苑述『続華厳略疏刊定記』に依存していたことが想像され、講説にあって盛んに当該経疏が書写されていたことが正倉院文書に見えている。

また仏典の注記に際して、『開元釈教録』のみではなく、以前の経録にも依拠していた。例えば、正倉院文書に見える「可請本経目録」によれば、旧録への関心もうかがわれる。これらはすでに受容された仏典とそれに基づく教学が厳然と存在していたことを想像させ、その扱いをどうするのかという問題があったのではないかと思われる。日本への仏教公伝は百済からであり、当初、朝鮮半島からの影響は多大なものがあったと推定されるが、仏典に関しても、唐からの将来仏典以外に、多くの朝鮮半島からの将来仏典が存在していたと推定される。それは、朝鮮半島からの船載経には多くの草書の仏典が存在したらしく、その解読のために「草字釈文」などのいわば字書があったことからもうかがえる。また唐僧鑑真の来日による受戒制度の刷新に際し、既存の受戒による僧侶たちの抵抗が存在したことにも象徴されるように、やはりそれまでの仏典受容を背景として教学が形成されていたことを想像させるのである。

これらの一切経の構成の特殊性、多様性の背景には、前述のさまざまな状況があり、それらを包括する一切経を策定する必要があったと考えられる。したがって、いわば当時日本における現存仏典の全集成を意図するものになったといえるが、それは日本独自のスタイルであり、「勅定一切経」として国家によって保証されるものであった。

勅定一切経が日本独自のあり方を示していることを確認したが、これが日本独自ゆえにその内容が対外的にも意味あるものであるための証左が必要となったであろう。その点で注意されるのが将来仏典への依存の問題である。

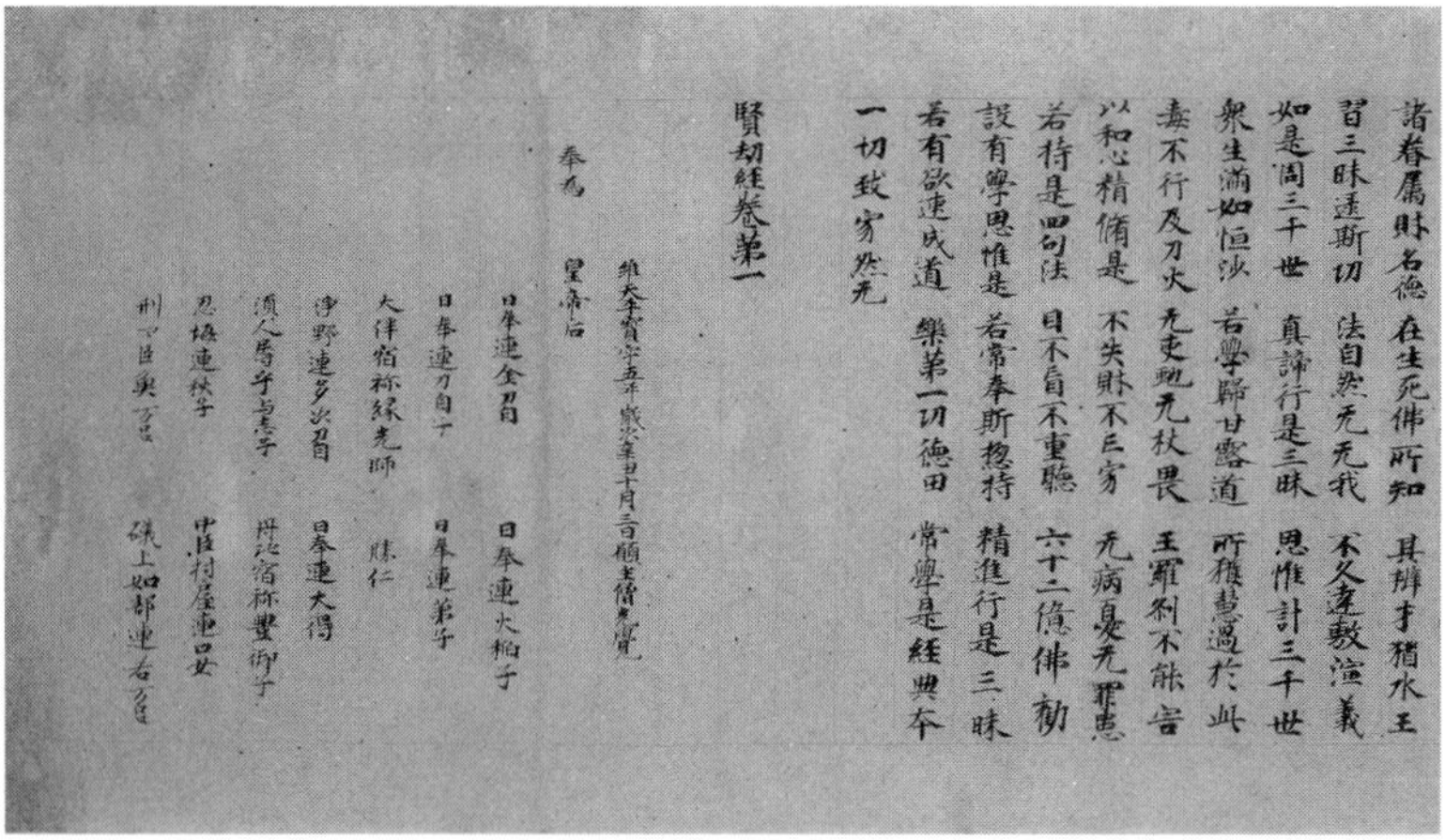

図6　光覚知識一切経
（『賢劫経』巻第一〈巻末〉　京都国立博物館蔵）

五月一日経が『開元釈教録』による一切経と方針変更した当初、玄昉将来経を一括して借用していたが、道昭の将来した禅院所蔵経も早く借用されている。このことは、別生経・疑偽経および目録外経を含みながらも、その将来経ゆえの尊重があると思われ、これも受容側の限界を示すものであろう。これら将来経の信頼性は後世まで珍重されている。さらに勅定一切経を権威あるものにする方途が、将来経・渡来僧による勘経であったと考えられる。

知識による一切経書写

奈良時代を代表する国家的な一切経を紹介してきたが、これとは性格を異にする、知識による一切経も存在した。そのうち僧侶を願主とするものに光覚知識一切経・善光朱印経・行信発願一切経、俗人を願主とするものに吉備由利発願一切経・六人部東人知識一切経などがある。知識による一切経の代表例として「光覚知識一切経」が挙げられる（図6）。

光覚知識一切経は、天平宝字五年（七六一）から同六年にかけて行われた僧光覚を願主とする知識一切経書写である。その目的は奥書に「奉為　皇帝后」と見えることから、当初、光明皇太后の一周忌にあたって発願されたものであったことがわかる。その知識に加わった者に、中央寺院の僧や下級官人の名が見えるのは、そのことと関連するのであろう。しかし、近年の研究によって、書写勧進が大規模に繰り広げられていくなかで、知識に参加した人々の目的が当初の発願の願意のみに限定されなくなっていったことが指摘されている。そこでは、下級官人や中央の僧の本拠地へと勧進活動の範囲が広がり、また僧光覚の布教が展開していくなかで、民間の人々の個々の宗教目的が知識経を支える目的になっていき、四月八日の灌仏会の行事や亡父母の追善という祖先崇拝と結びつきながら、一切経書写がなされたものと考えられている。このように、奈良時代の一切経は、各地の寺院で行われる仏教行事や、死者の追善という民間の人々の意識と結びつき、社会的に広い裾野をもって受け入れられたという側面をもっていたといえる。

三　平安時代の一切経

奈良時代を通じて盛況した一切経の書写であったが、その中心を担った写経所所管の造東大寺司が延暦八年（七八九）に停廃され、国家的な写経事業も低調となっていった。その背景には官営写経所の衰退とともに、書写事業に莫大な経費を要するという経済的な問題や、個別の仏典が追善などの目的や信仰内容に応じて写されるようになったことなどが考えられる。しかし、その間にも仏典の将来は絶え間なく行われており、それに関わる史料や将来目録が散見される。

入唐八家と仏典の将来

平安時代に入唐して真言密教などを日本へ伝えた入唐五家あるいは入唐八家と呼ばれる人々がいる。入唐五家とは恵運（七九八～八六九）・宗叡（八〇九～八八四）・常暁（?～八六六）・円行（七九九～八五二）・真如親王（高岳親王、生没年未詳）を、入唐八家とは最澄（七六六～八二二）・空海（七七四～八三五）・常暁・円行・円仁（七九四～八六四）・恵運・円珍（八一四～九一）・宗叡をそれぞれいう。彼らは真言密教の伝来とともに、欠本仏典の将来、求法も重要な目的としていたため、客死した真如親王は別として、多くの仏典を将来しており、次のような将来目録が伝えられている。

最澄	三三〇部	四六〇巻	『伝教大師将来台州録』『伝教大師将来越州録』
空海	二一六部	四六一巻	『御請来目録』
常暁	三一部	五九巻	『常暁和尚請来目録』
円仁	一三七部	二〇一巻	『日本国承和五年入唐求法目録』
	一一七部	一四二巻	『慈覚大師在唐送進録』
	一二八部	一九八巻	『入唐新求聖教目録』
円行	六九部	一三三巻	『霊巌寺和尚請来法門道具等目録』
恵運		二二二巻	『恵運禅師将来教法目録』『恵運律師書目録』
円珍		一五六巻	『開元寺求得経疏記等目録』
		四五八巻	『福州温州台州求得経律論疏記外書等目録』
		一一五巻	『青龍寺求法目録』

七七二巻　『日本国比丘円珍入唐求法目録』
四四一部　一〇〇〇巻　『智証大師請来目録』
宗叡　一三四部　一四二巻　『新書写請来法門等目録』

このほかにも、将来目録が伝わらず、その内容を知ることができないものの、多くの入唐僧がそれぞれ仏典を将来していたものと思われる。

『貞元新定釈教目録』の将来

平安時代前期の入唐僧による仏典将来で、一切経に焦点を当てて見渡すと、やはり空海の『貞元新定釈教目録』の将来が注目される。この経録は、唐・貞元十六年（八〇〇）に僧円照（えんしょう）によって編纂された全三〇巻のもので、入蔵録（巻二十九・三十）によれば、それに基づく一切経は一二五八部五三九〇巻という内容のものであった。この経録が成立まもない大同元年（八〇六）に空海によって将来されたのである。日本では、これを契機に『開元釈教録』に基づく総巻数五〇四八巻の一切経から、『貞元新定釈教目録』に基づく総巻数五三九〇巻の一切経に移行していくことになる。実際に最澄は、弘仁四年（八一三）四月に一切経を書写するに際して、空海に『貞元新定釈教目録』の借覧を求めている。しかし、『貞元新定釈教目録』の入蔵録所載の仏典のすべてが将来されていたわけではなかったようで、『開元釈教録』に基づく一切経がすぐさま一掃されることはなく、天安二年（八五八）に円珍が将来した仏典について『青龍寺求法目録』には、『開元釈教録』以後の漢訳で、『貞元新定釈教目録』に入蔵していた仏典一〇〇巻余りが記されている。このように、『貞元新定釈教目録』の将来当初は入蔵録所載仏典がすべて揃っていたわけではなかったようである。

その後、天慶四年（九四一）、藤原忠平が極楽寺で『貞元新定釈教目録』に基づく一切経を供養した頃を契機として、一切経の基準目録が『貞元新定釈教目録』になっていたと考えられる。

平安時代前期の一切経書写

平安時代になると一切経書写の事例が減少するが、史料にはいくつかの事例が知られる。その早いものに最澄による「最澄発願一切経」が挙げられる。

最澄発願一切経は、延暦十六年（七九七）より始められ、比叡山根本経蔵の一切経とすべきことを目的としていた。この一切経は「一切経論章疏記等」といわれているように奈良時代の一切経の特徴を引くものと思われ、入蔵録以外の仏典を多く含むものであったと考えられる。最澄は、弟子の叡勝・光仁・経豊らと書写するとともに、南都の七大寺や東国にまで助力を依頼していた。南都では大安寺僧聞寂・唐招提寺道慈らが援助にあたり、遠く東国からは「東国化主」と称された鑑真の弟子の道忠禅師も最澄の依頼に応じていた。その遺品としては、延暦十八年（七九九）に僧行福によって書写された『華厳経要義問答』巻第一・巻第二（重要文化財、延暦寺蔵）が伝存している。

九世紀に入ると、律令国家が諸国に一切経の書写を命じたことが正史から知られる。早い例は天長年間（八二四～三四）に大宰府に一切経書写を命じたことが見える。この一切経書写は、神護景雲年間（七六七～七〇）の八幡大菩薩の託宣に由来したものであり、天長十年（八三三）十月には宇佐宮の神宮寺である弥勒寺に安置されている。

また、東国への命令も承和年間（八三四～四八）と仁寿年間（八五一～五四）の二度見られる。承和年間の東国一切経は、承和元年五月、勅命により相模・上総・下総・常陸・上野・下野の六国の国司に翌年九月までに一切経一

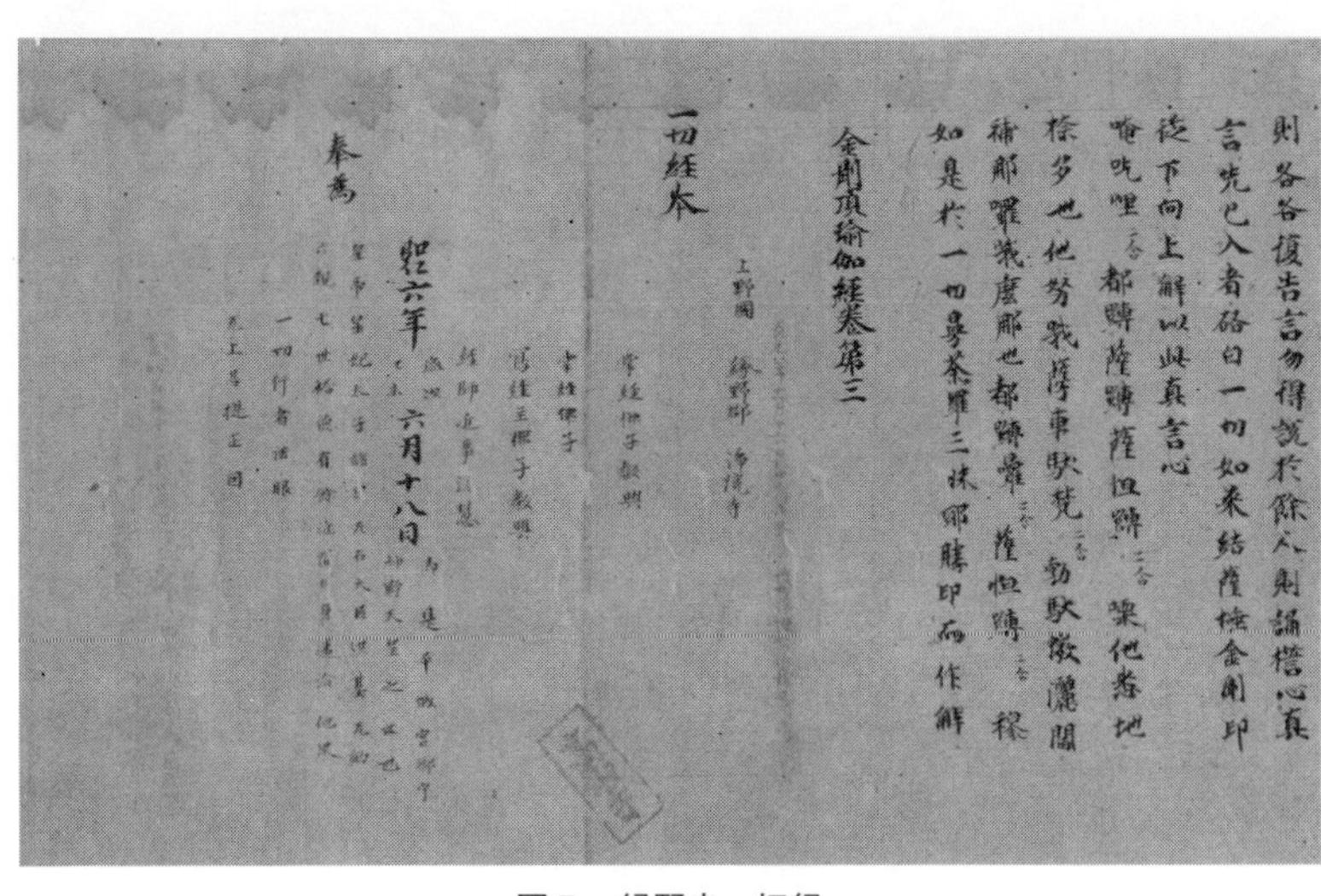

図7　緑野寺一切経
（『金剛頂瑜伽経』巻第三〈巻末〉　重要文化財　高山寺蔵）

部を書写、進上するよう命じられたもので、本経には「上野国（こうずけのくに）緑野郡（みどののこおり）緑野寺（みどのでら）本」が指定されている。翌承和二年正月には、前年の一切経書写に加えて相模・上総・下総・常陸・上野・下野の六国に『貞元新定釈教目録』と「梵釈寺目録」所載の「律論疏章記伝集抄」を均分して書写することも命じられている。この一切経は、はじめは『開元釈教録』に拠るものであったと思われるが、『貞元新定釈教目録』に拠る一切経へと移行していった様子を伝えるものではないかと思われる。さらに「梵釈寺目録」所載の「律論疏章記伝集抄」が追加されていることから、最澄発願一切経と同様に奈良時代の一切経の特徴を継承するものであったかもしれない。

　ところで、承和年間の東国一切経の遺品は明らかではないが、本経とされた「上野国緑野郡緑野寺本」は、「緑野寺（浄院寺）一切経」として知られるものである。そして、遺品として弘仁六年（八一五）に書写された『金剛頂瑜伽経』巻第三（重要文化財、高山寺蔵　図7）が伝存している。緑野寺（浄院寺）一切経は、道忠弟子の教興（きょうこう）が発願したもので、嵯峨天皇（七八六〜八四二）はじめ皇族の安寧と六親七世の裕福・菩提、行者の成仏を目的としたものであった。発願時期は明確ではないが、奥書に見える弘仁六年前後かと思われる。また、この遺品は弘仁六年四月二日付で空海が東国の有縁に将来の密教仏典の書写を呼びかけた「勧縁疏」に呼応して書写されたものでもあった。

仁寿年間の東国一切経では、仁寿三年（八五三）五月、勅命により相模・上総・下総・常陸・上野・陸奥(むつ)の六国に部帙を分けて一切経を書写、進上させている。さらに同月に武蔵(むさし)・信濃(しなの)両国に一切経各一部の書写を命じている。

宋版一切経の将来

十世紀にも一切経の書写は低調であったが、この間に、宋では一切経の開板が始まる。いわゆる宋版一切経である。このうち最も古いものが開宝蔵で、開板地にちなみ「蜀版一切経」とも称される。その内容は『開元釈教録』入蔵巻数五〇四八巻によるもので、太平興国八年（九八三）に蜀（四川地方）地で完成し開板され、首都開封で印行された。そして、開宝蔵は近隣諸国に下賜されていったが、日本へも東大寺僧奝然(ちょうねん)（九三八～一〇一六）によって将来された。

永観元年（九八三）に五台山巡礼と中天竺の仏跡巡拝を目指して入宋した奝然は、皇帝に謁見して「蜀版摺本(すりほん)一切経」と新訳経四十一巻を賜与されている。また禁裏奉安のインド伝来という釈迦瑞像を拝し、模刻勅許を得て、制作、将来した。これが清凉寺(せいりょうじ)本尊の釈迦如来立像（国宝）である。

奝然は、寛和二年（九八六）帰朝し、翌永延元年（九八七）二月に将来品を携え入京、行列を組み蓮台寺に入った。長和五年（一〇一六）に奝然が入滅すると、開宝蔵は弟子盛算(じょうさん)（九三二～一〇一五）によって愛宕山麓の棲霞寺(せいかじ)釈迦堂に安置された。のち寛仁二年（一〇一八）に藤原道長（九六六～一〇二七）に献上され、平安左京三条四坊の道長邸（二条殿）に安置され、さらに治安元年（一〇二一）に法成寺（無量寿院）に移されたが、康平元年（一〇五八）同寺全焼により消失してしまった。この間、開宝蔵を本経とした写経も行われていった。のち延久四年（一〇七二）に入宋した成尋（一〇一一〜八一）は開宝蔵の新訳分の仏典を将来している。

書写一切経が盛行した一方、中国や朝鮮半島で一切経が開板され、印刷されはじめると、それらが正当な一切経であるという強いあこがれが持たれた。とくに宋版一切経は「唐本一切経」として格別な思いがあったらしい。一般には舶載された版本の一切経が普及することはなかったようだが、十二世紀頃より南宋で私版の一切経が盛んに開板されると、しだいに舶載の事例も増加した。史料的には治承三年（一一七九）年九月に興福寺での唐本一切経の供養が舶載の早い例で、建久七年（一一九六）年には版（東禅寺蔵）の判明する事例も現れた。

平安時代後期の一切経書写

平安時代後期になると各地の社寺で広く勧進による一切経の書写が盛行し、多くの事例が知られる。次に代表的な一切経を紹介する。

▼法隆寺一切経

法隆寺一切経は、承徳年間（一〇九七〜九九）から大治年間（一一二六〜三一）頃にかけて法隆寺で書写された紙本墨書の一切経である（図8、図9）。現在、法隆寺に補写を含めて六六〇余巻（重要文化財）が伝存するほか、巷間にも大谷大学博物館所蔵の一〇〇巻余りをはじめ多くが各所に分蔵されている。

法隆寺一切経の書写の経緯は、保安三年（一一二二）の「僧林幸等連署一切経書写勧進状」に詳しい。それによ

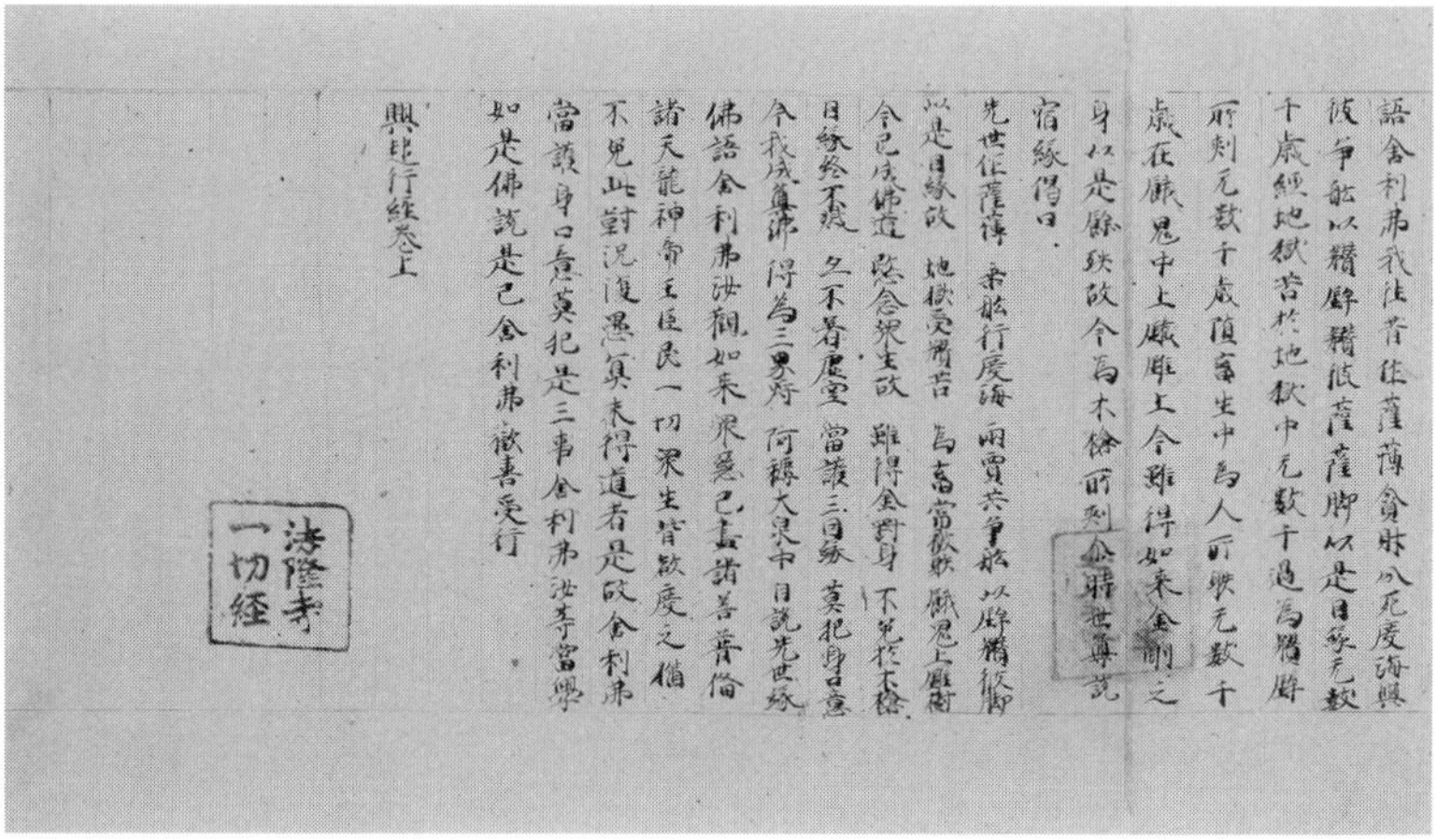

図８　法隆寺一切経
（『仏説興起行経』巻上〈巻末〉　京都国立博物館蔵）

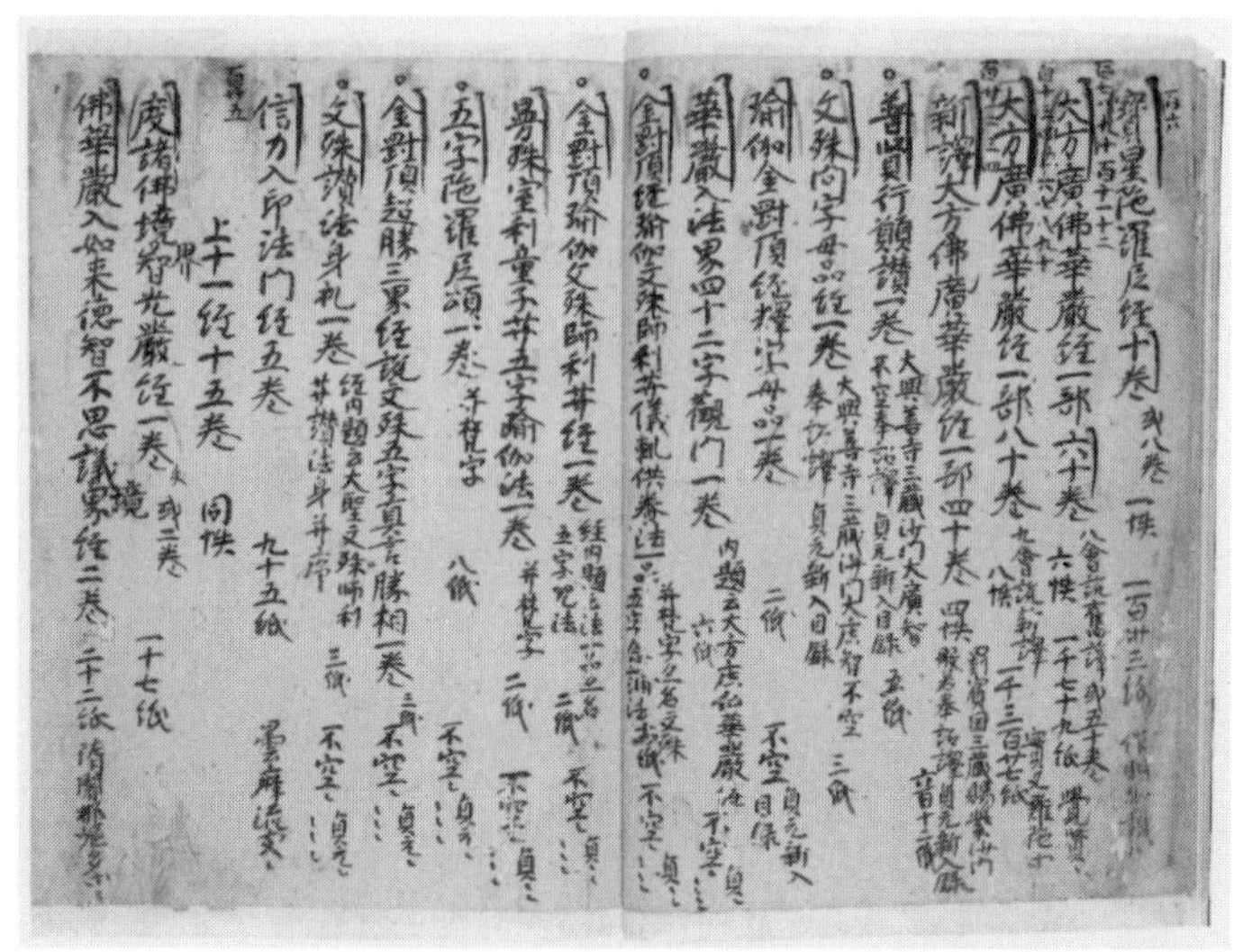

図９　法隆寺一切経
（『貞元新定釈教目録』巻第二十九　大谷大学博物館蔵）

れば、当時の一切経書写崇拝の盛行に対し、法隆寺には一切経が具備されていなかったらしい。そこで一切経を書写し、別当経尋によって新建された聖霊院に安置して、聖徳太子五百回忌の追善に資することが計画された。永久二年（一一一四）頃に僧勝賢が勧進し、元永元年（一一一八）十月に供養を終えたが、それは一七〇〇余巻であったため、残巻四四〇〇余巻の書写勧進を林幸が行ったという。しかし、現存写経中には、承徳三年（一〇九九）の奥書を有する『大宝積経』が存在することから、書写事業自体は、勝賢の勧進以前から始められていたと考えられ、前五師興円と尼寂妙が願主となって承徳二年二月から書写が始まった『大般若波羅蜜多経』の書写に法隆寺一切経の起点を求めることができよう。この一切経は、その巻数から『貞元新定釈教目録』（五三九〇巻）を基本として恒安撰『続貞元録』（七三九九巻）を目指したものと思われる。

法隆寺一切経の特徴は、①新写以外に古写経を利用（現存最古写経『金剛場陀羅尼経』・僧光覚知識一切経等）、②近傍諸村にも施主を募り、寺僧や有縁の能書にも勧進、③他寺僧（薬師寺）などに宗縁による勧進、④陽刻黒方印「法隆寺一切経」を捺印、⑤「一切経音義料」として天治元年（一一二四）に『新撰字鏡』（宮内庁書陵部蔵）を書写、の諸点が挙げられる。

▼七寺一切経と松尾社一切経

七寺一切経は、承安五年（一一七五）から治承三年（一一七九）にかけて、尾張国の大中臣安長（生没年未詳）らが発願し、栄芸・栄俊を勧進僧として書写された紙本墨書の一切経である（図10）。この一切経は、黒漆唐櫃に納められていたが、その唐櫃蓋裏などの起請文や置文によれば、七寺鎮守の十五所権現大明神の宝前に納置することを目的としていた。また、その趣旨を記した六行の印記が巻末にしばしば見られる。この一切経の特徴は、一般

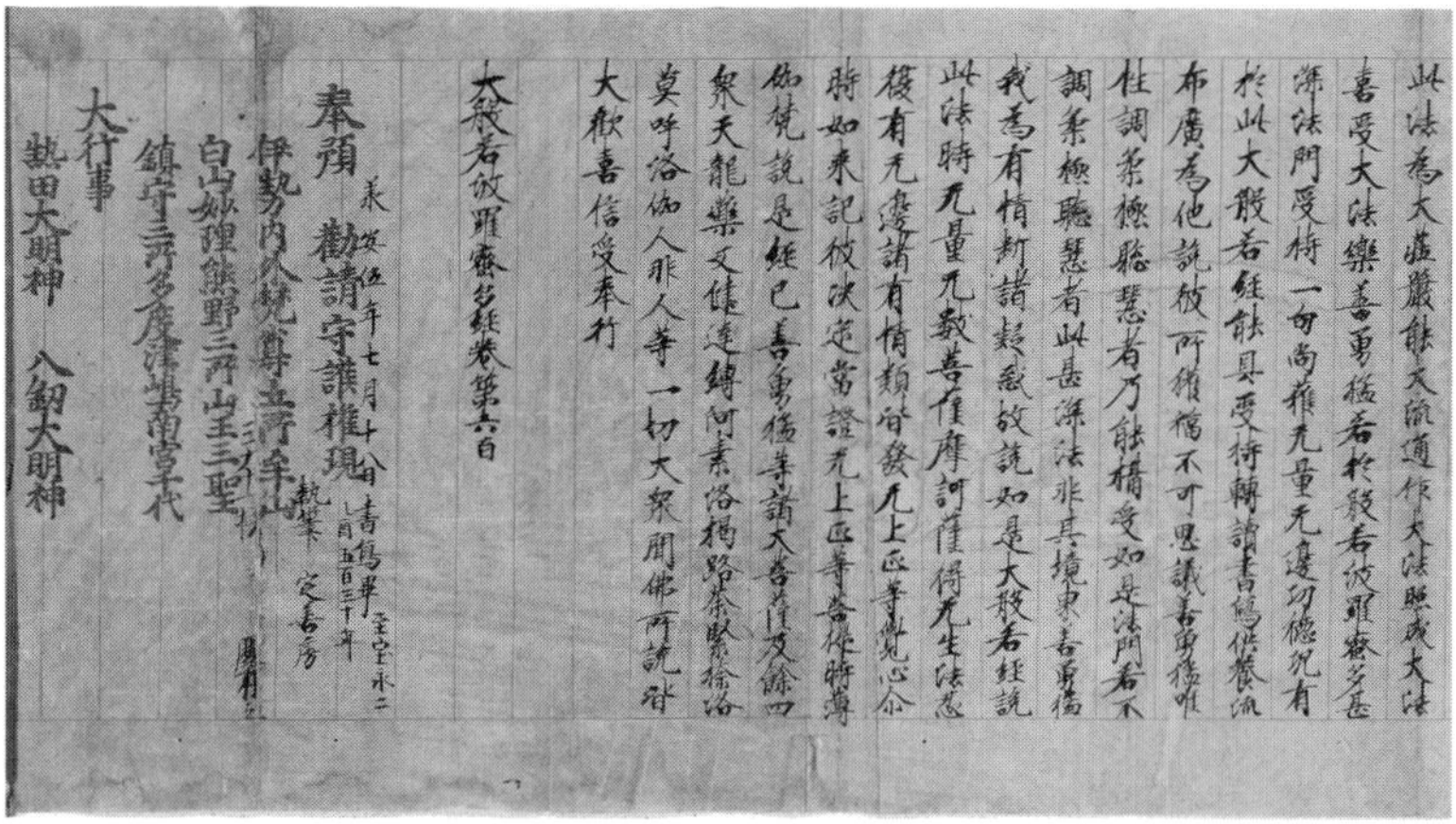

図10　七寺一切経
（『大般若波羅蜜経』巻第六百〈巻末〉　京都国立博物館蔵）

に界線には墨を用いるのに対して朱を用いる点である。とくに『大般若波羅蜜多経』は縦界・横界ともに朱を用いるが、それ以外は縦界に墨、横界に朱を用いている。現在、四九五四巻が七寺に伝存する（重要文化財）。近時、一切経内に古逸仏典が発見され、注目されている。

松尾社一切経は、松尾社神主秦親任が発願し、親族の現世安穏・諸願成就・後生浄土を目的として、永久年間（一一一三〜一一一八）に書写された紙本墨書の一切経である。巻首に陽刻朱方印「松尾社一切経」が捺されている。松尾神宮寺旧蔵で法然院所蔵のものが有名であったが、妙蓮寺で三五四五巻が発見され、重要文化財に指定された。

▼一日頓写経と一筆経

一切経は膨大な費用と労力を必要とするものであり、前述のように多くの人々が長年にわたって書写するのが一般的であった。しかし、それらとは異なる一切経の書写例も見られる。例えば、法成寺僧慈応が嘉保三年（一〇九六）三月十八日に藤原頼通（九九二〜一〇七四）はじめ京中の上下万人、男女貴賤に勧進して、一日のうちに一切経を書写したことが古記録に見られる。この一切経は三月二十一日には金峰山に送られたという。これは一切経の一日頓写経の事例で、一日だけですべての書写を終える特異な書写形態であった。また、遺品にも変わった事例が伝存しており、「色定法師一筆一切経」が挙げられる。この一切経は、宗像神社の座主兼祐の子である色定法師良祐（一一五九～一二四二）が文治三年（一一八七）から安貞二年（一二二八）にかけて『開元釈教録』に基づく一切経の総巻数五〇四八巻を一人で書写したもので、一筆経として著名である（重要文化財、興聖寺所蔵・宗像大社保管）。これら特異な形態の写経には、とりわけ強い願主の願いが込められたことが想像されよう。

▼装飾一切経

紙本墨書の一切経書写が寺社において盛んに行われるなか、貴顕によって贅を尽くした紺紙や紫紙に金字や銀字などで書写された装飾経も流行している。

紺紙は藍で濃く染めた料紙で、七宝の一つである瑠璃を表現したものと思われ、瑠璃地の仏国土を表現したものとされる。その料紙に金字や銀字で書写され、そののち猪牙によって磨きあげられる。その古い例は奈良時代のいわゆる二月堂焼経である紺紙銀字『大方広仏華厳経（六十華厳）』（重要文化財、東大寺蔵）に求めることができる。また、紫紙の写経もわずかながら見られる。紫紙は紫草で紫色に染めた料紙で、古く奈良時代のいわゆる国分寺経、国分寺の塔に安置されたという紫紙金字『金光明最勝王経』（国宝、奈良国立博物館蔵）が早い例で、平安時代中期のものとして紫紙銀字『般若心経』（重要美術品、神光院蔵）が伝存している。次に平安時代の代表的な紺紙の一切経を紹介する。

中尊寺経は、藤原清衡（一〇五六～一一二八）の発願によって、永久五年（一一一七）から天治三年（一一二六）

にかけて、奥州平泉で書写され、中尊寺に奉納された紺紙金銀字一切経で、装飾経の中でも特筆すべきものである（図11）。料紙には紺紙を用い、金字と銀字で交互に経文を写した、金銀交書という写経である。表紙には宝相華唐草文を、見返しには釈迦説法図を中心とした種々の図様を、それぞれ金銀泥で描いている。また、経巻の軸端は撥型鍍金魚子地四弁花文の軸首を着ける。この一切経はのち豊臣秀次（一五六八～九五）によって高野山に移されたという。遺品は、現在、金剛峯寺に四二九六巻（国宝）が、観心寺に一六〇巻（重要文化財）が伝来するほか、巷間にも分蔵される。なお、清衡の子・基衡（生没年未詳）の父追善のための紺紙金字の『妙法蓮華経』、孫・秀衡（一一二二～八七）の祖父追善のための紺紙金字一切経も、「中尊寺経」と呼ばれる。その遺品は、現在、前者は一部（重要文化財）が日光輪寺ほかに、後者は二七二四巻（国宝）が中尊寺（大長寿院）に伝来している。

一方、京都では神護寺経が有名である。神護寺経とは、巻首に陽刻朱印「神護寺」を捺す紺紙金字一切経（図12）で、『神護寺略記』に「金泥一切経　貞元録」と記すものに当たるとされる。それによれば、鳥羽法皇（一一〇三～五六）が久安五年（一一四九）頃に発願、書写させ、後白河法皇（一一二七～九二）が文治元年（一一八五）に神護寺に施入したという。奥書等を持たないものの、経帙の竹材に久安五年と墨書されたものがあり、『神護寺略記』の記事と符号するものと考えられている。表紙には宝相華唐草文を、見返しには釈迦説法図を、それぞれ金銀泥で描いている。遺品は、神護寺に二三一七巻（重要文化財）が伝来し、巷間にも分蔵される。また、神護寺には被蓋造の黒漆塗の経箱四五合（重要文化財）と経帙二〇二枚（重要文化財）が伝存している。後者は、表は色糸で縞状に文様を編み出した竹の簀子で、周囲を紅地の錦を縁取りし、裏地は萌葱に染めた綾とする。巻紐は菱形を表した組紐とし、巻紐の綴じ付け箇所とつなぎ目には羽を広げた蝶をかたどった金銅製金具を着けている。

ほかにも鳥羽法皇の菩提を弔うため、皇后の美福門院藤原得子（一一一七～六〇）が発願した紺紙金字一切経が

図11　中尊寺経
（『摩訶般若波羅蜜経』巻第二十二〈巻末〉　国宝　金剛峯寺蔵）

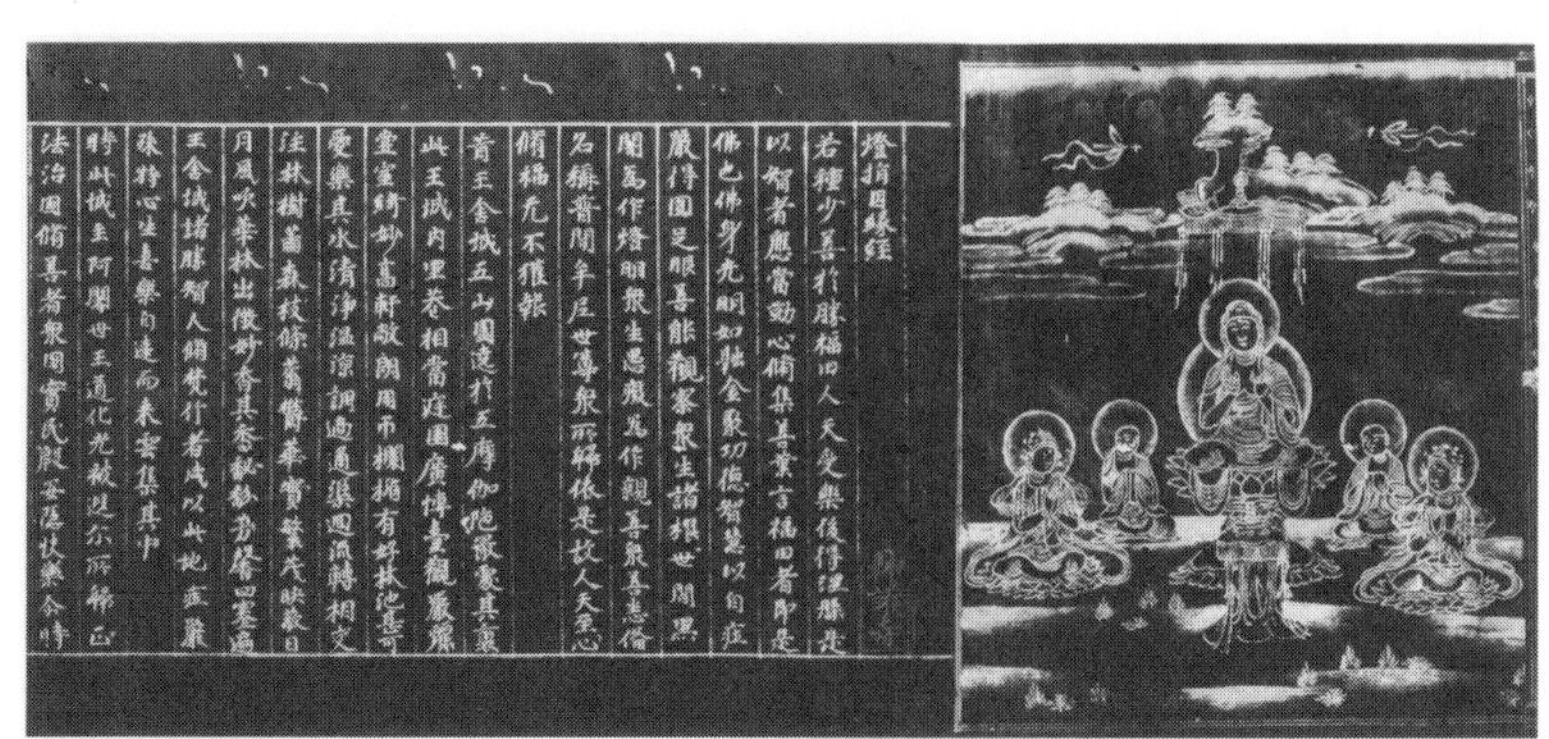

図12　神護寺経
（『燈指因縁経』　大谷大学博物館蔵）

あり、鳥羽法皇三周忌に当たる平治元年（一一五九）七月二日に高野山金堂近くの六角経蔵に納められた。その永代供養料として紀伊国荒川荘が寄進されたため、「荒川経」と称されている。現在、金剛峯寺に三五七五巻（重要文化財）ほかが伝存する。

さらに一切経ではないが、贅を極めた装飾経として「久能寺経」（鉄舟寺ほか蔵）と「平家納経」（厳島神社蔵）が挙げられる。前者は鳥羽法皇や皇后の待賢門院藤原璋子（一一〇一〜四五）・美福門院藤原得子などが結縁し、『妙法蓮華経』『無量義経』『観普賢経』を彩箋墨書したもので、後者は平清盛（一一一八〜八一）が長寛二年（一一六四）に平家一門の現当二世の繁栄を願って、『妙法蓮華経』『無量義経』『観普賢経』『阿弥陀経』『般若心経』を彩箋彩字ないし彩箋墨書し、厳島神社に奉納したもので、いずれも装飾経の最高峰といえる。このほか『妙法蓮華経』『無量義経』『観普賢経』『阿弥陀経』『般若心経』を彩箋墨書した「慈光寺経」（慈光寺蔵）や「長谷寺経」（長谷寺蔵）も有名である。

このような多様な一切経は、院政期の一切経書写への熱意の展開のなか、それぞれの寺社等で独自性を持つ書写事業が新たに展開していたことを示すものと思われる。院や摂関家による一切経の書写事業による社会的なインパクトは、院政期において、それぞれの集団が自己を社会の中にどう位置づけるかということを、一切経書写事業を場として表現する社会をつくり出し、それが一切経書写の盛行の背景となっていたと考えることもできるであろう。そしてそれを支える存在として、各地域に書写勧進に応じた民衆が存在したと考えられることは、院政期の仏教を考えるうえで興味深いものといえよう。

末法と一切経会

仏教の時代観で、『大方等大集経』などに正法・像法・末法の三時説が説かれ、末法の世には仏法の教えが滅んでしまうとされた。日本では、永承七年（一〇五二）を末法元年と考えたが、この時期は摂関期から院政期への移行期で、政治体制をはじめ、中央・地方に限らずさまざまな変化がもたらされた時期であったため、社会に広く不安感や危機感が生まれていった。それを背景として末法の世がさらに強く意識され、以後の仏教のあり方に影を落とすことになる。

末法元年と考えられた永承七年以降、一切経の書写が盛行するなかで、それに付随して一切経を供養する法会、「一切経会」も盛んとなっていった。一切経会とは、衆僧を請じ、転読あるいは真読して供養する法会である。この法会には、一切経の書写の完成にあたってのものと、毎年、年中行事として挙行されるものがあった。年中行事としての一切経会はしだいに普及し、延暦寺・仁和寺・法金剛院・行願寺・賀茂社・祇園社・石清水八幡宮や、鎌倉の鶴岡八幡宮や勝長寿院などで恒例となった。また、一切経会には管絃舞楽も行われ、そこは貴族の遊楽の場でもあった。

一切経会の初例は、延久元年（一〇六九）の宇治平等院における一切経会とされるが、それ以前にも一切経会をうかがわせる史料が散見する。八世紀半ば、天平感宝元年（七四九）閏五月に、聖武天皇が「太上天皇沙弥勝満」と称して、「以花厳経為本（花厳経を以て本と為す）」として「一切大乗小乗経律論、抄疏章等、必為転読講説（一切の大乗小乗の経律論、抄疏章等、必ず転読講説を為す）」と誓願し、大安寺・薬師寺・元興寺・興福寺・東大寺ほか崇福寺・香山薬師寺（こうぜんやくしじ）・建興寺・法華寺に布施物と墾田地を施入した記事が、『続日本紀』に見える。これは聖武天皇が一切経の恒久的な転読、講説を意図したものであり、一切経会の濫觴（らんしょう）とみてもよいかもしれない。さらに八世紀末、延暦十一年（七九二）三月、仁明天皇（八一〇〜五〇）の皇女高子内親王（?〜八六六）は筑前国席田郡の荘田二十八町三段百四歩を観世音寺に施入しているが、その一部は一切経料所とされており、一切経供養の法会の存在がうかがわれる。

末法と埋経

一切経ではないが、末法と写経との関わりで埋経についてもふれておきたい。埋経は、平安時代中期の十世紀末頃から行われはじめたと考えられる、仏典を書写し地中に埋納することで、その埋納した塚を経塚という。埋経の本来の目的は、末法思想を背景に、末法ののち五十六億七千万年後に兜率天の内院で修行してる弥勒菩薩が下生し、釈迦在世時と同様に仏法が伝えられるとされ、その時にまで写経を残し、結縁しようとするものであった。そののち極楽往生・出離解脱・現世利益の功徳を得ようとしたものや、追善供養（逆修供養）にも利用された。

最も早い確かな例は、藤原道長が長徳四年（九九八）に発願し、寛弘四年（一〇〇七）に営んだ奈良県金峯山の埋経と考えられる。伝存する金銅藤原道長経筒（国宝、金峯山寺蔵）の刻銘（願文）によれば、この埋経は、紺紙金字の『法華経』『無量義経』『観普賢経』『阿弥陀経』ほか一五巻を八月十一日に金峯山上に埋納したもので、この経筒は元禄年間（一六八八〜一七〇四）に本堂再建の際に発見されたという。とくに長元四年（一〇三一）に比叡山横川の覚超らが、天長年間（八二四〜三三）に円仁が書写した如法経を保存する方法として埋納を企てたことを契機に、如法経供養が全国的に広がり、それに末法思想や浄土思想、山岳信仰が相まって、さらに盛行することになったと思われる。如法経供養とは、一定の規則に従って、とくに『法華経』を書写供養し埋経する行為をいい、その初めが前述の円仁とする。

埋納される仏典は主に『法華経』で、『無量義経』『観普賢経』を加えた法華三部経、さらに『阿弥陀経』『般若心経』などや『弥勒上生経』『弥勒下生経』『弥勒成仏経』が加えられ、密教では『大日経』『金剛頂経』『蘇悉地経』『理趣経』が中心であった。また埋納容器である経筒などにも工夫が凝らされるようになり、副納品も増加していった。さらに素材は、紙本が中心であったが、次第に不朽性を意識して、瓦経（かわらきょう）や銅板経や滑石経（かっせききょう）なども現れた。平安時代の経塚は五〇〇例を超えるが、主なものに鞍馬寺（くらまでら）経塚（京都府）・金峯山経塚（奈良県）・朝熊山（あさまやま）経塚（三重県）・倭文（しとり）神社経塚（鳥取県）などがある。

平安時代後期の版経

一切経の開板は江戸時代を待たねばならないが、平安時代後期には特定の仏典を開板することも行われたので、最後にその点にふれておきたい。

版経は、寛弘六年（一〇〇九）に藤原道長が行った千部法華経摺経（すりきょう）供養が史料上の初見に当たるが、現存する最も古い版経は、天喜元年（一〇五三）と保安元年（一一二〇）の奥書を持つ『仏説六字神呪王経』（重要文化財、石山寺蔵）である。それに次ぐのは承暦四年（一〇八〇）の加点奥書を持つ『法華経』巻二（個人蔵）になる。また各寺院でそれぞれの教学や信仰に関わる仏典が開板されており、南都の興福寺、紀伊の高野山、近江の延暦寺のものが有名である。

南都の興福寺では、平安時代末期から江戸時代にかけて開板、印行されたが、それらは春日版（かすがばん）と呼ばれている。最も古いものは寛治二年（一〇八八）の刊記を持つ『成唯識論』（奈良、正倉院聖語蔵）で、それに次ぐものに永久四年（一一一六）の墨書のある『成唯識論了義灯』（宝寿院蔵）や保安四年（一一二三）の墨書のある『成唯識論述記』（宝寿院蔵）があり、当初、法相宗の唯識論関係の仏典が主流であった。ただし治承四年（一一八〇）の平氏による南都焼き討ちによって板木は焼失した。

和歌山県の高野山で開板、印行された版経は高野版と呼ばれている。高野版は、平安時代後期から開板されていた形跡はあるものの、現存最古は、建長五年（一二五三）に開板された『三教指帰』（宝寿院蔵）で、現存例から、その刊行は鎌倉時代から江戸時代末期に及ぶものと思われる。その開始は南都の開板に影響されたものと考えられている。

比叡山延暦寺で開板、印行されたものを中心に、京都の天台宗寺院が刊行したものも広く含むものに叡山版がある。叡山版は、古く平安時代中期よりの開板と伝えるが、最古のものは、弘安年間（一二七八～八八）に承詮の開板した天台三大部（法華三大部＝『法華玄義』『法華文句』『摩訶止観』）と湛然による注釈書である。

このように平安時代後期から個人や寺院によって仏典が開板されていったが、先にふれたように、一切経の開板は近世までなされることはなく、その開板、印行は約六百年後の江戸時代の宗存版を待たねばならない。

参考文献

赤尾栄慶・頼富本宏編『写経の鑑賞基礎知識』（至文堂、一九九四年）

飯田剛彦「聖護蔵経巻『神護景雲二年御願経』について」（『正倉院紀要』三四、二〇一二年）

石田茂作『写経より見たる奈良朝仏教の研究』（東洋文庫、一九三〇年、原書房、一九八二年覆刻）

上川通夫『日本中世仏教史料論』（吉川弘文館、二〇〇八年）

小松茂美『平家納経の研究』（講談社、一九七六年）

栄原永遠男『奈良時代の写経と内裏』（塙書房、二〇〇〇年）

栄原永遠男『奈良時代写経史研究』（塙書房、二〇〇三年）
薗田香融「南都仏教における救済の論理（序説）――間写経の研究――」（日本宗教史研究会編『日本宗教史研究』四〈救済とその論理〉、法藏館、一九七四年）
福山敏男『日本建築史研究』続編（墨水書房、一九七一年）
堀池春峰「平安時代の一切経書写と法隆寺一切経」（同氏『南都仏教史の研究』下、法藏館、一九八二年）
宮﨑健司『日本古代の写経と社会』（塙書房、二〇〇六年）
山下有美『正倉院文書と写経所の研究』（吉川弘文館、一九九九年）
京都国立博物館・京都仏教各宗学校連合会編『仏法東漸――仏教の典籍と美術――』（京都国立博物館・京都仏教各宗学校連合会、二〇一五年）
上代文献を読む会編『上代写経識語注釈』（勉誠出版、二〇一六年）

第2章　日本中世の一切経

一　鎌倉期の一切経

鎌倉幕府と大蔵経

中世日本において成立した武人政権である鎌倉幕府およびその棟梁である将軍は、大陸の仏教に強い関心を示した。そして、多くの寺院に大蔵経の施入を行い、一切経会などの法会を執り行わせたのである。鎌倉幕府の盛衰を描いた史書『吾妻鑑』によると、文治二年（一一八六）、武蔵国真慈悲寺の僧有尋からの求めに応じて、「一切経」を安置し、幕府祈願所としての性格を持たせている。そのほかにも、鎌倉に建立された寺社ではしばしば一切経会が執行されており、将軍やその妻などが自ら法会に参詣している。例えば、初代将軍源頼朝（一一四七〜九九）が、幕府開創にあたり中尊寺大長寿院（二階大堂）を模して建立させた鎌倉の永福寺においては、宋版大蔵経五〇〇〇巻の供養会が葉上房栄西（一一四一〜一二一五）によって行われ、将軍がその場に参詣している。後世に記された『新編相模国風土記稿』によると、この時に供養された宋版大蔵経は、三代将軍源実朝（一一九二〜一二一九）が朝鮮国に依頼し、宋より得たものであるとされている。実朝の大陸仏教に対する憧憬が非常に強かったことはよく知られている。有名な逸話として、重源（一一二一〜一二〇六）に招かれて来日し、彼とともに東大寺復興事業に携わった南宋の工人陳和卿（ちんなけい）が、実朝と対面した折、実朝の前世が宋医王山の長老であり、その時、和卿が弟子であったとの前生譚を伝え、実朝もその話を信じたという。それからの実朝は大陸へ渡りたいという思いを強くし、和卿に命じて渡宋船まで造らせている。

和卿を日本に連れてきた重源も、宋より大蔵経を持ち帰っている。彼の事績を書き記した『南無阿弥陀仏作善（さぜん）集』には、重源が、東大寺別所浄土堂（播磨国浄土寺）と山城国の上醍醐寺に、「唐本（とうほん）一切経」をそれぞれ施入したと記されている。そのうち、上醍醐寺の一切経（図1）については、のちの史料になるが七条院庁から出された文書に次のようにある。

七条院庁
　可早任権少僧都蔵有寄文、以醍醐山唐本一切経蔵、為御祈願所事、
右去年十月日解状偁、謹検案内、建立精舎而寄進御願者、承前之例也、爰造東大寺上人大和尚重源、聊依宿願、従大唐凌蒼海万里之波浪、渡七千余軸之経論、即建久之比、於清瀧社以専寺座主為唱導、啒百口碩徳、挙題名、兼卜当山之勝地、起立一宇之経蔵、併彼経論悉以安置、崇重異他、恭敬超余、（中略）
　　　虫損
　　建保六年三月日　　主典代、、、、判
別当太宰権帥藤原朝臣（光隆）判　判官代中宮権大進藤原判
権大納言藤原朝臣　　中務大輔藤原朝臣
中納言藤原朝臣　判

図１　醍醐寺一切経
（『大般若波羅蜜多経』巻第一〈巻首〉　国宝　醍醐寺蔵）

中納言源朝臣　判
権中納言兼左衛門督藤原朝臣（忠信）判
勘解由長官藤原朝臣（盛経）判
前上総介平朝臣

建保六年（一一九五）、高倉天皇後宮で後鳥羽天皇の母に当たる七条院（藤原殖子（しょくし）、一一五七～一二二八）の庁が出したこの文書によれば、醍醐寺の真言僧である蔵有法師の寄文（寄進状）に従って、醍醐寺の「唐本一切経蔵」を祈願所とするべきであるとしている。この「唐本一切経」は、重源が宿願あって蒼海万里の波浪を凌いで大唐から日本に持ち帰った経論であり、建久年間（一一九〇～九九）には重源自身が醍醐寺鎮守の清滝権現社において一〇〇口の碩徳を招いて勝地を占い、経蔵を建立したものであった。重源が建立した経蔵は寄棟造の大仏様建築で、昭和十四年（一九三九）に焼失するまで同大蔵経を保管していた。重源によって醍醐寺に施入された「唐本一切経」は宋版大蔵経で、一行一七字、『大般若経』の六五五五帖が開元寺蔵、それ以外のものは東禅寺蔵

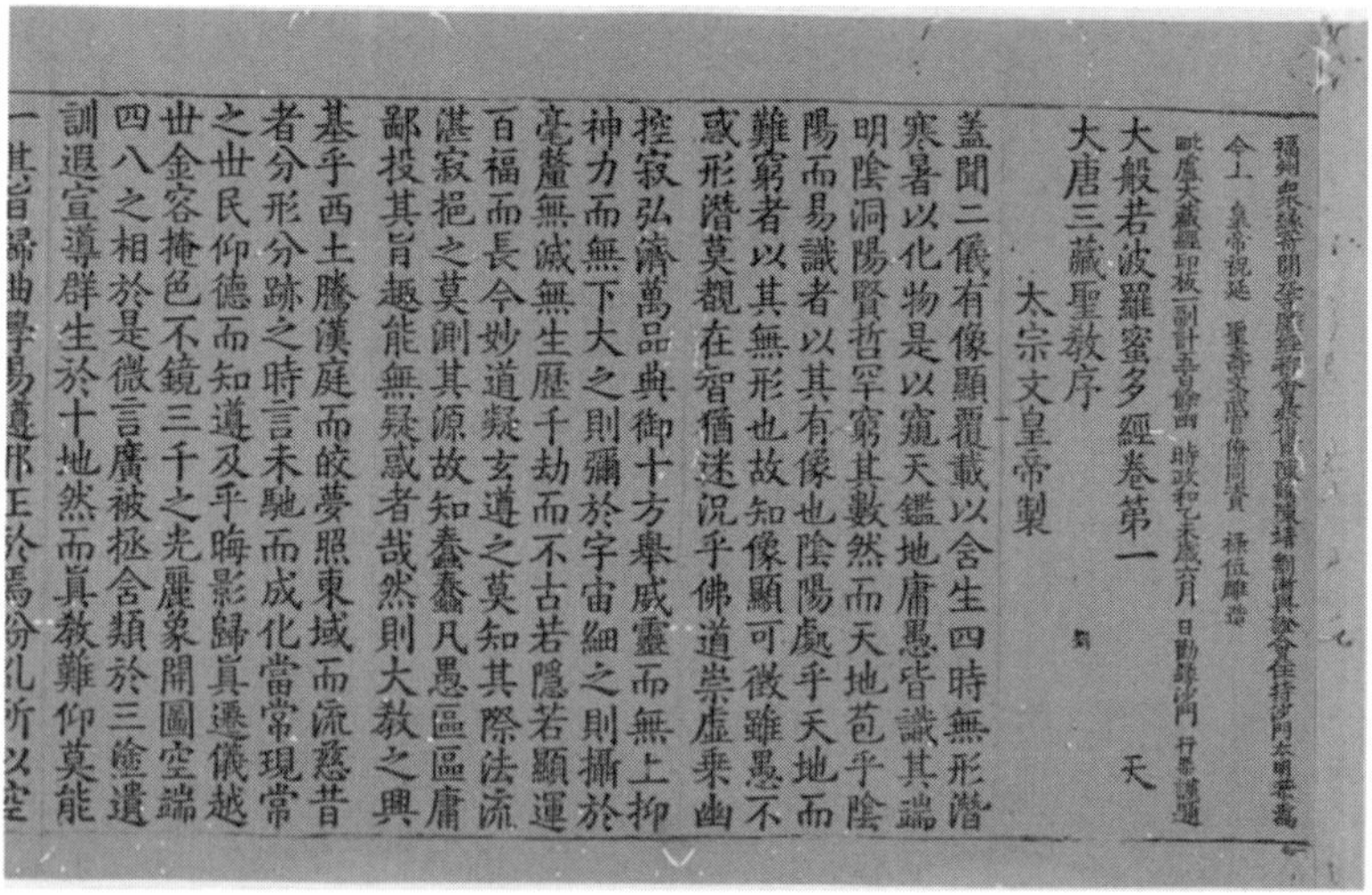

という混合蔵である。般若経典が初めにあるという点に特徴があるとされる。折本の形式で六一〇四帖が現在に伝わっている。

また、大蔵経は、鎌倉時代の日本社会において宗教的・政治的にも重要な役割を果たした。とくに二度にわたって経験した蒙古襲来が大きな影響を与えている。蒙古襲来という外圧に対して、幕府・朝廷は防塁などの現実的対応を行うとともに、諸社寺における祈禱などの宗教的な対応にも取り組んだが、そのなかで大蔵経に重要な役割が託されたのである。弘安三年（一二八〇）三月、西大寺の叡尊（一二〇一～九〇）は当時の亀山天皇（一二四九～一三〇五）から勅命を受け、弟子の性海ら一〇〇余名の僧侶を率いて伊勢神宮（内宮・外宮）に参詣し、亀山天皇から託された大蔵経を内・外両宮に献納している。これは「異賊退難国家安全」を目的とするものであった（『密宗年表』）。同時期の弘安七年（一二八四）には、北野天満宮の僧らが一切経書写と経蔵建立を企図し、朝廷に対して奏請しているが、その「勧進疏」に「異国襲来」に対して、諸社の神々が「天誅」を加えるべく活躍した際、北野天満宮の神も霊験をあらわしたとしており、これも同じく蒙古襲来の難を攘災することを祈願するものであったことがわかる。このように、蒙古襲来を機に、これまで以上に攘災・国土安全という役割が大蔵経に期待されるようになった点が、鎌倉時代における特徴の一つである。

その他の請来大蔵経

このほかにも、同時代には多くの大蔵経が請来されている。鎌倉時代中期の律僧である浄業（一一八七～一二五九）は顕密を兼学した人物である。建保四年（一二一六）に志して入宋し、鉄翁守一に師事して律を学んだ。当時の理宗から曇照宗師という号を賜り、承久二年（一二二〇）に帰朝してからは京都に戒光寺を開創し、律を弘めることに尽くした。浄業は帰朝の際、大蔵経を持ち帰ったと伝えられている。ただし、彼の請来した大蔵経が、その後どうなったのかについては不明である。また、近江国菅山寺の専暁も入宋し、建治元年（一二七五）に宋版大蔵経（思渓蔵）を請来している。その後、慶長十八年（一六一三）九月、徳川家康がこの宋版大蔵経を求めたことに応じ、五四七一巻が増上寺に寄進されている（『本光国師日記』）。

また、奈良西大寺には、元版の大蔵経が現蔵されており、すでに詳しい調査がなされている。調査報告によれば、十四世紀前半に西大寺に架蔵されたという点は明らかであるものの、伝来の経緯や過程については不明な点が多いという。西大寺は鎌倉時代の律僧として著名な叡尊が戒律復興活動の拠点とした寺院である。叡尊が大陸からの大蔵経請来を希求していたことはよく知られており、結びつきの強かった鎌倉幕府重臣北条実時（一二二四〜七六）、そして源頼朝の重心として政所公事奉行などの重責を担った中原親能の妻・亀谷禅尼の両名から、それぞれ弘長元年（一二六一）と弘安二年（一二七九）に宋版大蔵経が寄進されている。これについては現存が確認できず、思渓蔵か磧砂蔵、もしくは混合蔵であったと推定されている。なお、前述の調査報告では、西大寺所蔵の元版は普寧寺蔵が三四五〇帖、磧砂蔵（補刻）四帖、版未詳二帖、単刻版二帖となっており、普寧寺蔵が最も多い。

色定法師書写経

鎌倉時代の禅僧である色定法師（安覚良祐、一一六〇〜一二四二）も、この時代の大蔵経を知る上で欠くべからざる重要人物の一人である。筑前国の宗像社（福岡県宗像郡玄海町田島）座主の子として生まれ、自らも宗像社一宮座主となった色定は、二十九歳の時に大蔵経書写を発願し、一人で書写事業に着手した。この事業は、文治三年（一一八七）四月十一日に起筆され、安貞二年（一二二八）まで数十年をかけて遂行された。色定は費用や料紙など

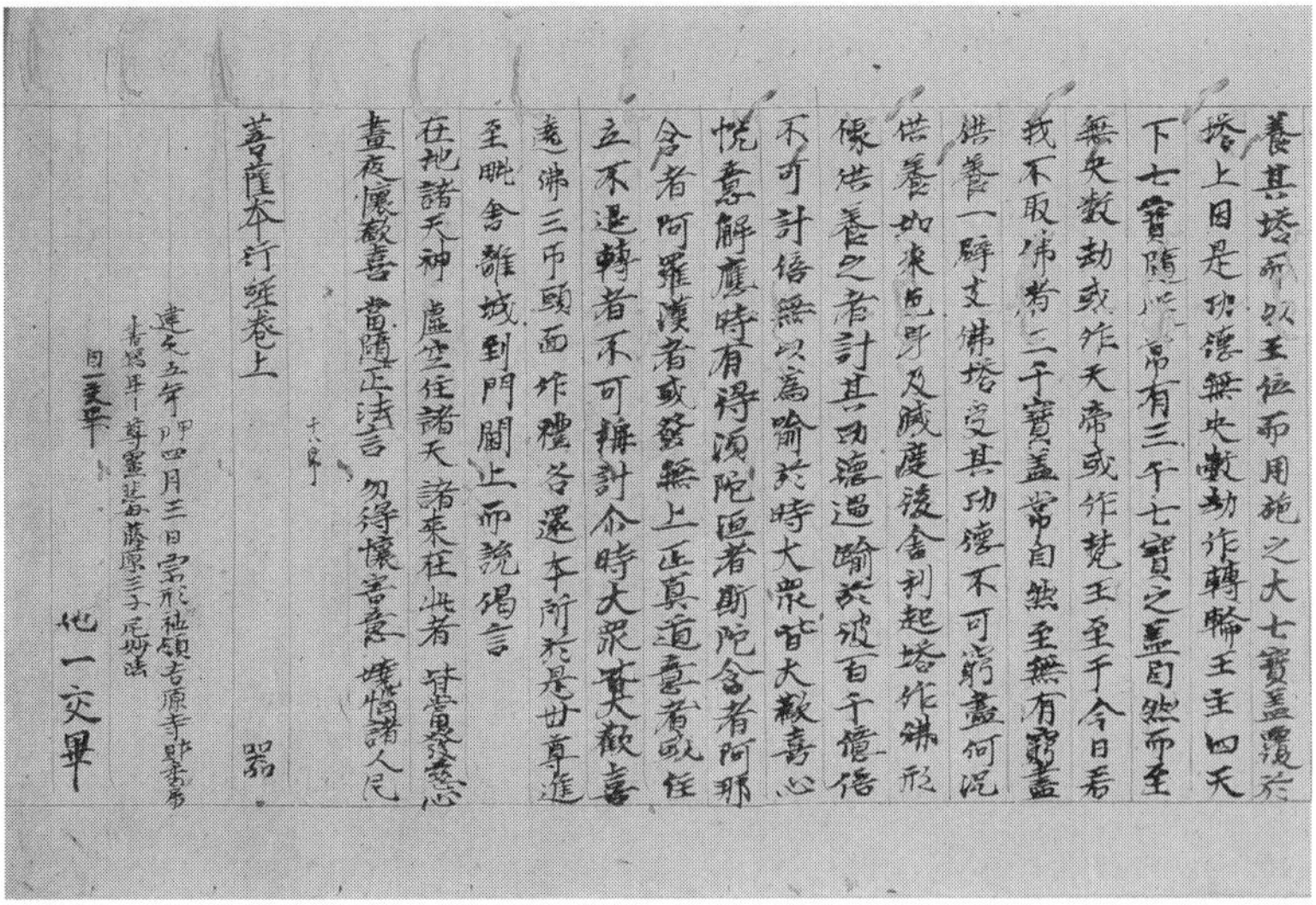

図2　色定法師一筆一切経
（『菩薩本行経』巻上〈巻末〉　重要文化財　京都国立博物館蔵）

を調達するため、京都はもちろんのこと、南海道を中心とする諸国を行脚し勧進して回ったと伝えられている。色定法師木像坐像には、「大日本国鎮西筑前州宗像第一宮座主色定大法師／一切経立論一筆書写行人」とあり、この書写が色定一人の筆によって成されたことがわかる。

また書写奥書には「本経主綱首張成、墨勤綱首李栄、筆勤大樹房」などの名が見え、彼らが色定の写経事業を共に担った人々であった。綱首は貿易船の責任者を指す言葉で、張成と李栄はともに博多綱首（宋商人）であったと推定される。張成が本経主と記されていることから、張成がもたらした宋版大蔵経が底本とされたのであろう。色定が彼ら宋の商人たちと接点を持った理由としては、色定の活動拠点であった宗像社が日宋貿易を積極的に行っていたことや、十三世紀初めの宗像社大宮司氏忠の妻（張氏）が宋人であったことなどのつながりが想定できる。また、色定自身も入宋したと伝えられており、さまざまな側面から宋とのつながりのある人物であった。栄西とも関係が深かったようで、栄西の弟であるという誤伝もあるほどである。色定法師が書写した大蔵経は、宗像社に納められていたが、明治時代の神仏分離に際し、宗像社と関係の深かった興聖寺（福岡県宗像郡玄海町田島）に移管され、四三三一巻が伝えられている（現在は宗像大社に寄託されている）。

二 南北朝・室町期の一切経

足利尊氏発願経

鎌倉幕府が滅亡してのち、後醍醐天皇（一二八八〜一三三九）を中心とする建武政権が誕生した。しかし後醍醐による天皇中心の専政に対し不満を募らせた武士たちは、足利尊氏（一三〇五〜五八）を中心として反後醍醐へと動くことになった。建武三＝延元元年（一三三六）には、後醍醐方を圧倒した足利尊氏が室町幕府初代将軍となって光明天皇（一三二一〜八〇）を擁立して北朝を立てた。一方、天皇の座を追われた後醍醐は吉野に逃れ、吉野で南朝を打ち立てることになったのである。ここから約六十年近くにわたる内乱が続き、列島各地では北朝方と南朝方の争いが頻発した。

後醍醐は、南朝を樹立してからまもなくの延元四＝暦応二年（一三三九）、吉野の地において五十二年の生涯を終えた。後醍醐は密教を中心に仏教に深く傾倒した人物で、在位中の後醍醐が法服姿で描かれた肖像画が残されるなど、それだけでも仏教への傾倒がいかに強かったかがわかる。さらに、自身の中宮であった禧子の安産祈願に事寄せて鎌倉幕府を呪詛（じゅそ）しようとした逸話なども残されているほどである。後醍醐の死後数年を経た文和三年（一三五四）、足利尊氏は一切経の書写を発願し、事業に着手した。これが「足利尊氏発願一切経」である。足利氏の歴

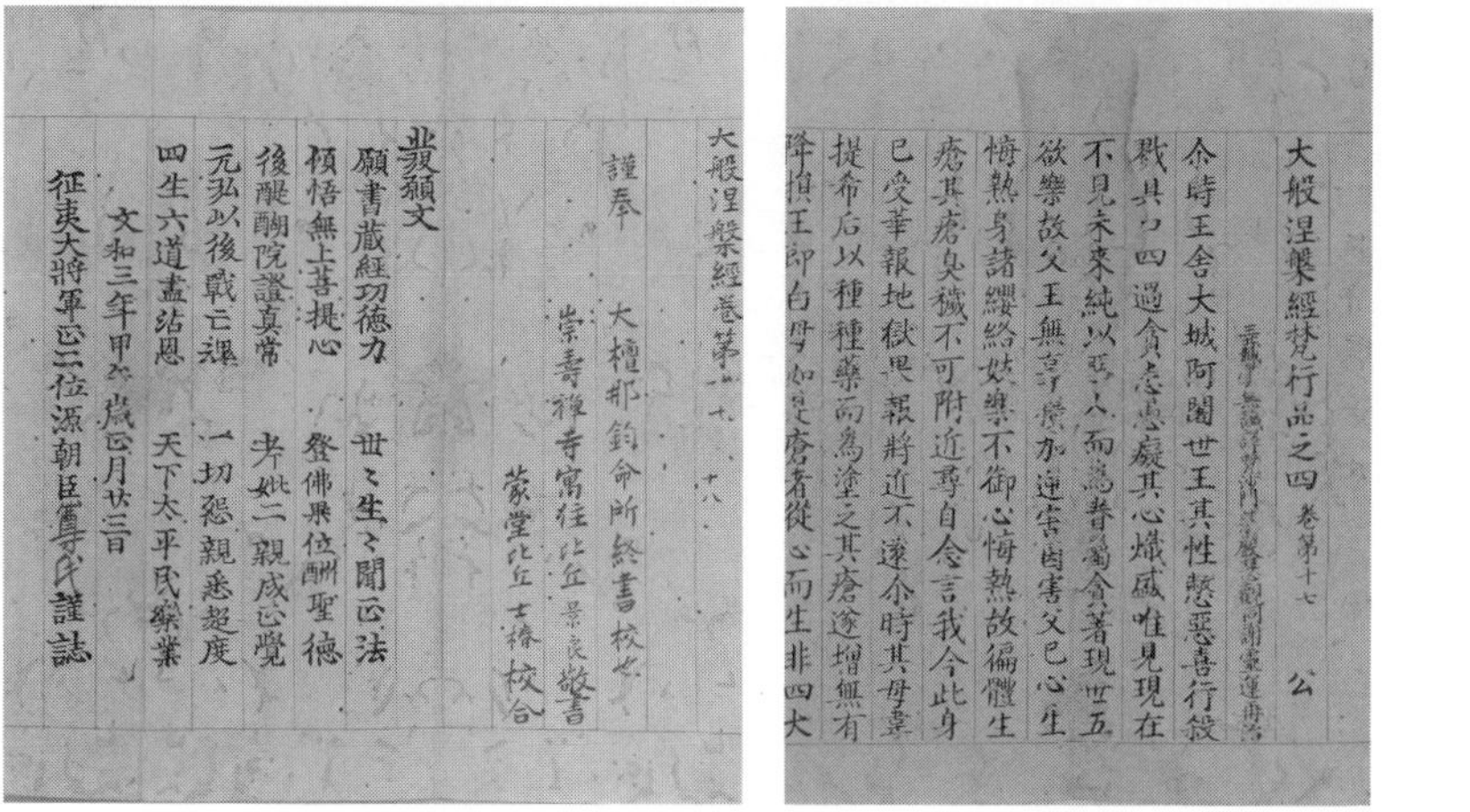

図3　足利尊氏発願一切経
（『大般涅槃経』巻第十七〈巻首・巻末〉　大谷大学博物館蔵）

史を描いた『源威集』によると、この文和三年は尊氏の母（果証院殿）の十三回忌に相当しており、「将軍家御大願」として発願されたものであるという。当時、政治情勢はいまだ安定しておらず、南朝方の諸勢力が各地で蜂起し、しばしば京都が脅かされるなど緊迫した状況が続くなかでのことであった。尊氏は兼ねてより後醍醐天皇をはじめとし、南北朝内乱で命を落とした亡魂を弔うことに取り組んでいた。そのことは天龍寺の建立、諸国への安国寺利生塔の建立などによく現れている。そのほかにも駿河国清見寺に所蔵される地蔵菩薩画像を尊氏自身が描いたことや、文和元年（一三五二）に『大般若経』を開板していることなどから、尊氏の仏教信仰の篤さをうかがうことができる。そうした状況のなかで発願されたのが、一切経書写であった。折しも、尊氏に敵対していた足利直冬方の勢力などが蜂起している状況であったが、尊氏はこれらのことを「魔の障碍」であり、「天道は正理に組す（ママ）べし」として、母の回忌法要と一切経供養の仏事を取りやめなかったという。

尊氏発願の書写一切経は、三井寺（園城寺）や天龍寺、そして駿河国の清見寺などに納められることになったのである。『三井続灯記』五によると、かつて三井寺には円珍が請来した大蔵経があったが焼失、その後、鎌倉幕府執権北条泰時が母北条政子追善のために書写した大蔵経が奉納されたものの、それもまた文保年間（一三一七〜一九）に焼失してしまったという。この文保の焼失は、文保三＝元応元年（一三一九）に、園城寺戒壇設立の動きに反発した延暦寺衆徒が園城寺を焼き討ちした時のことを指していると思われる。その後、元弘年間（一三三一〜三四）に鎌倉幕府から宋版大蔵経が寄進される約束となっていたが、後醍醐に止められたため、今回、尊氏が寄附するに至ったという由来が伝えられている。ただし実際には京都の等持院に奉納され、即日三井寺に移されたものであるという。三井寺に現蔵されているのは六〇〇巻弱で、そのほかにもいくつかの所蔵が確認されている。

足利尊氏発願経の書写には、春屋妙葩（一三一一〜八八）などをはじめとする、当代の著名な僧侶が多く加わっている。この書写事業に参加した宗派は京都・南都の諸大寺、鎌倉・京都の禅・律寺院であり、とくに禅宗の多かったことが指摘されている。この書写経は一行一七字で、書写された刊記などから、底本が東禅寺蔵の宋版大蔵経であるとされてきたが、近年の研究によって、東禅寺蔵と思渓蔵、そして普寧寺蔵の混合蔵であったことが明らかにされている。書写奥書の例を示せば次のごとくである。

霊亀山天竜資聖禅寺寓居比丘妙葩焚香敬書

昌稟一校訖

周察再校訖

発願文

願書蔵経功徳力　世々生々聞正法
頓悟無上菩提心　登仏果位酬聖徳
後醍醐院証真常　考妣二親成正覚
元弘以後戦亡魂　一切怨親悉超度
四生六道尽沾恩　天下太平民楽業
文和三年甲午歳正月廿三日
征夷大将軍正二位源朝臣尊氏謹誌
（『中阿含経』巻第十二　園城寺蔵）

尊氏の発願文を見ると、「後醍醐院証真常　考妣二親成正覚　元弘以後戦亡魂　一切怨親悉超度」などとあって、後醍醐天皇、尊氏の母、そして南北朝動乱で命を失った敵味方一切の亡魂供養のために発願したものであることが明らかである。最後に「征夷大将軍正二位源朝臣尊氏謹誌」とあるが、「尊氏」の部分は本人の自署によるものである。このように、尊氏発願一切経というのは、南北朝動乱という列島社会の構造そのものを変えたとすらいわれる政治混乱の収束をはかるという目的の下になされた事業なのである。そして足利尊氏個人のみならず、当該期の社会が仏教に、亡魂供養・鎮魂や、そこからもたらされるであろう秩序の安定を望んでいたという時代的な特質が如実に反映されたものであるといえよう。

北野社書写一切経

時代が少し下り、三代将軍足利義満（一三五八〜一四〇八）の時代。明徳三年（一三九二）十二月に、義満が京都の内野（うちの）という場所において万部経会を初めて執行した（『仮名年代記』）。内野とは、千本通の西、一条と二条の間に当たる場所を指す地名であるが、ここで万部経会が行われたことには理由があった。前年の明徳二年、義満が幕府に反旗を翻した有力守護大名・山名氏清（やまなうじきよ）（一三四四〜九一）をこの地において討ち取るという内野合戦があった。多くの領国を有し、六分の一衆と呼ばれるほどの威勢を誇った山名氏の力はこれによって一挙に衰え、室町幕府の支配体制が安定することとなったのである。そして、明徳三年閏十月、万部経会が執行される直前には、南北両朝の合一も実現されている。そのような時期に催された法会の目的は、内野合戦において戦死した山名氏をはじめとする亡魂の追善にあった（『翰林葫蘆集（かんりんころしゅう）』）。内野は初代将軍足利尊氏も敵対する名和長年を討ち取った地であり、室町幕府の政権基盤安定のために多くの血が流された場所であったのである。そのようなこともあって、義満はここにおいて追善供養の万部経会を執行することにしたのであろう。義満のこうした行動は、尊氏による一切経書写事業と共通するものである。

数年を経た応永二年（一三九五）九月にも万部経会が執行されているが、これは義満の命によるものではなかった。願主は「本山法師」（『荒暦』）とも、「江州百済寺僧」（「東寺王代記」）とも伝えられているが、詳らかではない。この万部経会は十日間にわたって営まれたのであるが、その翌日より今度は義満の命によって再び十日間の法会が営まれている。こうして内野で行われていた万部経会であったが、数年後には法会執行の場が北野に移ることになる。応永七年（一四〇〇）十月十七日には、北野右近の馬場の仮屋において、近国の経法師一〇〇〇人が十日間にわたって法会を営み、毎日朝夕二座の経典読誦が行われた。この法会の間、上下貴賤の男女が数多く結縁し、義満

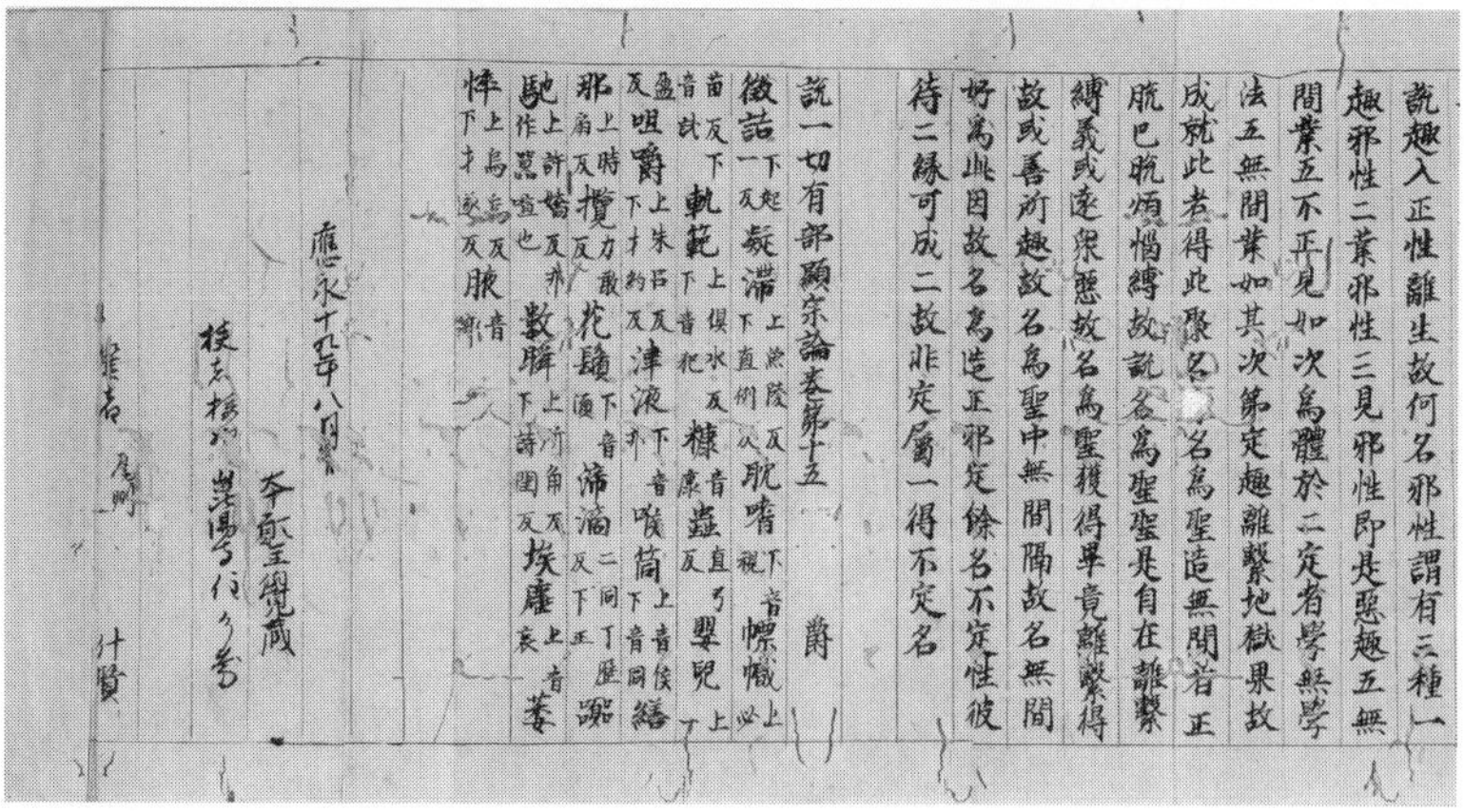

図4　北野経王堂一切経
（『説一切有部顕宗論』巻第十五〈巻末〉　京都国立博物館蔵）

自身も毎日聴聞に訪れている（『枝葉鈔』）。以後、万部経会は北野社において行われるのが恒例となり、義満のほかにも足利義持（一三八六～一四二八）・義教（一三九四～一四四一）・義政（一四三六～九〇）などの歴代将軍が参詣する、幕府にとっても重要な法会となったのである。

万部経会は当初仮の建物をしつらえて行われていたが、応永八～九年頃には恒常的な御堂が建てられ、経王堂（願成就寺）と呼ばれるようになった。

この経王堂の万部経会を管掌した人物に覚蔵坊増範という僧侶がいた。増範は応永十九年（一四一二）、一切経の書写を発願し着手した人物である。『洛北千本大報恩寺縁起』によると、増範はもと讃岐国虚空蔵院（与田寺）の僧侶であったが、のちに北野社の法事・仏事を監知した人物でもある。その彼が北野社の法楽に備えるため、また天下泰平・宝祚長遠・万民豊饒のために一切経書写奉納を志したのである。実際には、各地の道俗二百有余人を北野経王堂に集めて、応永十九年三月十七日に書写を始め、約五カ月の間に「大蔵全部」の書写事業を終えた。これが「北野社一切経」である。南は九州、東は越後に至る、二十カ国を超える国の人々がこの書写事業に加わったとされており、その事業完遂の速さも注目されるところである。翌応永二十年（一四一三）には輪蔵も建立され、書写された経典はそこに納められることとなった。のちに経王堂が大報恩寺の管轄下に入ったことによって、現在は千本釈迦堂大報恩寺に補写本を含む五〇四八帖が伝えられている。もとは巻子本であったとされるが、現在は折本装で半面七行である。書写の始まりは『大般若波羅蜜多経』で、執筆は阿波国法林寺（法輪寺）の範意（はんい）という僧侶であったらしい。

北野社一切経の底本についてはすでに詳細な研究がなされており、底本の大部分は宋の思渓蔵によっており、『大般若経』の巻五三一から五三四と、その他一五部の経典が高麗版大蔵経を底本としたものであるという。そのことを示すように、思渓蔵によったとされる大部分の経典は一行一七字であるが、『大般若経』に関しては一行一四字となっている。また、北野社一切経の底本となった版本大蔵経の伝来についても、応永十八年に、時の将軍足利義持が周防の大内盛見（おおうちもりみ）（一三七七～一四三一）をして使者を朝鮮に遣わし、朝鮮から贈られた大蔵経がそれに当たるであろうとの見解が出されている。さらにその大蔵経が、朝鮮にあった段階から思渓蔵・高麗蔵が混合した状態であった可能性も指摘されている。ちなみに、応永十九年段階の書写奥書を見ると、次のごとくである。

大般若波羅蜜多経第一

如法書写大蔵経之内初一函

応永十九年壬辰三月十七日　立筆本願聖人金剛資覚蔵

翁慶公禅定門

阿波国法林寺範囲筆

これは書写初めとなった『大般若経』巻一の末尾に記された書写奥書である。ここに「立筆本願聖人金剛資覚蔵」とあるのは、発願主であるところの覚蔵房増範であり、範意が執筆したことがわかる。このような大規模な書写事業を成し遂げた増範であるが、彼がこのことを発願する前提には、阿波虚空蔵院での経験があったと考えられる。増範が修行を積んだ虚空蔵院は、鎌倉時代には讃岐七談義所として栄えた寺院であるが、南北朝動乱のなかで荒廃したとされる。その後、室町時代に入ってから増吽（ぞううん）が登場する。彼は荒廃した虚空蔵院の復興に力を尽し、精力的に布教活動も展開した人物である。増吽の時期には、経典の書写事業も行われており、応永六年（一三九九）から九年（一四〇二）にかけて増吽が関わって『大般若経』六〇〇巻が書写され、若王寺（にゃくおうじ）（香川県大川郡白鳥町与田山）に奉納されて現在に伝来している（「若一王子大般若経」）。増範が北野社一切経を始めたのが、この約十年後であることを考えると、増範の北野社一切経発願の背景に、増吽時代の虚空蔵院における書写事業の経験があったことは疑いのないところであろう。

室町時代の大蔵経請来

室町時代には、大陸からしばしば大蔵経が求められた。それ以前、南北朝時代では、後光厳天皇（一三三八〜七四）の帰依を受け、山城国の宝福寺の住持として寺基復興を担った文珪廷用（もんけいていよう）が、明に大蔵経を求めたことが確認される。

室町時代に入ると、九州の大名や、将軍家などの武家を中心として、朝鮮に対して大蔵経を求める事例が多くなる。応永元年（一三九四）、九州探題の今川貞世（一三二六～？）は朝鮮回礼使の金巨原と僧梵明の二名に加え、日本で捕虜となっていた朝鮮の人々五〇〇名以上を本国に帰し、その年末に使者を遣わして大蔵経を求めている。翌々年の応永三年には、周防国を本拠として多くの国を支配していた大大名の大内義弘（一三五六～九九）も、貞世と同様に捕虜を帰し、倭寇を取り締まることを伝えるとともに、大蔵経を求めて、朝鮮王朝から大蔵経が贈られたようである。

こののち、将軍と対立した義弘は討伐され、この世を去ることになるのであるが、義弘亡きあと、家督争いを制して大内家を継いだのは義弘の弟である大内盛見であった。盛見は軍事的側面での実力がある一方、文化的・宗教的な意識も高い人物であり、五山の禅僧との交流も厚く、自ら参禅したという。盛見が九州方面における支配権を確立してまもない応永十四年（一四〇七）、亡兄義弘と同じように、朝鮮に対して書を送り、大蔵経を求めた。これはのちに大内氏の氏寺である周防国の興隆寺（山口県山口市）に安置されることになったもので、交渉の使者となったのは、中和通文・通玉など筑前国博多承天寺（福岡県福岡市博多区）の僧侶たちであった。承天寺の僧侶たちは国際交流に通じており、これ以前にも朝鮮王朝に大蔵経を求めていた。盛見は書状の中で久しく造蔵経の志を抱いていたことを述べ、「一蔵を頒ち賜らん」ことを切々と訴えており、これに応じた朝鮮から大蔵経が贈られたことが『太宗実録』巻一四に記録されている。盛見の仏典を求める姿勢はその後も変わることなく、応永十七年（一四一〇）には「華厳経清涼疏鈔」を、さらに同十八年、同二十五年にも朝鮮に大蔵経を求めている。盛見以後、歴代の大内家当主も同様に朝鮮王朝に遣使して大蔵経を求請している。このように、室町時代に最も多くの大蔵経が求められたのは、応永年間（一三九四～一四二八）のことであった。この時期、日本は「応永の平和」とも呼ばれるほど政治的には安定しており、そのような時代背景も影響して、大蔵経およびその他文物の盛んな輸入が行われたものと考えられるのである。

なお、応永年間の大蔵経求請において注目すべきは、応永三十年（一四二三）に時の将軍足利義持が朝鮮に対して大蔵経の板木を求めていることである。義持は朝鮮には複数の板木が遺されていると伝え聞いているので、一蔵板を譲ってほしいと願い出た。しかしこれに対して翌々年の朝鮮側からの答書では、朝鮮には一部のみしか板木がないため譲ることは叶わないと、断りの返答がなされており、結局板木は日本にもたらされなかったようである（『善隣国宝記』）。板木そのものを求めるという行為がこの時になされていることは、数多く行われた大蔵経求請の歴史において重要な変化であるといえよう。板木についてはこのように日本にやってくることはなかったのであるが、それ以後も大蔵経そのものの求請は続いていった。それを求めた主体は、これまでに見てきたように、大内氏を中心とする将軍や管領といった幕府枢要に位置する諸守護大名であった。もたらされた大蔵経は、足利義持による伊勢神宮建国寺への大蔵経および経蔵料所の寄進や、大内氏による氏寺興隆寺への大蔵経寄進と輪蔵建立といった事例からもわかるように、求めた者の信仰する寺社に奉納されたのである。

その後、康正二年（一四五六）には、将軍である足利義政が、朝鮮に対して京都五山の一つ建仁寺を修造するための資財寄進を願い出ており、この時に大蔵経も贈られている。義政はこの朝鮮からの寄進を受けて、長禄二年（一四五八）には一万貫という莫大な銭と大蔵経を建仁寺に寄進している。このことは、「高麗奉加」「高麗勧進」などと呼ばれており（『蔭凉軒日録』）、建仁寺の修造という一大事業が、日本のみならず朝鮮からの寄進という東アジア世界の中で行われたものであったことを示している。また、この事業を推進した足利義政は、大蔵経や仏教そのものに対して強い思い入れのあった人物のようで、朝鮮からもたらされた大蔵経の納められている建仁寺内の慈視閣に自ら赴き、黒漆の箱に入った大蔵経を見ている（『臥雲日件録』）。また、文明十三年（一四八一）には大和国円成寺に納めるための、同十八年には越後国の安国寺に納めるための大蔵経を、朝鮮に求めている。大内氏も同様の目的をもって求請・寄進しており、大内政弘（一四四六～九五）は長享元年（一四八七）、大和国長谷寺に納入するための大蔵経を朝鮮に求めているし、大内義興（一四七七～一五二八）は永正七年（一五一〇）に、近江国日吉十禅師社に大蔵経を寄進している。

以上のように、室町時代における大蔵経の特質は、大きく二つの時期に分けて理解することができる。南北朝から室町初期にかけては、南北朝動乱という列島社会を巻き込んだ戦乱からの脱却と社会秩序の安定をはかるため、とりわけ亡魂の追善を目的とした事業として、一切経書写などが行われている。しかしそれ以後、応永の平和と呼ばれる政治的安定期を迎えた三代将軍足利義満の時代以降は、将軍や大内氏などの有力守護大名が、自らの信仰する祈願所や氏寺などの諸寺社に寄進することを目的として、朝鮮に対して求請するという方向に転換していくのである。室町時代における大陸への大蔵経求請は、応永年間をピークとして、日本が戦国動乱の時代に入る天文年間（一五三二～五五）以降は見られなくなる。

参考文献

生駒哲郎「足利尊氏発願一切経考」（『東京大学史料編纂所研究紀要』一八、二〇〇八年）
伊東尾四郎「宗像の古寫經――色定法師の一筆経」（東方佛教協會編輯『佛教文化大講座』大鳳閣、一九三三～三四年）
奈良県教育委員会事務局文化財保存課編『西大寺所蔵元版一切経調査報告書』（奈良県教育委員会、一九九八年）
羽田　聡『足利尊氏願経の原本調査を中心とした中世一切経の資料的研究』（科学研究費補助金研究成果報告書、二〇一三年）
馬場久幸「北野社一切経の底本とその伝来についての考察」（『佛教大学総合研究所紀要』別冊、二〇一三年）

第3章　日本近世の一切経

一　近世の大蔵経

近世における大蔵経の特色は、大蔵経の出版が行われたことである。それまで、写本によって継承されていた一切経や各宗の宗典のみが刊行されていたが、一具の大蔵経として出版されるようになり、さらに需(もと)めに応じて流布していく状況は、世界の出版史上においても類を見ない。

出版の意義は改めて記すまでもないが、不特定の多数に、同時に、正確に、早く、経典を提供できることにある。一度、正確に版木に彫ってしまえば、写経をするよりも手軽に、綺麗に、読みやすい字で、誤字脱字・衍字衍行もないから、はじめに莫大な資金が必要であることを除けばこれほどよい技術はない。万が一に誤りが見つかってもどの本も同じ箇所が誤っているのだから、正誤表のようなものを作れば、問題はない。

ここでは、まず大蔵経の出版に至る前史を述べて、次に出版とその影響について概説していきたい。

徳川家康の刊行事業

徳川家康（一五四二～一六一六）がどのような意図をもって出版に関わっていたのか、はっきりとはしないが、伏見版（円光寺版）と呼ばれる開版を行っている。それは、慶長四年より十一年（一五九九～一六〇七）の八年間で三要元佶（一五四八～一六一二）に命じ木活字を用いて造らせたものである。彼に一〇万個の木活字を与え、京都伏見の円光寺で『孔子家語』をはじめ八部八〇冊を出版したことが知られている。また家康は、駿河に退隠ののち、金地院崇伝（一五六九～一六三三）・林道春（林羅山、一五八三～一六五七）に命じ、今度は銅活字一〇万個を用い、元和元年（一六一五）『大蔵一覧集』一一二五部や『群書治要』を印行させた。

これらの活字印刷技術は、文禄元年から慶長三年（一五九二～九八）にかけ、豊臣秀吉（一五三六～九八）がしかけたいわゆる文録・慶長の役の時、朝鮮から連れてこられた印刷技術者によって日本にもたらされたものであるといわれている。

また家康は、増上寺に宋思渓版・元普寧寺版・朝鮮高麗再雕版の三版の大蔵経を寄進している。これらのことを考え合わせると、家康は大蔵経の出版を計画していたのではないかとの推測もできる。

二　宗存版一切経

日本の中世は、数世紀にもわたる戦国乱世の時代であった。しかし、それも十七世紀の江戸時代に入るとようやく静謐し、あらゆる分野の復興が開始される。仏教界においても永年の念願であった一切経の刊行という大難事業が、前後実に三回も立て続けに行われたから驚くほかない。それらの一切経は発願主の名をとって、宗存版（北野経王堂版とも）、天海版（寛永寺版とも）、鉄眼版（黄檗版とも）と通称される。このうちはじめの宗存版一切経の存在が、広く知られるようになるのは、大正四年（一九一五）の第一回大蔵会以降のことであった。それまでなぜ宗存版が問題にされなかったのかといえば、天海版や鉄眼版のように全蔵そろった一切経が残っていないことと、大願を起こした宗存の伝が全く不詳であることが、その主な理由と思われる。ところが近年、宗存版に使用された木活字・罫線・字間材・行間材等の印刷用材が、約一八万四〇〇〇点も比叡山延暦寺に伝蔵されているのがわかり、重要文化財の指定を受けたし、また従来知られなかった宗存版の版本も多数見出されているだけではなく、宗存版が底本とした高麗版との密接な関係も究明されるようになるなど、同版を再評価する動きも活発化してきている。

宗存の略伝と常明寺

日本最初の版本一切経を発願した宗存の伝は、残念ながら今なお不明な点が多い。わずかに残る宗存版の刊記や栃木・輪王寺蔵の室町時代刊本『金光明最勝王経』の裏面に書かれる宗存自筆の写経や釈教歌などから知られる彼の実像は、およそ以下のとおりである。

宗存は天台宗の沙門で、法印・権大僧都の僧綱・僧階位に叙せられており、聖乗坊の坊号を持っていた。伊勢内外両太神宮内院の高日山法楽院常明寺の別当職を勤めているが、生地生年俗姓等はわかっていない。彼が所持していた輪王寺の『金光明最勝王経』には、「志摩州国分寺什物十巻之内」の墨書が見られる。『続天台宗全書』寺誌一所収の末寺帳によれば、志摩国国分寺も伊勢国常明寺も共に江戸東叡山寛永寺の直末で、しかも国分寺が所在する答志郡内には、常明寺末の円鏡寺もあるので、ことによると宗存は志摩国国分寺で出家し、のち伊勢国常明寺の別当職に補されたのかもしれない。ちなみに右寺誌一所載の別本末寺帳には、常明寺が紀伊国雲蓋寺（院とも）の末寺であったとも記している。雲蓋寺も寛永寺末であるから、常明寺は孫末に移ったのであろう。

宗存が別当職を勤めた常明寺は、彼の刊行になる元和元年（一六一五）の『常明寺縁起』によれば、継体天皇壬

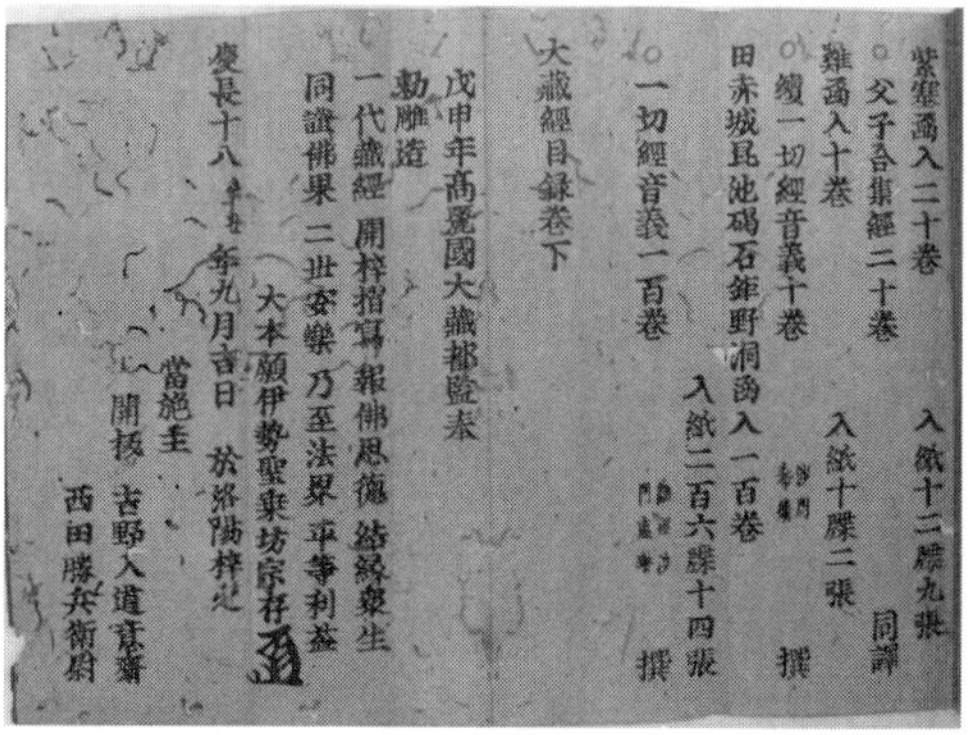
紫塞函入二十巻　入紙十二牒九張
○父子合集經二十巻　同譯
雞函入十巻　入紙十牒二張
續一切經音義十巻　撰
田赤城昆池碣石鉅野洞函入一百巻　入紙二百六牒十四張
○一切經音義一百巻　撰
大藏經目録巻下
戊申年高麗國大藏都監奉
勅雕造
一代藏經　開梓摺寫報佛恩德　結緣衆生
同讀佛果　二世安樂乃至法界平等利益
大本願伊勢聖乘坊宗存
慶長十八　年九月吉日　於洛陽梓之
當施主　開板　吉野入道　西田勝兵衛尉

図１　宗存版『大蔵経目録』巻下（本證寺蔵）

寅歳（五二二）に神明の託宣で建立され、聖徳太子をはじめ伝教大師最澄、弘法大師空海等々の留錫地で、本尊薬師如来は神明、脇士日光月光菩薩は内宮外宮という。そして比叡山が王城の鬼門に当たるのと同様に、常明寺は太神宮内宮の鬼門にあって、本尊は共に薬師如来であると、寺院縁起にありがちな内容を強調するが、常明寺が平安時代の院政期から存在していた事実は、同寺別当性順が永保二年（一〇八二）に書写した『高庫蔵等秘抄』が愛知・真福寺にあり、また三重・光明寺に大治元年（一一二六）、仁平元年（一一五一）の常明寺僧が署名花押する文書が『平安遺文』に見られるところからも確実である。

常明寺は俊乗房重源（一一二一～一二〇六）の『東大寺衆徒参詣伊勢大神宮記』に「外宮一禰宜光忠申送云常明寺者是神宮崇重氏寺也」とあるところよりすれば、元来、外宮一禰宜度会氏の氏寺であったことがわかる。

重源は文治二年（一一八六）に東大寺再建成就祈願のために伊勢神宮神前に『大般若経』六部の書写供養を常明寺で行い、そのうちの二部を同寺に安置奉納もしている。このように中世・近世を通じ神仏一体となって繁栄してきた常明寺も、残念ながら明治の排仏毀釈で廃されてしまい今はない。

慶長十七年（一六一二）の暮に上洛した宗存は、山城国石清水八幡宮の一切経蔵より借用した経典二〇巻余を、逗留先の京洛二条御幸町妙満寺前にて書肆を営んでいた西田勝兵衛尉宅で、前掲の『金光明最勝王経』の紙背へ写経しているが、西田はその翌年九月に宗存が上梓する『大蔵目録』上中下三巻の開版施主でもあったことが大いに注目される（図1）。

宗存には右の写経と開版の間にも大切な事績を残している。それこそが摺写（しゅうしゃ）による一切経を自坊の常明寺へ奉納する大願を起こした『一切経開板勧進状』の起草にほかならない（立正大学図書館兜木文庫蔵）。慶長十八年正月のことであった。上下貴賤に広く浄財を仰ぐ「勧進状」の性質上、これも宗存は印刷に付して諸方に回状したことが、京都・広隆寺蔵のそれより知られて興味深い。

宗存版一切経のトップを切って開版された『大蔵目録』は、朝鮮高麗国高宗三十五年戊申（一二四八）刊の高麗版再雕本大蔵経に基づくことが刊記からわかり、それはそのままこの目録が、以後印行されていく宗存版一切経の目録となり、宗存版の底本が高麗版であった事実を物語る。かくて宗存は慶長十八年（一六一三）から寛永元年（一六二四）までの足掛け十二年間に、一四〇点以上の経典仏書を刊行したことが、諸方に現存する刊本から確認できる。

宗存版経典の刊記

宗存版の経典には、四種の刊記がある（図2）。甲寅歳は慶長十九年（一六一四、図2-1）、乙卯歳は同二十年＝元和元年（一六一五、図2-2・3）、丁巳歳は元和三年（一六一七、図2-4）をそれぞれ示すが、問題は「大蔵都監奉／勅雕（調・彫とも）造」の文字をいかに解するかであろう。これと同文のものは高麗版にも見られるので、単に「高麗国」を「大日本国」に置き換えただけにすぎず、宗存版が大蔵都監を設置しての官版ではなかろうとするのが一般的である。この「奉勅雕（調・彫とも）造」については、常明寺の鳥居に掲げられていた「両太神宮内院／高日山常明寺」の寺額（三重・常明寺蔵）が、第百七代後陽成天皇宸筆の勅額であったことと、元和三年の後陽

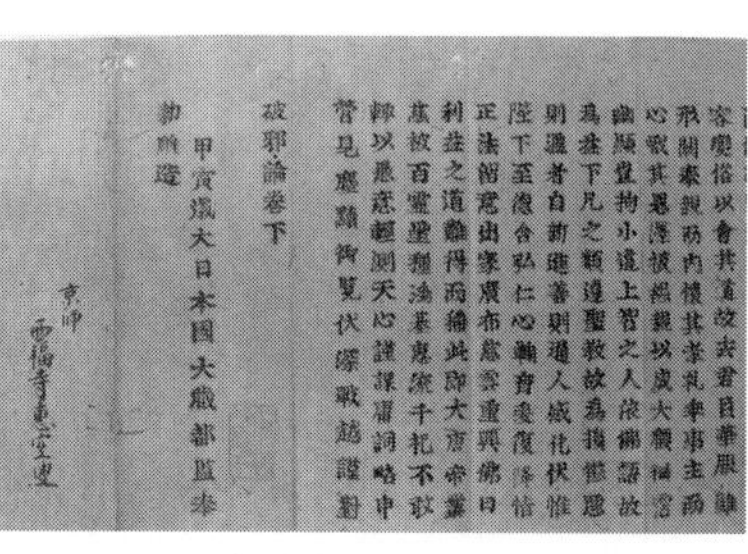

図２－１　宗存版『破邪論』巻下（本證寺蔵）

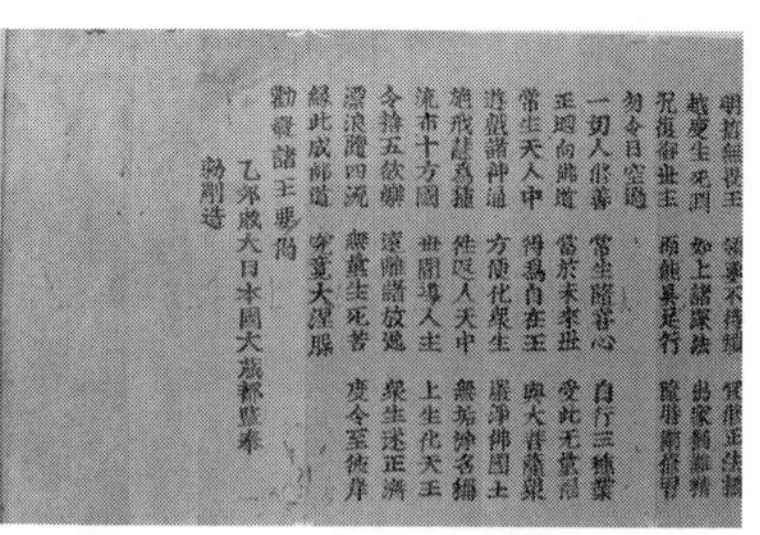

図２－２　宗存版『勧発諸王要偈』（本證寺蔵）

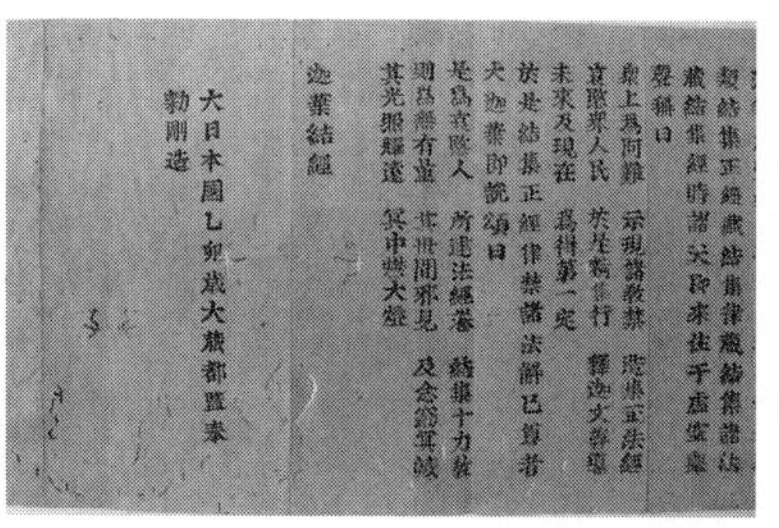

図２－３　宗存版『迦葉結経』（本證寺蔵）

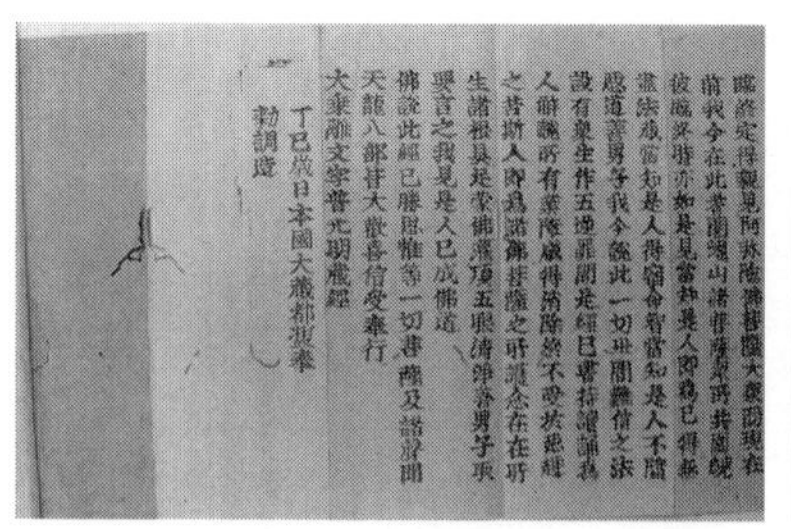

図２－４　宗存版『大乗離文字普光明蔵経』（本證寺蔵）

成院崩御とともに宗存版から「勅雕造」の文字が消えることの二点より、宗存は同天皇の勅を奉じて一切経刊行の大事業を始めたのではなかったかと考えられるに至っている。

宗存版の経典は目下のところ一二〇点ほどの存在を認めうるが、そのうち『延命地蔵菩薩経』『地蔵財物増長陀羅尼経』『寿生経』『消除疫病神呪経』『千手千眼観世音菩薩広大円満無礙大悲心陀羅尼経』『大荒神施与福徳円満陀羅尼経』『如意虚空菩薩陀羅尼経』『文殊師利五字瑜伽根本秘密大智神呪大陀羅尼経』『預修十王生七経』などの疑偽経は、高麗版大蔵経には入蔵されていない。宗存がこうした神呪や陀羅尼経典を重視したことは、『一切経開板勧進状』にも「経呪陀羅尼の奇特霊験は勝計すべからず。（経咒陁羅尼之奇特霊験不可勝計）」と記しているところからも、よく理解できるものがあろう。

宗存版経典の体裁

宗存版の経典は折本装で一折五行を原則とするが、一行の字詰は一四字と一七字の二種があって、紙質は黄蘗染め楮紙で、縦一尺（三〇・三センチ）横一尺五寸（四五・四センチ）のものが用いられている。この用紙一張に一四字詰の場合は二二行、一七字詰めは二三行を印刷する。前者は刊記の慶長十九年甲寅歳、元和元年乙卯歳の全部と同三年丁巳歳の一部、後者は元和三年丁巳歳の大部分がその形式をとるから、無刊記の経典も印刷年の推定がある程度可能となる。なお字詰に相違があっても、一行の上下高は七寸（二一・三センチ）でほぼ一定している。一四字詰は高麗版に倣ったのであろうが、一七字詰は用紙節約のためでないかと思われる。ちなみに高麗版と宗存版の大きな違いは、前者が整版本（木版本）であるのに対し、後者は木活字本（古活字本）であること、前者には上下に界線が引かれるが後者にはそれを見ないこと、字体が前者は細いが後者は太いこと、前者は白韓紙、後者は黄和紙であること、などが挙げられる。

古活字宗存版の特色

宗存版の大きな特色の一つは、これまでの中国、朝鮮半島の大蔵経や日本の経典仏書の印刷が、木板による整版本であったのに対し、文禄・慶長の役の頃朝鮮よりもたらされた、当時としては最新の印刷技術を用いての古活字版であった点である。宗存は一切経を古活字版にしたわけを、『一切経開板勧進状』で「書写は展転して落損字、闕減の句あり。摺写は校合して落損字、欠減の句なし。（書写者展転而有落損字闕減之句。摺者者校合而無落損字欠減之句）」といっている。一理あるといえよう。

宗存版の字体は楷書体であるが、他の古活字版に比べ彫りが深くて肉太いのが特徴で、一見してそれとわかる独特の風格を備えている。これはいうまでもなく延暦寺に所蔵される宗存の古活字自体が、すでにそうなっているからにほかならない。とくに活字のほうは、いかなる複雑な文字に至るまで一点一画もおろそかにせず、すべて均質均等にみごとな彫出がなされており、もはやそれは一種の芸術作品と称しても過言でないほどの美しさを持っている。

この延暦寺の一八万四〇〇〇点以上にも及ぶ膨大な木活字やインテルなどの印刷資料が、間違いなく宗存版のものであることを証する事実は、まず第一に少なからず現存する宗存版本の字体と活字のそれとが完全に一致すること。第二に宗存版の縦・横字詰寸法から、宗存版に使われた活字の大きさを算出したところ、延暦寺の活字に全同すること。第三に『大般若経』で用いられた「般若波羅蜜多」「経巻第」「詔訳」「三蔵法師玄奘奉」などの連続活字が、愛知・本證寺などに蔵される宗存版『大般若経』のそれによく合致していること。第四に少量存する特殊な振り仮名付き梵字活字が、京都・広隆寺蔵の宗存版『般若心経秘鍵』で使用されるそれとぴったり一致すること。第五に慶長十九年甲寅歳の『寂照神変三摩地経』、元和三年丁巳歳の『象頭精舎経』、同年の『摩訶止観科解』巻第六之一の各宗存版の一部分を延暦寺の活字やインテルを使って実際に組み、用紙も原本に近い状態で漉いた色調の和紙で摺ってみたところ、見紛うばかりの現代版宗存版が出来上がったこと等々より、明らかといわなければならない。

宗存版の印刷場所

それではこのような空前の木活字による一切経を宗存は、どこで印刷したのであろうか。これについては一二〇点ほど原物が残る宗存版の経典には、明示するところが全くないけれども、元和三年（一六一七）の『顕戒論』

『摩訶止観科解』、同年から翌四年にかけて摺写された『法華文句科解』『法華玄義科文』の天台系宗存版の刊記に「西京北野の経王堂に於て、常明寺の宗存これを刊摺令め畢んぬ。（於西京北野経王堂常明寺宗存令刊摺之畢）」とあるので（図3）、宗存版が北野天神の社頭にあった京都最大の建造物の経王堂で印刷されたことが判明する。同版を北野経王堂版と呼ぶゆえんがここにある。

　北野の経王堂は正式名称を願成就寺といい、明徳二年（一三九一）の明徳の乱で足利義満（一三五八〜一四〇八）に討たれた山名氏清（一三四四〜九二）をはじめとする敵味方の戦死者供養のために、義満自身が建立した堂であった。『満済准后日記』応永三十二年（一四二五）十月五日条によれば、「今日より北野の経王堂にて一万部の法華経、年々の如く始行さる。請僧千人、近国の山寺より洛に参る。恒年の如しと云々。今日、経堂額これを打たる。経王堂と云々。御筆と云々」（この扁額に当たるといわれるものが、今も京都・千本釈迦堂大報恩寺に蔵せられていて、足利義満の筆になると伝える）と見えるごとく恒例となっていた万部会には、一〇〇〇人の衆僧が入堂できる大規模な堂で、桁行十九間、梁間十六間、正面幅五八メートル、奥行き四八メートル、高さ二六メートルもある寄棟造りの巨大建築であった。しかし、室町幕府の衰退とともに経王堂も荒廃するが、これを慶長七年（一六〇二）より五カ年かけて再興したのが、落日近い豊臣秀頼（一五九三〜一六一五）であった。

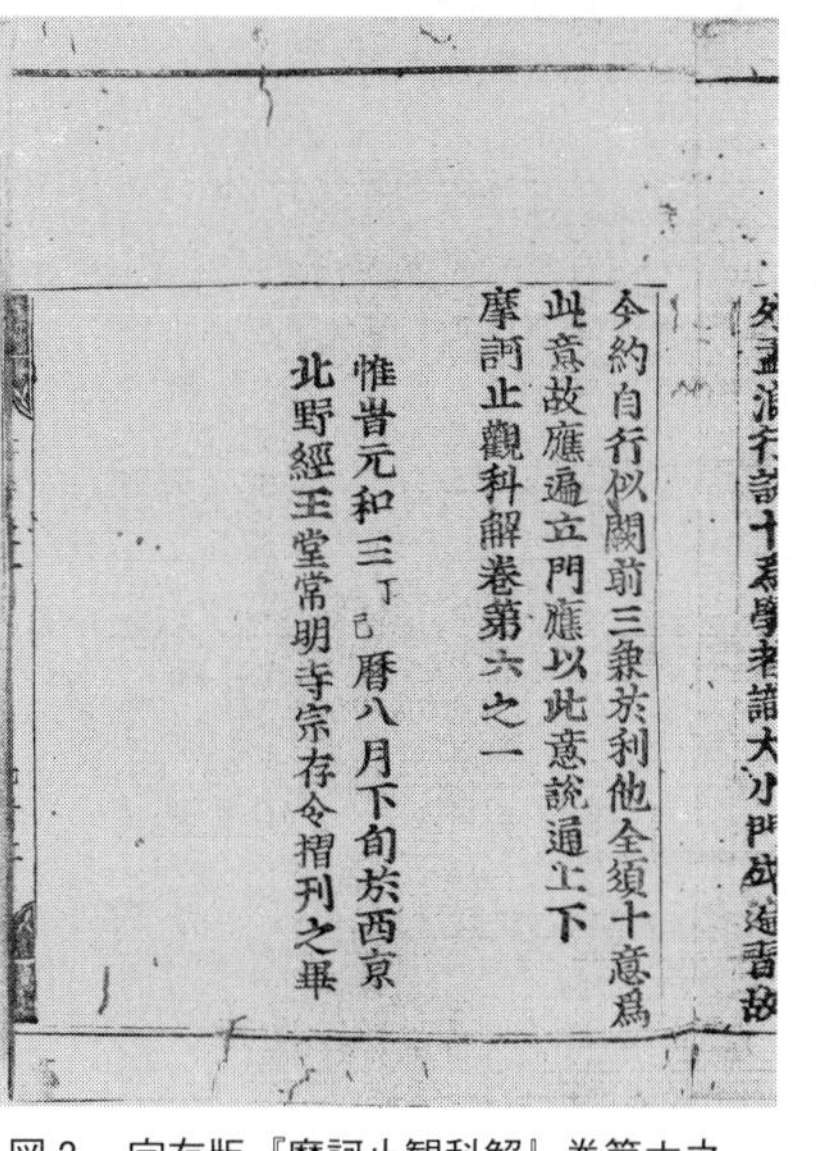
令約自行似闕前三義於利他全須十意爲
此意故應遍立門應以此意說通上下
摩訶止觀科解巻第六之一
惟旹元和三丁巳暦八月下旬於西京
北野經王堂常明寺宗存令摺刊之畢

図3　宗存版『摩訶止観科解』巻第六之一
（本證寺蔵）

宗存は新装成ったばかりのその経王堂を印刷工場として、日本最初の木活字による一切経を刊行したのである。宗存が実際に経王堂を借用して、そこに印刷用具用品を置いていたことは、近くの千本釈迦堂大報恩寺に蔵せられる慶長十八年（一六一三）、元和五年（一六一九）、同六年の文書より確認できるところとなっている。京都の一名所であった経王堂も、その後やはりあまりにも広大しすぎたために維持が困難となり、ついに寛文九年（一六六九）の千本釈迦堂大報恩寺修理の際の材に転用されて、今はその雄姿を常明寺と同様に見ることはできない。

世界最初の活字印刷経

すでに記したとおり、宗存はこの経王堂において、慶長十八年より寛永元年まで十二年間にわたり経典仏書の印刷に情熱を燃したのであった。高麗版を底本とした宗存の一切経が、もし全蔵完成していたならば、それは六三九函、一五二二部、六五五七巻にも達する壮大なものになっていたであろうが、後陽成天皇の勅を奉じて始まったこの一切経も、残念ながら元和三年（一六一七）の同院崩御とともに途絶してしまい、あとは需要の多い天台典籍へと、宗存版は変わっていったのである。現在知られる宗存版の最終刊年は、『法苑珠林』巻第一百の「伊勢太神宮一切経本願常明寺宗存敬梓／寛永元年甲子十二月二十七日」となっている。おそらくこの翌寛永二年（一六二五）あたりにでも、宗存は世界最初の活字印刷による一切経本願としての生涯を終えたものと思われる。

宗存版の代表的な所蔵機関としては、京都・瑞光寺、愛知・真福寺、同・本證寺が挙げられ、それぞれ七〇点以上を蔵するが、栃木・輪王寺には宗存自筆の写経や和歌があり、彼の思想面をうかがううえで貴重な史料となっている。また近年宗存版の経断簡が、江戸時代初期に刊行された典籍の表紙裏に補強材として使用されていることがわかり、宗存在世中に宗存版の経典化が実際に行われたのかどうか疑問視する見解も示された。さらに宗存版の底本が高麗版であるところより、その影響関係を日韓双方から見直す動きも出てきている。

宗存版をめぐっては、以上のように今後の課題も多く、それだけにきわめて魅力的な一切経ということができるであろう。

三　天海版一切経

天海版一切経は、わが国最初の活字版大蔵経である。大蔵経刊行は膨大な資金と人員と時間を要し、中国や高麗でも難事業であった。日本では近世初頭になると、まず宗存が企てたが完成には至らず、寛永寺開山の慈眼大師天海（一五三六？～一六四三）が、江戸幕府第三代将軍徳川家光（一六〇四～五一）の支援を受けて完成したのである。

天海は開版に先立つ三年前より、建仁寺蔵高麗版の目録を筆写させるなどの準備を経て、寛永十四年（一六三七）から、日本武州江戸東叡山寛永寺一切経、すなわち「天海版一切経」の開版に着手した。しかしその在世中には完成せず、没後はおそらく公海など遺弟を中心に、家康三十三回忌に合わせて刊行を急ぎ、慶安元年（一六四八）に完成して、天海には慈眼大師の諡号（しごう）が贈られた。それでも足掛け十二年の歳月を要したのである。天海版は木活字による活字印刷で、近世初頭古活字版の掉尾を飾るものとして著名であり、現に寛永寺には膨大な天海版木活字が遺る。この活字は、三カ年の予備調査を経て、一九九八～二〇〇一年度科学研究費国庫補助金による研究調査（研究成果報告書『寛永寺蔵天海版木活字を中心とした出版文化財の調査・分類・保存に関する総合的研究』課題番号一〇三〇八〇〇二、二〇〇二年）が行われ、二〇〇三年五月に重要文化財に指定された。

ところで天海版には従来より辞書などにいわゆる「定説的見解」があり、それは主に

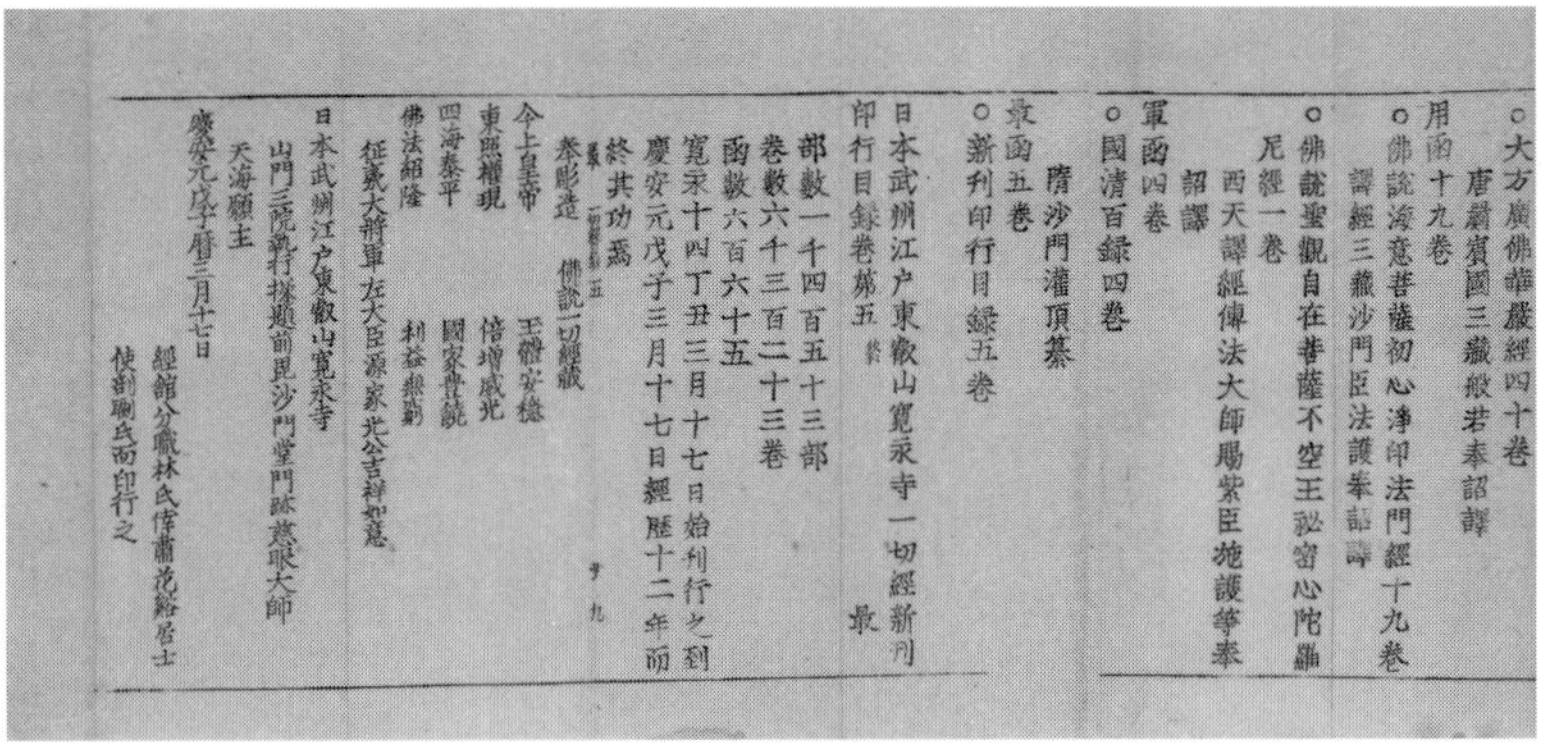

○大方廣佛華嚴經四十卷
唐罽賓國三藏般若奉詔譯
用函十九卷
○佛説海意菩薩初心淨印法門經十九卷
譯經三藏沙門臣法護奉詔譯
○佛説聖觀自在菩薩不空王祕密心陀羅
尼經一卷
西天譯經傳法大師賜紫臣施護等奉
詔譯
軍函四卷
○國清百録四卷
最函五卷
隋沙門灌頂纂
○新刊印行目録五卷
日本武州江戸東叡山寛永寺一切經新刊
印行目録巻第五　終　最
部數一千四百五十三部
巻數六千三百二十三巻
函數六百六十五
寛永十四丁丑三月十七日始刊行之到
慶安元戊子三月十七日經歴十二年而
終其功爲
奉彫造　佛説一切經藏
今上皇帝　玉體安穩
東照權現　倍増威光
四海泰平　國家豊饒
佛法紹隆　利益無窮
征夷大將軍左大臣源家光公吉祥如意
日本武州江戸東叡山寛永寺
山門三院執行探題前毘沙門堂門跡慈眼大師
天海願主
慶安元戊子暦三月十七日
經館分職林氏倖庵花谿居士
使剞劂氏而印行之

図４　『一切経目録』巻第五（寛永寺蔵）

①規模は一四五三部、六三二三巻、六六五函
②底本は川越喜多院蔵南宋思渓版一切経で筑波最勝王寺蔵思渓版を対校本とした
③川瀬一馬が唱えた説では、当初は木活字で印行されたが正保頃から整版（版木印刷）に変えたこと

などである。こうした誤った「定説的見解」の訂正も含めて、活字調査の過程で判明した新事実などとともに述べる。

天海版の概要

天海版は喜多院蔵宋思渓版を基本的底本とし、その他に元版や明万暦版その他によって、一紙二四行、一行一七字、六行ごとに行間をやや空けた一紙四折の折本を基本装幀とするが、一部に袋綴じ本も存在する。版心には典籍名と千字文による巻次と丁数が記され、天地に単辺の界線が印行される。発行部数は三〇部程度と推定されている。

規模は従来、先述①のように巻末目録による数字に基づいていた。しかし最近の松永知海による実地調査の結果、一四五三部とは目録を含まない部数なのに、巻数の六三二三はごく短い経典も一巻と数え目録五巻を含むので、部と巻の記載が矛盾することがわかった。したがって通例の一切経の数え方によれば、目録を含めて、六六五函、一四五四部、五七八一巻が正しいと改められた。

また辞典等には、天海版刊行のため寛永寺に経局が置かれたとあるが、それを裏付ける確実な証拠はない。おそらく巻末刊記の「経館分職林氏倖粛花谿居士／栞行」の「経館分職」を部局の役職とみなしたことによろう（図4）。しかしこの刊記は寛永二十一年（一六四三）五月二十八日の『菩薩戒羯磨文』からで、それ以前は単に「林氏幸宿花渓居士」である。この事実は、天海遷化後に林幸宿が「経館分職」を称したことになり、天海に代わって林幸宿が実質的統括者になったことを意味しよう。林幸宿は林羅山の一族と考えられ、当時こうした開版事業に携わった有職家と同じ立場といえる。同様に、当初は「征夷大将軍……家光公武運長久」の記述が、正保二年（一六四五）十二月二十六日の『彌沙塞部五分律』から「家光公吉祥如意」となり、さらに正保三年正月二十三日の『仏説虚空蔵菩薩陀羅尼経』からは、それまでの一字ごとの活字ではなく、「征夷大将軍」や「(家)光公吉祥如意」などの連続活字が使用されたことが、活字調査から判明した。

②の底本についていえば、明白に川越喜多院蔵宋思渓版一切経である。それも増上寺蔵や対校本とされた最勝王寺蔵思渓版にはない欠字が喜多院蔵にある場合は天海版も欠字となっており、喜多院蔵が欠紙である場合や元普寧寺版で補っている場合も喜多院蔵本に準じている。つまり天海版は喜多院蔵本に忠実なのであって、最勝王寺蔵思渓版がどのように校合に活かされたのかは判然としない。さらに思渓版にはない、いわゆる後思渓版目録に該当する書目は、明万暦版などを底本に用い、また武函の『法華玄義』では刊語に「天台三大部項者、叡山承詮之開板……時慶長己亥戴林鐘下浣五日」とあるなど、わが国開版を底本としてその刊語まで版組してしまっている。

したがって、すべてを喜多院や最勝王寺蔵や他の大蔵経と比較しなければ結論は出せないが、思渓版に相当する部分は喜多院蔵本一切経にかなり忠実に、後思渓目録相当部分はさまざまな底本を使用したであろうというのが、木活字調査で得られた結論である。

天海版木活字

調査前の木活字は寛永寺開山堂境内の地蔵堂内に、江戸後期作成とみられる活字収納用箪笥一〇棹と、大小二七箱の木箱に雑多に入れられていた。それらを一つずつ文字別形状別に分類し、新たに作製した箱に詰めかえた（図5）。その結果、重要文化財に指定された天海版木活字は総数二六四、六八八個であった。この中には天保四年（一八三三）に輪王寺宮舜仁親王（一七八九〜一八四三）の命で重彫された数万の活字を含む。また指定品のほかに、程度の差はあれ破損や虫損を受けた活字が数万あり、おそらく全体数は三〇万個前後に達するであろう。さらに天海版とは明白に異なる木活字が約六、〇〇〇個あり、その用途が何であったのかはわからなかった。

図5　木活字（寛永寺蔵）

法量は、最も多い本文用全角活字が縦一・二六センチ×横一・三八センチ×高一・八四センチで、横幅のみ〇・六六センチとなる半角活字もあり、これは割注や音義、版心の千字文分類や帖数などに使われたとみられる。なお半角活字には「甚右」「リ右」という人名らしき活字があり、一紙の紙継ぎ部分に印字した、おそらくは組版者（植手）名と思われる。これは、宋思渓版板木の紙継ぎ部分には板木の制作責任を明らかにするためか彫字工名が彫ってあり、それに倣ったのか、活字版ではなにほどの意味を持つか不明だが実際に印行されている。古活字版では他に類例のない天海版のみの特徴である。さらに梵字や記号の活字、また先述の「征夷大将軍」「光公吉祥如意」や「門跡」「探題」「三蔵法師」ほかの連続活字（図6）、行間材や詰物に使用したらしいスペース活字、予備材なのか未彫活字材もあった。

さらに法量的には天海版と一致するが、大蔵経には不要のはずの付訓植字に使われたらしき訓点活字、カタカナ活字、送り仮名「トモ」「コト」の略字と思しき「ヒ」「コ」などの活字があり、伏見版の同様の例ともども用途不明である。その反面、天地の界線に使うべき罫線状の板などの印刷付属品はほとんどなく、その点は宗存版とは対照的である。また梵字活字は、宗存版がしっかりとしたシッダマートリカ体（悉曇字体）なのに比べ、ランツァ体のような梵字であるが、これまた宋思渓版や元普寧寺版の梵字体を踏襲したものである。

さて③の正保以後整版説については、活字調査や、併行して補足的に行われた台東区の寛永寺蔵板木整理調査の結果では、天海版一切経に相当する板木は発見できなかった。この川瀬一馬の説は根拠の提示や論証もしていないので、どのような理由による見解なのか全く不可解である。思うに、天海版後半整版説は、先述のように徳川家光の巻末願文が正保三年頃に連続活字に変わることから、上下の文字に食い込みが生じて一見整版にも見える連続活字の印面（図4）を、川瀬が整版と見誤ったと推測するほかない。しかも相当する版木も存在しないことから新たに天海版整版が発見されない限り、天海版は最後まで木活字によって印刷されたと結論せざるをえない。

図6　連続活字（寛永寺蔵）

ところで天海版木活字は先述のように天保四年（一八三三）に重彫され、『法華経』神力品や『仁王護国般若経』などが再刊されて、事業は東叡山御用書肆の和泉屋庄次郎に任された。そのことは天保の重彫版用と見られる活字に「泉庄」の墨書があり、また和泉屋の関与は営業記録『慶元堂書記』でも裏付けられる。これは厳密には異版であるが、訓点活字や片仮名活字などの存在からは、あるいは和泉屋などの商業出版に利用された可能性まで視野に入る。もしそうなら、天海版一切経の活字は江戸後期の出版事業にも恩恵をもたらしたわけで、わが国出版文化に活かされた天海の遺産ともいえる。

今まで述べてきたように、天海版一切経はわが国最初の印行本大蔵経である。そしてその底本は、天海が住持を務めたことのある川越喜多院蔵宋思渓版一切経を基本とする。この選択は、江戸近郷で容易に借覧でき、他の所蔵者も複数ある思渓版なら（事実はともあれ）校合も可能で、手堅く実用性の高い方法である。また「後思渓版目録」による済函以下の五一函分は正保三年（一六四六）以後の刊行であることから、各種底本の得られる目途がついて刊行に踏み切ったとも考えられよう。

この難事業は、天海のいわば執念と、徳川幕府の威信をかけた援助のもとに完成した。発行部数が少ない点は残念であるが、これを一貫して活字印刷で行ったことは、わが国出版文化史に残る業績として評価されてよいであろう。

四　鉄眼版大蔵経

鉄眼版の概要

日本で最初の流布版の大蔵経を完成させたのは黄檗僧の鉄眼道光（てつげんどうこう）（一六三〇～八二）であった。彼は隠元（いんげん）（一五九二～一六七三）に従って来朝した黄檗第二代木庵性瑫（もくあんしょうとう）（一六一一～八四）の法嗣で、日本に大蔵経が流布していないことを嘆き、大蔵経を中国から購入しようと寛文三年（一六六三）十月に募縁の『化縁之疏』を書いた。その後、出版を思い立ち、講経のたびにその志を話すうち、鉄眼は大坂の妙宇尼（みょううに）から白銀一千両の喜捨を受けた。これに意を強くした鉄眼は早速隠元に報告をすると寛文九年、隠元から出版事業に必要な土地と、その底本となる明版大蔵経（万暦版）をもらい受けた。のちに版木庫および摺印工房を類焼等から守る必要にせまられた鉄眼は、法叔の大眉（だいび）性善（しょうぜん）（一六一六～七三）から山内の土地の交換を受けて工房を移設し版木を完成させた。また、募財の拠点を大坂難波の瑞龍寺（はじめは薬師堂）に設け全国を行脚した。さらに京都の木屋町二条には摺印の大蔵経を製本し梱包出荷する

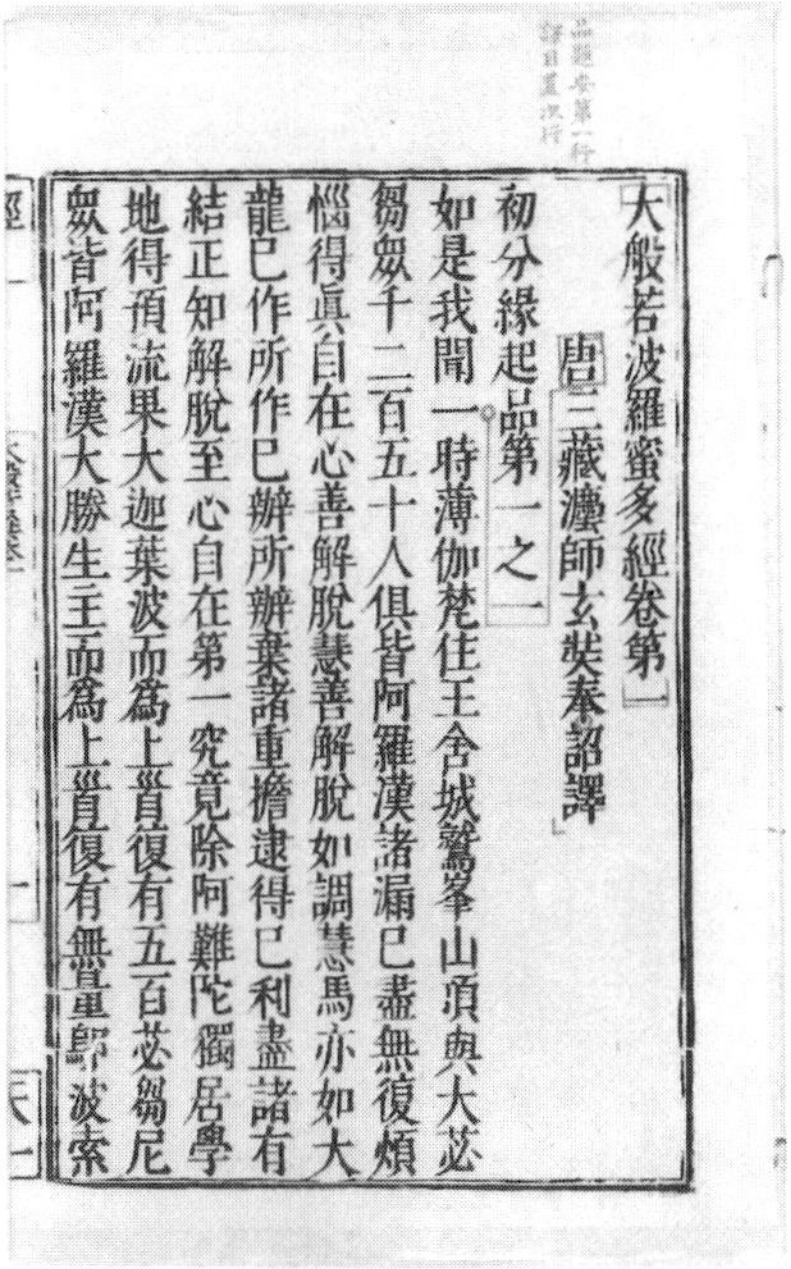
大般若波羅蜜多經卷第一
唐三藏法師玄奘奉詔譯
初分緣起品第一之一
如是我聞一時薄伽梵住王舍城鷲峯山頂與大苾芻衆千二百五十人俱皆阿羅漢諸漏已盡無復煩惱得眞自在心善解脱慧善解脱如調慧馬亦如大龍已作所作已辦所辦棄諸重擔逮得已利盡諸有結正知解脱至心自在第一究竟除阿難陀獨居學地得預流果大迦葉波而爲上首復有五百苾芻尼衆皆阿羅漢大勝生主而爲上首復有無量鄔波索

図7　鉄眼版（丹山対校副本）
（『大般若波羅蜜多経』巻第一　大谷大学図書館蔵）

印房が造られ、出版の三つの拠点ができた。寛文十一年のことである。

版木庫は明治五年（一八七二）、陸軍省に接収され、宇治川のほとりに建てられた弾薬製造工場で作られた弾薬の貯蔵庫として利用され、版木はその間一時的に法堂に安置された。その後、黄檗山門の北に位置する現在地の丘上に池を囲むコの字形に木造平屋の版木庫および工房が造られ、その版木四万八二七五枚が昭和三十二年（一九五五）に国の重要文化財指定を受け、耐震耐火の鉄筋コンクリート製の現在の版木庫となった。

鉄眼版の刊記

鉄眼が出版した大蔵経の底本は、豪商勝性印が隠元に寄進したもので、一部に返り点や送り仮名が付されていた。また「万暦版」正蔵には入蔵されていないものや、真言宗浄厳覚彦（一六三九～一七〇二）の要請による秘密儀軌類の出版があり、さらに大般若経をはじめ改版・改刻も行われていたことがわかっている。万暦版正蔵の覆刻だけでも全六九三〇巻といわれる膨大な分量の出版を、整版で、しかも何の資金的裏付けも持たない一介の僧侶が行ったことは称讃に値する。鉄眼はこの大願を実行に移すために全国に行脚して浄財を集めた。今それらの概要を経典の巻末に記された刊記に見ることができる。

刊記とは、鉄眼が大蔵経を刻するにあたって、どこの国の誰からいくら喜捨を受けたかを記し、次に典籍名巻次、願文を載せ、さらに何年何月黄檗山宝蔵院識という順序で、鉄眼の募縁活動に関する情報が記載されている、いわゆる奥付である。

最初の刊記が寛文十一年（一六七一）一月で、最終年の刊記は天和元年（一六八一）である。鉄眼は翌年三月に入寂しているから、さらに入蔵予定典籍はあったと考えられる。浄財の金額は、白金一千両を喜捨した妙宇尼から、二二人が合わせて六銭三分五釐を喜捨した例など、名前の記載もない人たちの浄財を得ていたことがわかる。地域を見ると、北は出羽国から南は琉球国まで広い範囲に及んでいる。

刊記の数について見ると、初刷正明寺本では一〇二三件、元禄期の刷本である獅谷法然院本の刊記には一三二二件、赤松晋明（一八九三〜一九七四、宝蔵院第五十九代住持、摺印本版木から刊記部分を直接摺印し、七分冊して綴じた一帙。龍谷大学図書館所蔵）の刊記には一二五七件があった。その刊記数の多少について整理してみると、刊記総数は一四二五件となる。これらの刊記を検討すると、次のように四つに分類できる。

Ⅰ　はじめは和刻本を底本として使い、そこに鉄眼の刊記を付けていたが、後刷りの刷本では「万暦版」の和刻本に変え、それにともない、鉄眼の刊記も削除しているものがある。例えば、『大方広仏華厳経疏演義鈔』は、鉄眼当時には「浙江省昭慶律寺蔵板」を和刻して出版したものを底本とし、さらにその版木に鉄眼の刊記を付けていたが、後刷りの刷本では「万暦版」を覆刻した和刻本に変え、それにともない、鉄眼の刊記も削除している。ほかには『涅槃経疏』などがある。

Ⅱ　鉄眼は「万暦版」正蔵には蔵外の典籍にも刊記を付けていることが挙げられる。例としては、『楞伽経阿跋多羅宝経参訂疏』『大方広仏新華厳経合論』『妙法蓮華経綸貫』『妙法蓮華経台宗会議』『教観綱宗』『教観綱宗釈義』などの刊記である。

Ⅲ　刊記だけを後から補刻した例として、『雑阿含経』『大乗無量寿荘厳経』などが挙げられる。

Ⅳ　『維摩詰経』『宝雨経』『大荘厳法門経』など。赤松晋明『刊記集』が見落としたと思われる刊記がある。

さて、鉄眼を扶助し大蔵経刊行事業を引き継いだ宝洲道聡（一六四四〜一七一九）は、元禄十三年（一七〇〇）に「宝蔵院規約」をしたため、事業の継承を願った。その中に、余、其の事を司（つかさ）どり其の志を継いで其の未だ満たさざる所を満て、其の未だ了（おわ）らざる所を了（お）ふ。

とある。鉄眼募刻の刊記は、年月の記載や改版の問題があるにしても、一四二五件の刊記は、鉄眼とその遺志を汲んだ弟子宝洲による募縁活動を知る重要な資料といえる。

全蔵ではないが延宝六年（一六七八）までに製本が終わった鉄眼版大蔵経が後水尾（ごみずのお）上皇（一五九六～一六八〇）に献上され、最終的に滋賀県日野正明寺に下賜された。

鉄眼版の体裁と特徴

鉄眼版は木活字による天海版とは違い、整版印刷である。整版とは一枚の板に活字を刻んだもので、鉄眼版は桜材を使い、横約八二センチ、縦約二一センチ、厚さ約一・八～二センチの節のない板に片面二面、表裏合わせて四面分が刻んである。一面は一行二〇字、二〇行で中央の部分は版心といって、上から三蔵などの分類・典籍名・巻数・丁数・千字文巻次などが刻まれている。このことは、方冊本に綴じられているので、版心により直に読みたい経典の箇所を探し出すことができ、従来の折本や巻子本、あるいは粘葉（でっちょう）装本などとは比べものにならないくらい、読む人にとっては便利な装幀であった。それは底本である明の万暦版そのままを踏襲したものであり、整版で方冊本という製本にしたのは、鉄眼が初めから多くの人々に大蔵経を読んでもらうために便利なものをと考えていたからだと思われる。一般的には、鉄眼版とは明万暦版の正蔵の覆刻のみのことをいうが、それだけではない。完成を急ぐためか安価にするためか、和刻本を入れ版したり「万暦版」正蔵には入蔵されていないものを出版したりしていることがわかってきた。

いま一つ特筆すべきは高麗版大蔵経を底本とした出版があったことである。これは、真言宗新安流の祖であり、梵学を復興した僧としても名高い浄厳覚彦が、鉄眼に出版依頼したものであった。浄厳は真言宗の基本となる儀軌に関する『仏説秘密儀軌衆法経総目』という目録を作り、その普及をはかった。そこで刊行されつつある鉄眼版大蔵経によって儀軌典籍を揃えようとしたが、そこに入蔵もされておらず、和刻本にもない典籍を鉄眼に頼んで新しく開版してもらっている。

このような底本の出入はあるが、一般に鉄眼版といわれる明万暦版正蔵の分については二七五帙に納められ、頒布された。資金も、後ろ楯となる協力者もなく始められた大蔵経の刊行は、鉄眼の情熱とそれに応えた人々の合力で完成した。天和元年（一六八一）のことであった。その年は飢饉があり、鉄眼が難民救済のための施財協力のためにしたためた手紙が残っている。

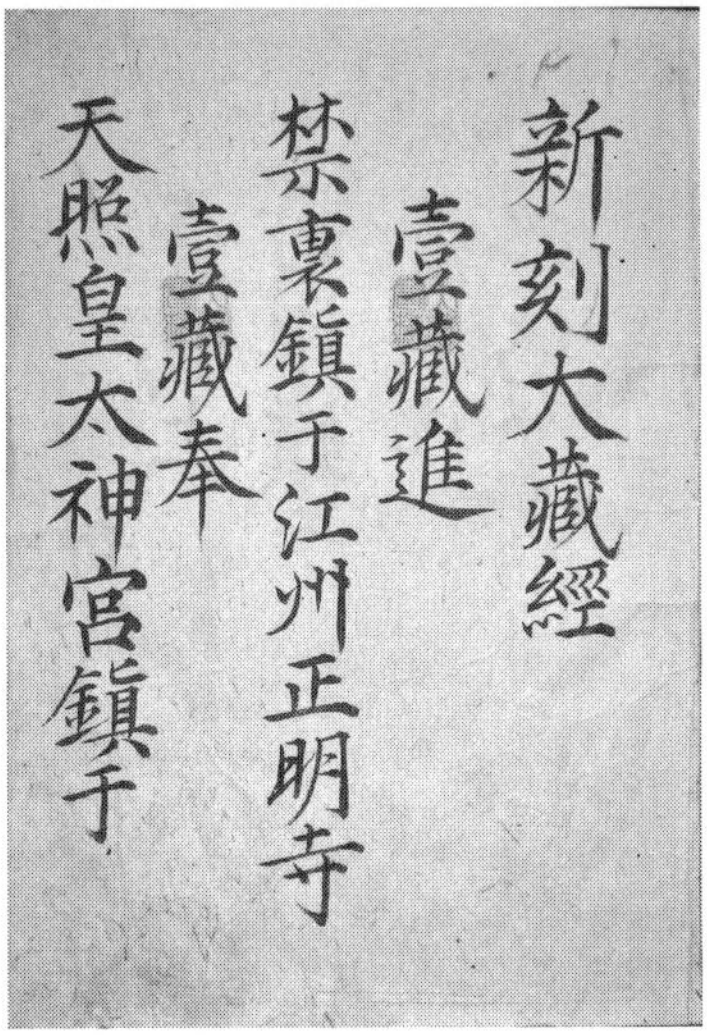

新刻大藏經
壹藏進
禁裏鎮于江州正明寺
壹藏奉
天照皇太神宮鎮于

図8　『大蔵経請去總牒』巻頭（宝蔵院）

こうしてできあがった鉄眼版大蔵経は、『大蔵経請去総牒』という当時の販売台帳のような本によれば四〇五蔵もの点数が全国各所に納入されたという。また『全蔵漸請千字文朱点』という台帳には、昭和十六年（一九四一）までに約二三四三カ所にのぼる鉄眼版大蔵経の納入記載がある。それによれば、配本は一度に行われるのではなく数回に分けるのが一般的で、なかには八十数回に及ぶ配本もあった。製本の関係もあるが、代金の支払いも考慮に入れれば、当然のことといえよう。

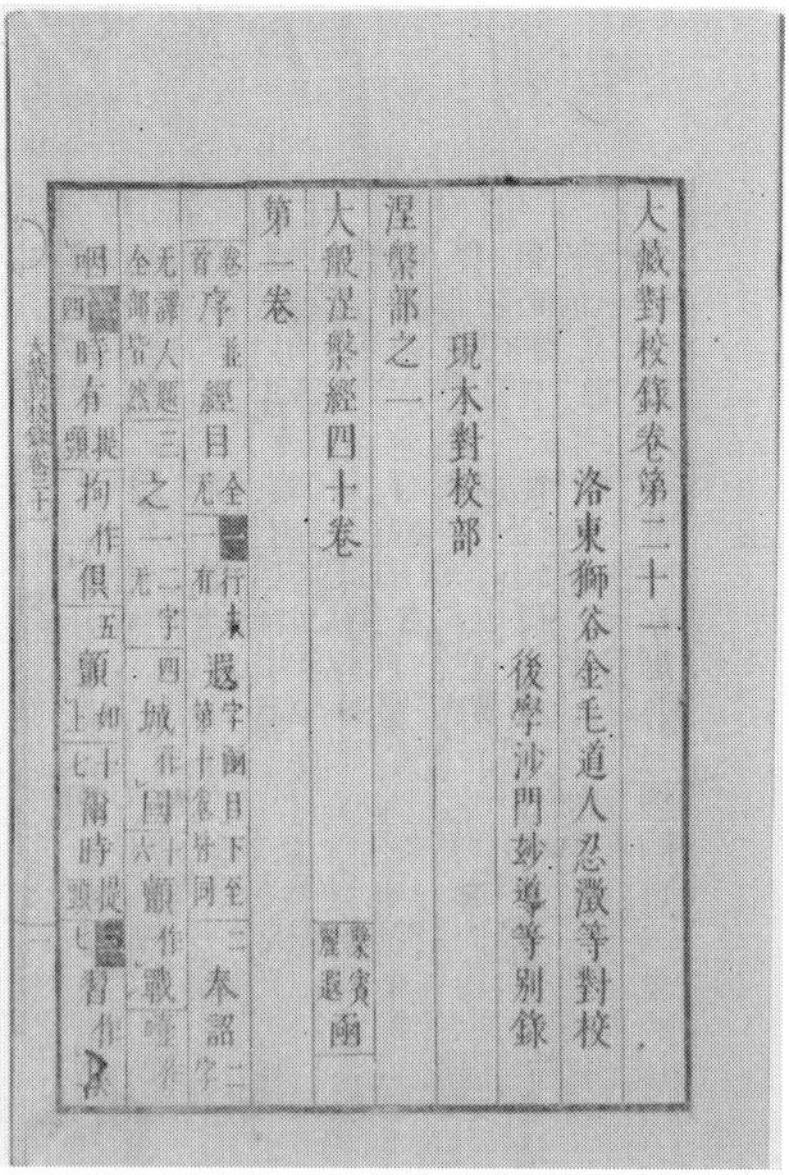

図9　『大蔵経対校録』巻第二十一
（法然院蔵）

法然院版の対校録と出版

さて、流布版の鉄眼版大蔵経ができたことにより全国共通の大蔵経の底本が出現した。

近世の大蔵経の出版は宗存・天海・鉄眼の三人で尽きるが、鉄眼版の普及により高麗版との全蔵にわたる比較対校が行われた。その始めは法然院中興第二世の忍澂（一六四五～一七一一）である。彼の伝記によると、刊行途中の鉄眼版の『大乗本生心地観経』を読んでいたところ文意の通じない箇所が多々あった。たまたま安然和尚の著した『普通授菩薩戒広釈』に引用する経文と比較すると、やはり漏脱があった。以来、鉄眼版の経文を閲して意味の通じない箇所があるごとに、鉄眼版と善本とを対校して誤りを正していきたいと思っていた。そこで建仁寺の高麗版と鉄眼版との対校を決め、江戸芝の増上寺より直絃を上首とする学生十余人を呼びよせた。高麗版と鉄眼版とを比べ、朱筆で鉄眼版にその相違点を記入する方式で、正確を期すために一巻について三人が対校していたという。宝永三年（一七〇六）二月十九日に始まり、足掛け五年の歳月を費やし宝永七年四月に対校事業を終えた。これらのことは、この大事業を推進した宝洲が享保十八年（一七三三）に書いた『刻大蔵対校録募縁書』に詳しい。

忍澂の達見は募縁書にもあるように、その対校した結果を大蔵経対校録として出版しようとしたことであった。しかし対校後の翌年に亡くなったため、その出版は彼の弟子に受け継がれた。大蔵経対校録には大分して二種類あって、①相違した点のみを出版する校正部と、②鉄眼版に入蔵がなく、かつ高麗版に入蔵の典籍を出版する欠本補欠部とである。従来、対校録は、①の校正部のみであったかのようにいわれてきたが、②の欠本補欠部も重要であり、鉄眼版に入蔵されなかった。慧琳『一切経音義』一〇〇巻の出版などは高く評価をされている。また『麗北両蔵相違補欠録』には個々の補欠理由が記されている。

日本の仏教は、天和元年（一六八一）に一応の完成をみた鉄眼版大蔵経によって大きく転換したと言っても過言ではない。整版による鉄眼版は明万暦版正蔵とほとんど同一視され、この流布版の出現により、以後の各宗派の宗典出版では盛んに校訂や校異が作られはじめたことが挙げられる。もちろんそれ以前の時代でも、写本同士で校訂や校異などをしていたが、どんなに厳密な善本を作ったところで写本であるから一点一点相違するので、それはいつでも個別のものであったから普及はしなかった。しかし、高麗版との刊本同士の対校によってその事業の重大さに僧侶たちは気づくこととなった。その後、真宗の越前浄勝寺丹山順芸（たんざんじゅんげい）（一七八五〜一八四七）によっても対校が行われている。文政九年（一八二六）より天保七年（一八三六）まで、丹山は息子二人らと共に、やはり建仁寺の高麗版と鉄眼版との対校事業を興し完成させている。また天保八年九月に建仁寺が出火し大蔵経もごく一部を残し焼失したことで、ただちに東本願寺は十一月に丹山に命じてその対校の副本を作らせている。現在の大谷大学図書館に所蔵される対校本はその副本である。

近世の仏教学および各宗の宗学への直接の影響を与えたのは鉄眼版ということができる。鉄眼版大蔵経は入手しやすく、通読・検索に便利である。一方、入手困難ではあるが、文義通じやすく貴重な高麗版大蔵経。近世の碩学たちが、両蔵の特長を見極めつつ、大蔵経の中に仏道修行の指針を見出していこうとした事実は、経蔵に納められている経典の校訂の中に見出すことができるであろう。

参考文献

▼一　近世の一切経

松永知海「近世における大蔵経の出版とその影響」（鈴木健一編『形成される教養――十七世紀日本の〈知〉――』勉誠出版、二〇一五年）

▼二　宗存版一切経

叡山学院編『八十五回大蔵会展――延暦寺蔵宗存版木活字――』（叡山学院、二〇〇〇年）

岡　雅彦「瑞光寺蔵宗存版について」（『國學院大學紀要』四五、二〇〇七年）

小山正文「宗存版一切経ノート」（『同朋佛教』二〇・二一、一九八六年）

小山正文「林松院文庫の宗存版」（『日野照正博士頌寿記念論文集　歴史と仏教の論集』自照社出版、二〇〇〇年）

小山正文「宗存版『大蔵目録』」（『同朋大学仏教文化研究所紀要』二二、二〇〇二年）

小山正文「寛永二十年版『黒谷上人語燈録』の表紙裏より抽出された宗存版」（『同朋大学仏教文化研究所紀要』二六、二〇〇六年。のち、渡辺守邦『表紙裏の書誌学』笠間書院、二〇一二年）

渡辺守邦「表紙裏及古・再考」（藤本幸夫編『書物・印刷・本屋――日中韓をめぐる本の文化史――』勉誠出版、二〇二一年）

是澤恭三「常明寺宗存の出版事業」（『書誌学月報』一七、一九八四年）

斎藤彦松「宗存版の研究」（『同志社大学図書館学会紀要』三、一九六〇年）

滋賀県教育委員会事務局文化財保護課編『延暦寺木活字関係資料調査報告書』（滋賀県教育委員会、二〇〇〇年）

禿氏祐祥「高麗本を模倣せる活字版大蔵経に就て」（『六条学報』二二八、一九二〇年。のち、龍谷大学仏教史学会・史

学会編『龍谷大学仏教史学論叢』冨山房、一九三九年所収）
馬揚久幸「日本近世の大蔵経刊行と宗存」（『圓仏教思想と宗教文化』六三、二〇一五年）原文韓国語
馬揚久幸「近世の大蔵経刊行と宗存」（『佛教大学国際学術研究叢書五　仏教と社会』思文閣出版、二〇一五年。のち、馬揚久幸「日韓交流と高麗版大蔵経」法蔵館　二〇一六年所収）
水上文義「新指定重文・延暦寺蔵『宗存版木活字』について」（『天台学報』四三、二〇〇一年。のち水上文義『日本天台教学論―台密・神祇・古活字』春秋社、二〇一七年収録）

▼三　天海版一切経

川瀬一馬『増補　古活字版の研究』（Antiquarian Booksellers Association of Japan、一九六七年）
研究成果報告書『寛永寺蔵天海版木活字を中心とした出版文化財の調査・分類・保存に関する総合的研究』（課題番号一〇三〇八〇〇二、研究代表者渡辺守邦、二〇〇二年）
小野玄妙「天海版一切経の底本及び校本」（『ピタカ』四―六、一九三六年）
野沢佳美「天海版大蔵経の底本に関する諸説の再検討」（『立正史学』七七、一九九五年）
松永知海「天海版一切経覚書」（『石上善應教授古稀記念論文集　仏教文化の基調と展開』山喜房仏書林、二〇〇一年）
水上文義「近世古活字版仏典の梵字活字――宗存版と天海版の場合――」（『叡山学院研究紀要』二四、二〇〇二年）
水上文義「天海版一切経木活字の特色」（『印度学仏教学研究』五一―一、二〇〇二年）
水上文義「新指定重文・寛永寺蔵『天海版一切経木活字』について」（『天台学報』四五、二〇〇三年）
水上文義「古活字の時代における天海版一切経木活字の位相」（『村中祐生先生古稀記念論文集　大乗仏教思想の研究』山喜房佛書林、二〇〇五年。のち水上文義『日本天台教学論――台密・神祇・古活字』春秋社、二〇一七年収録）

▼四　鉄眼版大蔵経

阿住義彦編『自在院蔵「黄檗版大蔵経」調査報告書』（真言宗豊山派自在院、二〇〇九年）

上越教育大学附属図書館編『上越教育大学所蔵　黄檗鉄眼版一切経目録』（上越教育大学附属図書館、一九八八年）
佛教大学仏教文化研究所編『獅谷法然院所蔵　麗蔵対校黄檗版大蔵経並新続入蔵経目録』（佛教大学仏教文化研究所、一九八九年）
松永知海「「黄檗版大蔵経」の再評価」（『仏教史学研究』三四―二、一九九一年）
松永知海編『『全蔵漸請千字文朱点』簿による『黄檗版大蔵経』流布の調査報告書』（佛教大学アジア宗教文化情報研究所、二〇〇八年）
元興寺文化財研究所編『豊山長谷寺拾遺第4輯之3　黄檗版一切経』（二〇一九年）脱稿後に刊行されたので、参照されたい。

第4章　日本近代の大蔵経出版

一　金属活字版大蔵経

江戸時代末期から明治初期にかけて西洋の金属活字印刷技術が伝わって以来、さまざまな分野の典籍がこの技術を用いて印刷発行されるようになった。仏教典籍もまた、金属活字印刷本が増加し、やがて大蔵経も活字印刷に付されようになった。江戸時代にもっぱら用いられていた木版印刷の黄檗版大蔵経は、明治時代以降、こんにちに至るまで印刷し続けられてはいるが、学術活動においては金属活字本の大蔵経がもっぱら利用されている。

大日本校訂大蔵経

日本で最初に金属活字を使用した漢訳大蔵経は、『大日本校訂大蔵経』である。この大蔵経は、和紙の菊判（二三〇×一五二ミリ）袋綴装で、五号活字（一〇・五ポイント相当）を用い、活字・書物ともに小型であることにより、『縮刷大蔵経』（『縮蔵』と略）とも呼ばれている。明治十四年（一八八一）八月に刊行が開始され、同十七年（一八八四）十二月に本編の刊行が終了し、翌十八年十二月に『目録』が出され、足掛け五年の大事業が完了した。

『縮蔵』出版事業の中心人物は、もと天台宗本山派修験道大先達であり、明治維新ののち還俗して教部省や内務省社寺局などにおいて宗教行政に携わった島田蕃根（一八二七～一九〇七）と、廃仏毀釈に際し仏教護持に尽力した浄土宗の僧福田行誡（一八〇九～八八）であった。両人は廃仏毀釈で疲弊した仏教再興を願い、人々が容易に大蔵経を閲読できるよう、近代的な活字印刷による大蔵経出版を思い立った。島田は増上寺所蔵の宋・元・高麗の三大蔵などを底本や校本として使用することを福田にはかり同意を得、明治十三年（一八八〇）に弘教書院を興し事業を始めた。経営は江戸時代以来の書肆山城屋の稲田佐吉と山東直砥（一八四〇～一九〇四）が相はかり準備を行い、山東が社長となった。山東は、もと高野山の僧で、教育界や出版界で名の知られていた人物であった。また実際に印刷・出版の指揮にあたったのは、アメリカで印刷技術を学んできた色川誠一であった。

弘教書院は、この大規模な事業が経済的な事情で途絶することを避けるため、当時としては珍しい予約出版で刊行する計画を立て、一套百二十円・一千部の予定で予約を募った。はじめは反応が芳しくなかったが、東・西の本願寺が各五〇〇部（一説には各一〇〇〇部）を引き受けたことを契機に、事業は軌道に乗り、最終的には一套百六十円・二五〇〇部という空前の大規模出版となった。

ちなみに西本願寺では明治十九年度の決算に、蔵経代として五万九千四百八十円六十一銭九厘を計上しているが、『縮蔵』の予価が百二十円であり、『縮蔵』五〇〇部分の価格とほぼ一致する。また、これとは別に紙型版費として明治十六年度から十八年度までの三年間に、合計五万五千八百三十七円七銭を支出し事業を支援している。

本願寺の支援のみならず、各宗派が弘教書院の事業を援護し、末寺の購入の取り次ぎなどを行っていたことは、増上寺に残されている『大蔵経申込書類』『大蔵経代価取換出納記』『大蔵経代価調下簿』などの『縮蔵』刊行時の書類によってもうかがうことができる。

経済的な支援のみならず、編集・校正の人材も当然のことながら、多くは仏教各宗派の関係者であった。校正者は、はじめ雑誌・新聞などに募集広告を出したが人を得ず、のちには各宗派から人材選抜し任命することとなった。

島田は晩年『縮蔵』出版の動機について、江戸時代前期に獅子谷法然院の忍澂（にんちょう）が銀眼版大蔵経（黄檗版）の誤謬を建仁寺所蔵の高麗蔵で対校した事跡に感動したことや、明治維新以後キリスト教徒が手ごろな大きさのバイブル

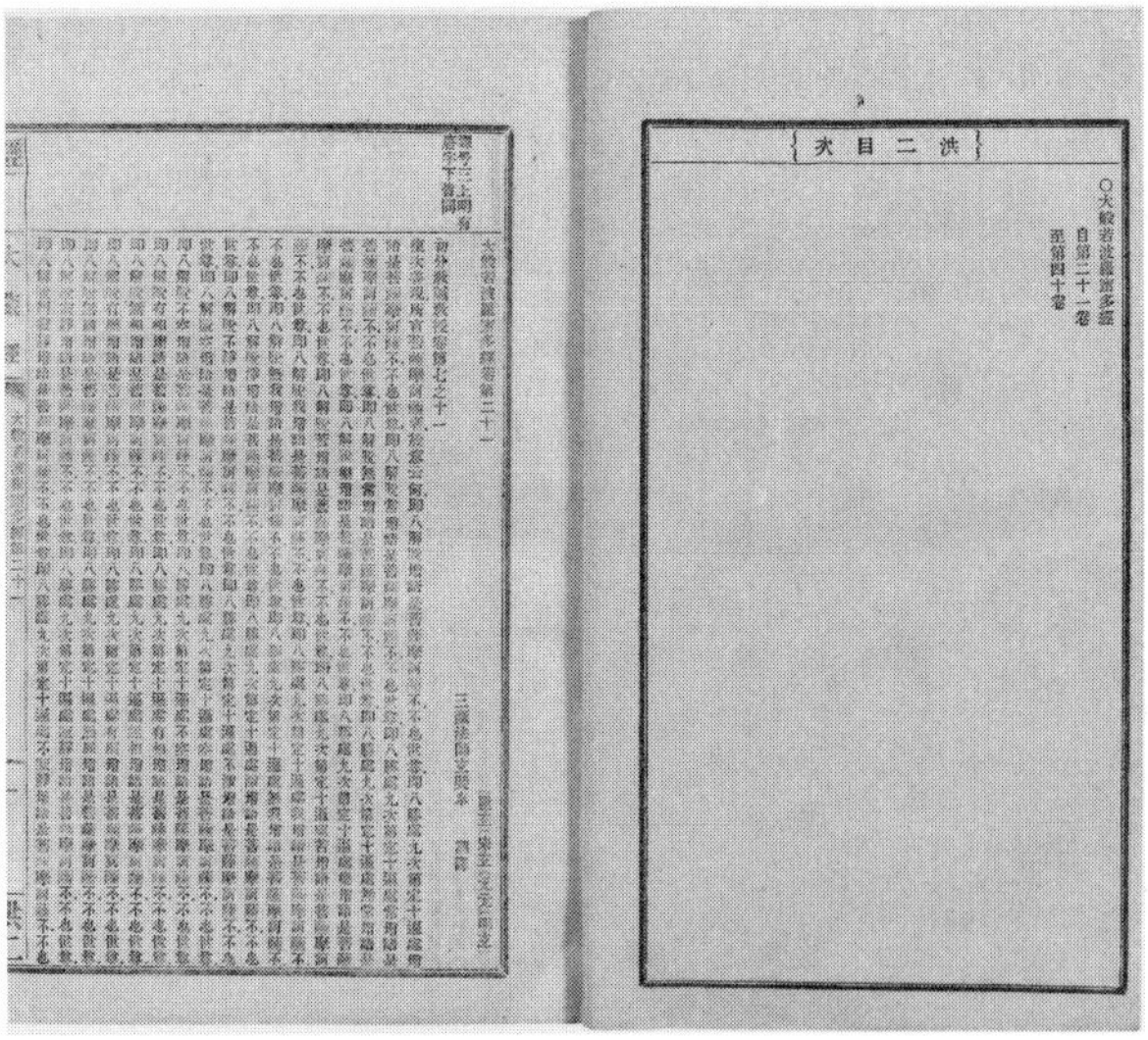

図1　大日本校訂大蔵経（縮刷大蔵経）
（第一帙第二冊　大谷大学図書館蔵）

図2　縮刷大蔵経鉛板
（大谷大学図書館蔵）

を布教に利用し大いに成果をあげているのを見て、仏教興隆のために携帯に便利な小型の活字版による大蔵経の出版を思い立ったと述懐している。『縮蔵』の出版が、仏教界の復興の契機となったことは明らかで、島田の『縮蔵』出版の目的は十分に達せられたといえる。

ところで『縮蔵』は内容において、近代以前の大蔵経と比較し、いくつかの大きな特徴があるが、その一つに、いく種類かの大蔵経を対校し、その結果を同一紙面に印刷したことが挙げられる。本文を増上寺所蔵の高麗再雕本を底本とし、同所蔵宋思渓蔵・元普寧寺蔵および弘教書院所蔵の鉄眼版（一般に明蔵といわれているが、明蔵の代わりに鉄眼版を用いている）を対校本として校合を行い、異同を頭注で記していることである。また小型の活字を用いたことは、収蔵や携帯に至便ではあったが、半葉二〇行四一五字という版組で小字であることと相まって閲読にはいささか不便であった。

その構成においても、唐の中期以降の大蔵経が『開元釈教録』の入蔵録を基準として配列されているのに対し、『縮蔵』は明の釈智旭（ちぎょく）撰『閲蔵知津』の分類に基づき日本撰述の仏典を収録していることも、特徴の一つとして挙げられる。

『縮蔵』は、その内容の斬新さとともに、携帯に至便であることなどによって、各界に受け入れられ、明治時代の仏教学研究の発展に大きな影響を与えた。近現代の日本における仏教学の発展はこの『縮蔵』の出版が基礎になったと言っても過言ではなく、日本のみならず海外にも影響を与え、欧米においても利用され、“Tokyo edition”として知られている。

また中国では、宣統元年から民国二年（一九〇九～一三）にかけて、羅迦陵（らかりょう）（一八六四～一九四一）が『縮蔵』を底本に、上海で『頻伽精舎校刊大蔵経（びんがしょうじゃ）』と称する大蔵経を刊行した。これは、四号活字（一三・七五ポイント相当）

で刊行した中国で最初の活字本の大蔵経であるが、『縮蔵』に基づきながらも、若干の中国撰述書と日本撰述部全部を省き、頭注に記された対校も省いたため、学術的価値を損なっており、研究上の利用価値は低いとされる。『縮蔵』編纂の手順については、「大日本校訂大蔵経凡例」や「大蔵経対校綱領」が、高麗蔵が歴代刊本大蔵経中、校訂の行き届いた最良のテキストであると評価し底本としたこと、宋元明三本対校というものの、明蔵は実際には鉄眼版でもって代用していることなどを記している。

実際の作業は、はじめに明蔵（実は鉄眼版）に、高麗蔵に基づいて増删（ぞうさん）を加え、訂正を施し底本とし、句読を切り、その原稿を一人が読み上げ、傍らの三人が各々宋版・元版・鉄眼版を見て異同のある箇所で声を出し指摘し、その由を即座に原稿に記載するという手順であった。

これは、活字化する際に高麗蔵そのものを直接の底本としていないことを示しており、おおむね高麗蔵の内容を反映するものの、転記の際の誤りなどを引き起こしやすい方法であった。現代のように写真技術が発達していない当時の状況からすればやむをえない方法ではあるが、『縮蔵』本文と高麗蔵原本とを比較して不一致のある箇所の多くは、この方法に起因するものである可能性が高い。

ところで『縮蔵』刊行完了五十年後の昭和十年（一九三五）に、島田蕃根が作成していた正誤表を基礎に再校訂を施した『昭和再訂縮刷大蔵経』が、鈴木霊真（れいしん）を会長とする縮刷大蔵経刊行会から出版されている。『昭和再訂本』は全四〇帙、四一八冊、別冊目録一冊の計四一九冊を一〇〇〇部発行する予定で刊行が始められた。しかし全四一九冊の現存を確認できるものはなく、あるいは完結しなかったとも考えられる。刊行時にはすでに『大正蔵』が刊行されており、需要が多くなかった可能性がある。

日本校訂大蔵経・大日本続蔵経

『縮蔵』についで刊行されたのは、明治三十五年から三十八年（一九〇二〜〇五）にかけて刊行された『日本校訂大蔵経』である。『大日本校訂訓点大蔵経』『麗明対校全部訓点縮刷大蔵経』などともいい、表紙題簽等に「卍」の表章を用いていたため、『卍蔵経』ともいう。浄土真宗本願寺派の僧前田慧雲（えうん）（一八五五〜一九三〇）と中野達慧（たつえ）（一八七一〜一九三九）が中心となり、京都の蔵経書院（当初は図書出版株式会社）から出版されたもので、実質的な編集者は中野である。

この大蔵経は、京都法然院忍澂が建仁寺所蔵高麗再雕本と対校した鉄眼版を底本とし、『縮蔵』より大きい四号活字（一三・七五ポイント相当）を用い、和紙四六倍判（二六九×一九〇ミリ）袋綴装、三六套三四七冊で、二段組二〇行二二字詰とし閲読の便をはかるとともに、すべてに句読点・返り点を付していることが特徴である。

蔵経書院ではこれに引き続き明治三十八年から大正元年（一九〇五〜一二）にかけて『大日本続蔵経』（『卍続蔵』）一五〇套七五一冊を出版した。『卍続蔵』は『卍蔵経』に収録されなかった仏典、とくに中国撰述の典籍を集大成することを企図したもので、章疏類や禅籍など中国仏教を研究するうえで必須の典籍が豊富に収録されており、のちに編纂された『大正蔵』に未収録の典籍も多い。『卍正蔵』は現在ではほとんど利用されることはないが、『卍続蔵』はこんにちでもその利用価値を失っておらず、『卍続蔵』が蔵経書院の事業を不朽のものとしている。ただ正蔵・続蔵とも校訂については必ずしも正確ではないといわれ、『卍続蔵』の底本の来源が必ずしも明確でないものが多いことも問題点として指摘されている。

昭和五十年から平成元年（一九七五〜八九）にかけて国書刊行会から出版された『新纂大日本続蔵経』は、旧版出版時に欠巻であった部分について、若干のものについて、新たに発見された資料で補充するなど改訂を施しているが、大幅な改訂ではない。

蔵経書院が編修に用いた蔵書の多くは、現在は京都大学附属図書館に〈蔵経書院文庫〉〈日蔵既刊分〉〈日蔵未刊分〉として所蔵されており、出版に際しての努力の様子をうかがい知ることができる。また『卍続蔵』も『縮藏』

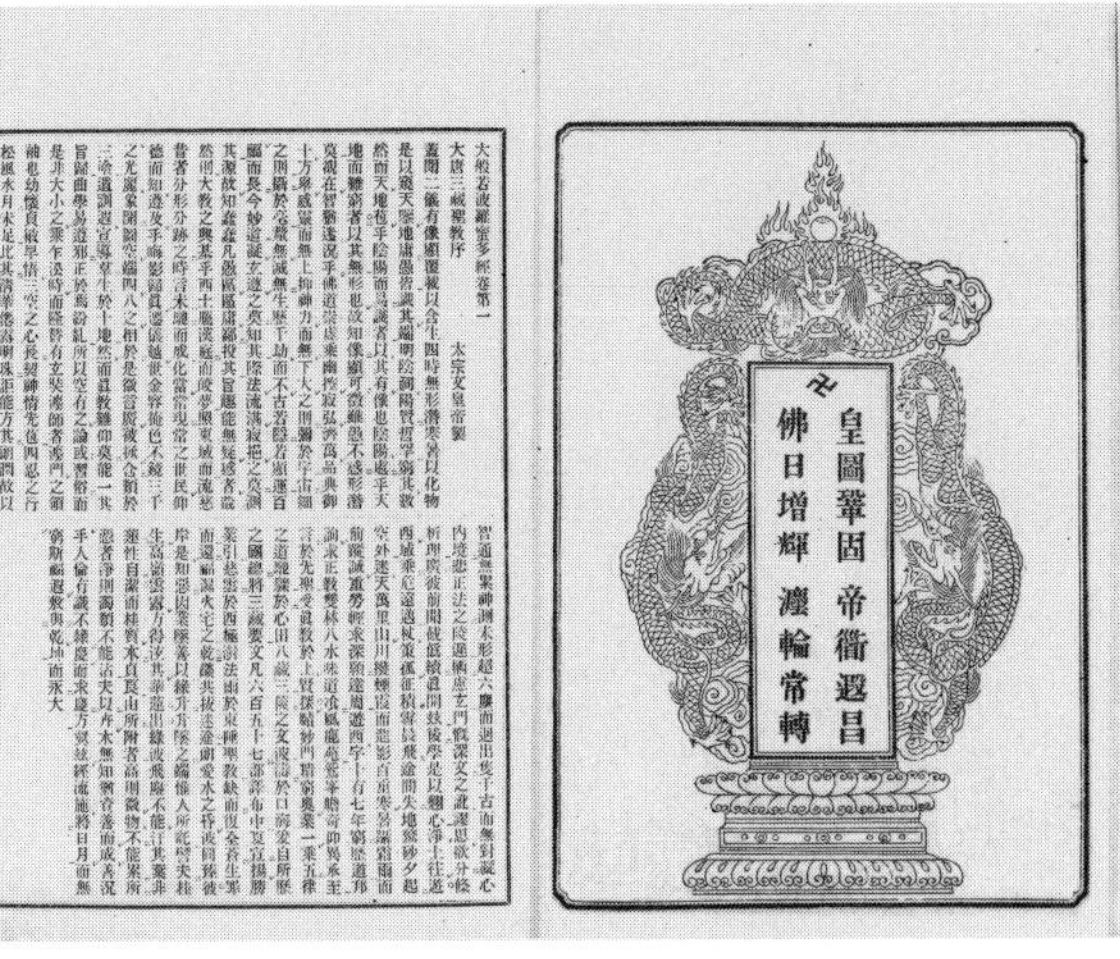
皇圖鞏固 帝道遐昌
佛日增輝 法輪常轉

図3　日本校訂大蔵経（卍正蔵）
（第一套第一冊　大谷大学図書館蔵）

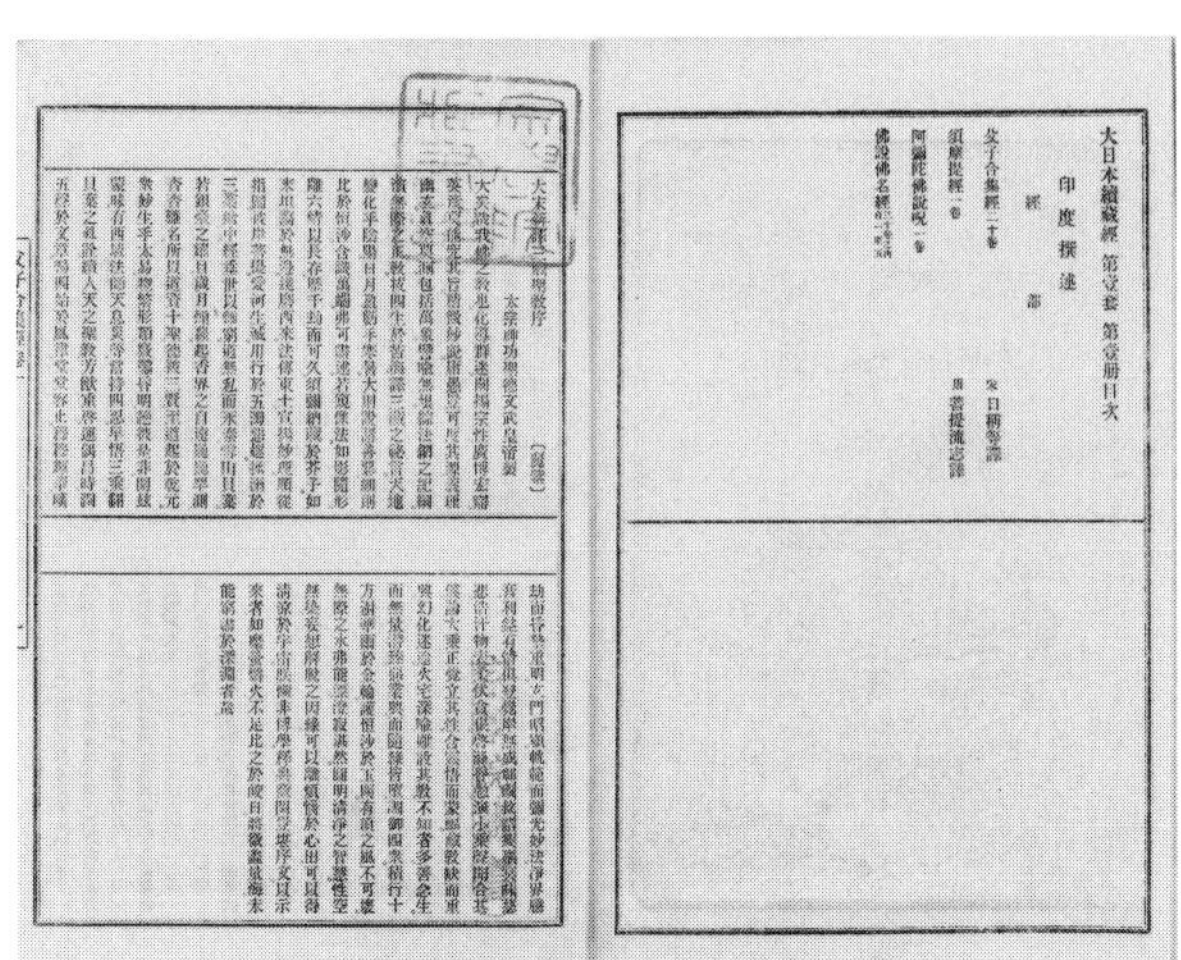

図4　大日本続蔵経（卍続蔵）
（第一套第一帙第一冊　大谷大学図書館蔵）

と同じく中国において需要があり、民国九年（一九二〇）に上海商務印書館から影印されている。

博文閣縮刷大蔵経

東京の出版社博文閣から明治四十四年（一九一一）に刊行が始められた『縮刷大蔵経』は、菊判（二二七×一五二ミリ）洋装本、二段組二八行三五字で、『縮蔵』よりさらに小型の六号活字（八ポイント相当）を使用し、訓点を付し、上欄外に宋・元・明三本による校記がある。内容は『縮蔵』を継承しているものの、第一冊第二冊が『大般若波羅蜜多経』であり、経典の配列は伝統的な大蔵経に拠っており、大正三年（一九一四）には第八冊『阿含経』が刊行されている。わずか三冊の未完の大蔵経ではあるが、最初の洋装本大蔵経としての意義を有する。

大正新脩大蔵経

明治時代の初めに真宗大谷派の僧南条文雄（一八四九～一九二七）・笠原研寿（一八五二～八三）の二人が英国へ留学し、マックス・ミュラー（一八二三～一九〇〇）のもと西洋の仏教学を学んだことが、日本人による近代仏教学研究の始まりであった。そののち高楠順次郎（一八六六～一九四五）らが相次いで諸海外へ留学し、明治末年には帝国大学や宗門大学などにおいて西洋流の近代的な仏教研究の環境が整ってきた。このような環境のなか大正時代になり、新たな大蔵経の出版が始められた。高楠順次郎・渡辺海旭（一八七二～一九三三）を都監として編纂された『大正新脩大蔵経』である。

この大蔵経は大正十二年（一九二三）に「刊行趣旨」が公表され、翌十三年五月よりほぼ毎月一冊ずつ刊行され、途中関東大震災もあったが、昭和三年（一九二八）には正編五五冊が完結した。当初の計画では各冊一〇〇〇頁前後・全五五巻の予定であったが、のち続編三〇巻・図像部一二巻・『昭和法宝総目録』三巻を増補し、昭和九年（一九三四）に全一〇〇巻が完結した。四六倍判（二五七×一九〇ミリ）洋装本、本文は五号活字（一〇・五ポイント相当）三段組二九行一七字で、欄外校注は六号活字（八ポイント相当）である。初版刊行時のみ和装本も刊行された。

底本・校本は、『縮蔵』に倣い、増上寺所蔵の高麗版・宋・元・明版の四種の大蔵経を用いたほか、新たに宮内省図書寮所蔵の東禅寺版・開元寺版大蔵経や、正倉院聖語蔵（元来は東大寺尊勝院の蔵書）の天平古写経など多くの校本を用いて編纂されたもので、こんにちでもその学術的価値を保っている。正編完成時に記された「刊行経過要略」によると、『大正蔵』出版は大正十一年に東京帝国大学梵文学研究室において高楠を中心とする集まりがあり、大蔵経の出版について議論があったことに端を発したとしている。当時『縮蔵』は一部千円以上もし、かつそれも入手が困難であったという。また高楠は、前年石山寺で古写経の調査を行ってより通行の大蔵経と古写経の対校の必要を感じており、それが新たな大蔵経を出版する大きな動機となったとしている。

刊行に際し高楠と渡辺は、五大特色として以下のような方針を掲げた。

第一は厳密博渉の校訂につとめるため、日本国内の古写経はもとより、敦煌など中央アジアで新たに発見された中国の古写経までをもその資料として用い校訂を行う。

第二は周到清新な編纂をするため、従来の大蔵経の編成にとらわれず新たな学問の成果を利用し系統だった組織をつくりだす。

第三は梵漢対校を行い、最新の研究成果を総合しサンスクリットやパーリ経典を参考に校訂を行う。

第四は経典の内容索引・大蔵経諸刊本の対照表・内外現存の梵本や古写本目録を作成し研究の資とする。

第五は携帯の便を考慮しかつ低廉な価格で刊行する。

このため従来線装本の形態で出版されてきた大蔵経を使用に便利な洋装本としている（ただし線装本のものも併せて刊行された）。

この方針は、従来の大蔵経出版の主要な目的が仏法興隆であったことに対して、研究目的を主眼としていることを示している。結果としても、『大正蔵』は刊行以来、日本のみならず広く世界各地で仏教研究の基礎的文献として用いられ、昭和三十五年（一九六〇）に再版が、近年には装訂を簡易にした普及版も出版され、その目的を十二分に実現している。

内容において特筆すべきことに、新しい分類の採用が挙げられる。従来の大蔵経が『開元釈教録』や『閲蔵知津』など伝統的な仏教観に基づいた分類が用いられているが、『大正蔵』では大乗・小乗の区別を採らず、阿含部を首に置き、近代仏教学の成果を基礎とした分類を用いている。また宋・元・明版大蔵経等との詳細な対校を脚注で示すことは『縮蔵』と同様であるが、サンスクリットやパーリの経典名のほか、底本や対校本の情報、品題や調巻の異同などを記した「勘同目録」を『昭和法宝目録』に収めたことなど、仏教研究に有用な編集を行っている。そのほか二十世紀初頭に敦煌で発見された多数の古写本などを利用した《古逸部》の存在も大きな特色である。

ただ、活字印刷の常として誤植が多々見られることや、底本や校本の翻字に際しての誤記や、木版や写本にある異体字の処理等に問題点があるといわれている。

この『大正蔵』の誤植などに関する不備の主たる要因は、『大正蔵』本文の植字の底本に『高麗蔵』の原本を用いず、『縮蔵』を翻刻した『頻伽蔵』を用いていたことや、対校にも『縮蔵』を用いたことによるとの指摘がある。

ところで『大正蔵』の出版目的の一つは、研究用の大蔵経出版であったのであるが、本文の構成や校訂などとともに、大蔵経自体のみならず、研究用の工具書を併せて刊行したことも大きな特色である。すなわち『大正新脩大蔵経索隠』の編纂である。

『索隠』の編纂計画は、『大正蔵』刊行の計画が起こるとほぼ同時に起こったもので、『大正蔵』の外護顧問を務めていた駐日英国大使のチャールズ・エリオット（一八六二〜一九三一）と、駐日独国大使のヴィルヘルム・ゾルフの建議に拠るものであった。はじめは『大正蔵』の毎巻に『索隠』を付して刊行する予定で、第一巻阿含部上が刊行されると、その『索隠』が刊行・配付されたが、エリオット、ゾルフ両人の評価は芳しいものではなかったという。そののち計画が変更され、全二五巻の構成で、大蔵経全巻刊行後の昭和十五年（一九四〇）に新たに編纂された『索隠』が刊行された。この『索隠』は結局『阿含部』『法華部』『目録部』の三冊で未完に終わったが、その流れは昭和三十三年（一九五八）から「大蔵経学術用語研究会」によって編纂・刊行された『大正新脩大蔵経索

山崎精華による校正

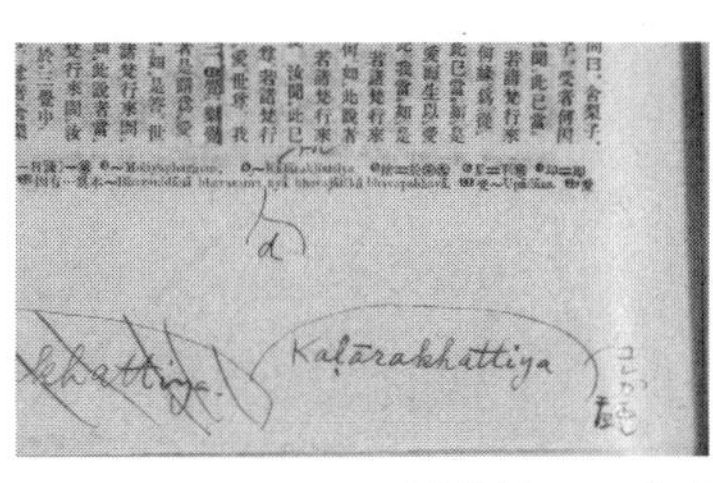

干潟龍祥による校正

図５　大正新脩大蔵経校正
（武蔵野大学蔵　写真提供：佛教大学宗教文化ミュージアム）

引』に引き継がれている。

また高楠は、諸外国で『大正蔵』が利用されることを願い、外務省の助成を利用して、積極的に海外への寄贈を行っている折、欧米においても、"Taishō Tripiṭaka" "Taishō Revised Tripiṭaka"などと呼ばれ利用されている。

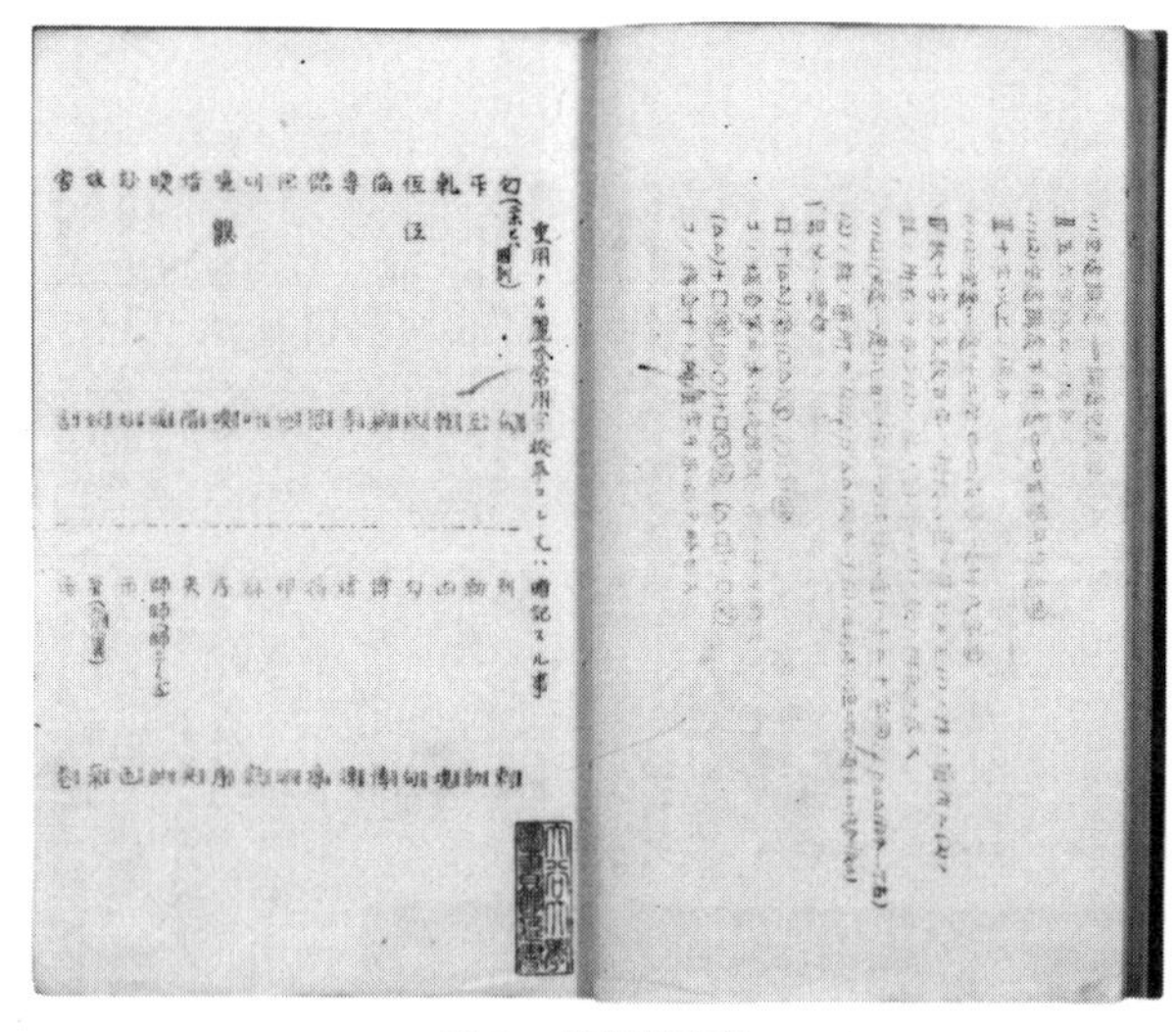

図6　校訂備忘録
(大谷大学図書館蔵)

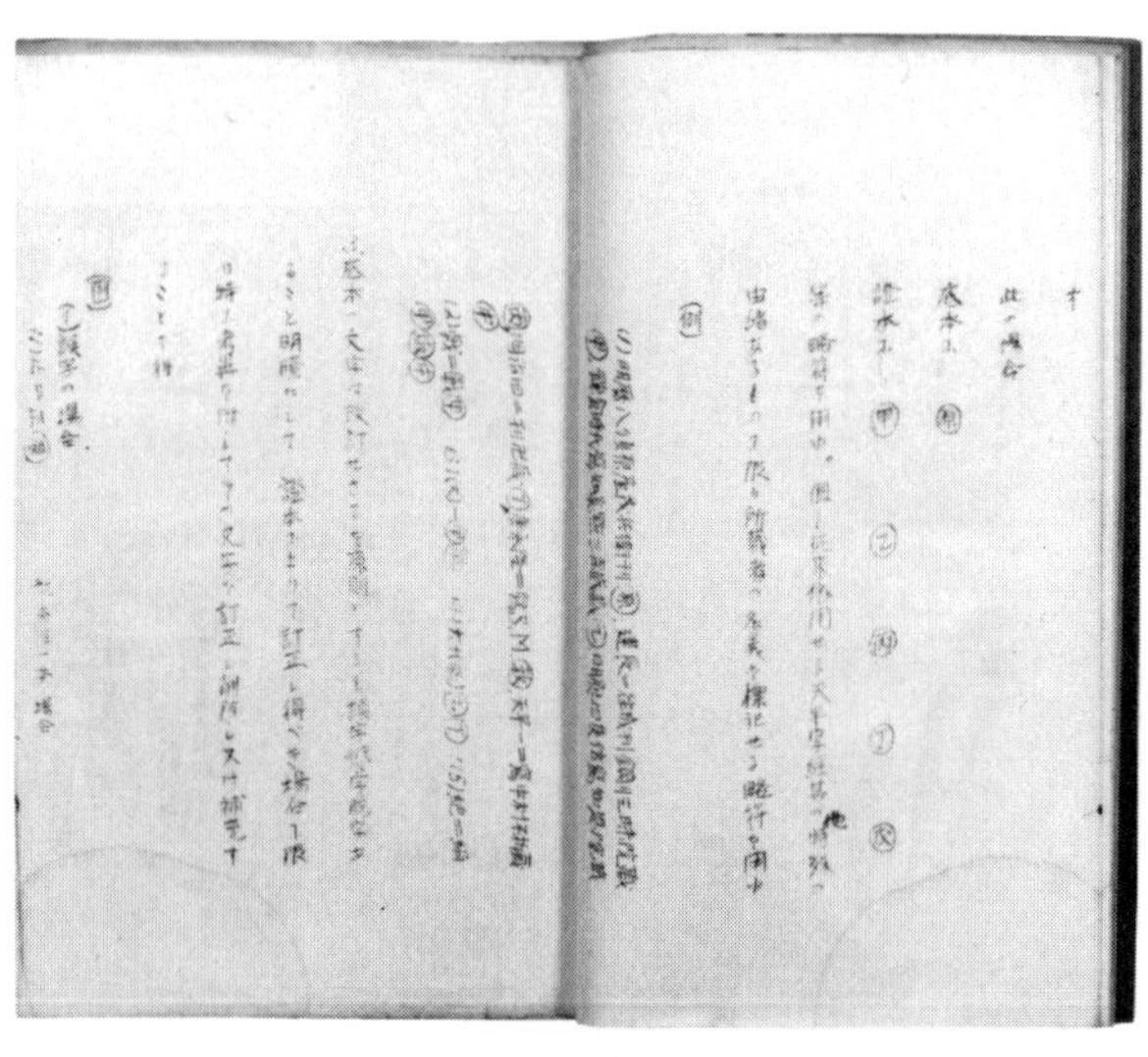

図7　校合内規
(大谷大学図書館蔵)

蔵外の各種叢書

明治以来、『縮藏』など数種の漢訳大蔵経が出版され、これら以外に漢訳経典の日本語訳を目指す叢書も編纂されたが、主要なものとして以下のものがある。

『国訳大蔵経』は大正六年から昭和三年（一九一七〜二八）に国民文庫刊行会より刊行された全三一冊の叢書で、主要経論を書き下しにしたものである。

ついで『昭和新纂国訳大蔵経』全四八冊が、昭和三年から七年（一九二八〜三二）に東方書院から刊行された。これは主要経論のほか、各宗派の宗典を宗典部も合わせ収めていることがその特徴の一つである。

その後、大東出版社から刊行された『国訳一切経』は、前二書と比べ大規模なもので、まず《印度撰述部》として全一五五冊が、昭和五年から十一年（一九三〇〜三六）に刊行された。《和漢撰述部》全一〇二冊は、昭和十一年から刊行が開始されたが、途中刊行が途絶し、昭和六十三年（一九八八）にようやく完成したものである。

これら「国訳」と称する叢書の多くは、仏典の研究に大いに役立つものではあったが、本格的な日本語訳ではなく、漢文を読み下し文にする段階のものがほとんどであった。

近年大蔵出版から刊行されている『新国訳大蔵経』は、原則として『大正新脩大蔵経』を底本として、訓読を施すとともに、新しい研究成果を基礎に注を加えたもので、現在継続刊行中である。

このほか明治以降の仏典出版の特色として漢訳以外の大蔵経の出版がある。明治以前においては、日本人にとって仏教典籍といえば、ごく少量の悉曇（しったん）文献を除いて、一般には漢訳経典および日本人の著述以外にはなかったのであるが、明治以降、南アジアや東南アジア諸国、あるいはチベットの言語で記された仏教典籍の研究にも関心が寄せられ、これらの言語によって記された仏教典籍も多数もたらされた。その代表的なものとしてチベット語の仏典があり、東洋文庫・東北大学・東京大学・大谷大学などに多数のチベット仏教典籍が収蔵されている。これらを研究資料として影印出版することは、早くより望まれたのであるが、昭和三十年から三十六年（一九五五～六一）にかけて刊行された大谷大学所蔵北京版西蔵大蔵経を影印した『西蔵大蔵経』がそのはじめである。こんにちではデルゲ版など諸版のチベット大蔵経や単独の仏典が影印本であるいはマイクロフィルムで利用できるようになっている。

またパーリ語の仏教典籍は南アジアや東南アジア諸国で伝えられきたが、これらを日本語訳したものが『南伝大蔵経』で、『大正蔵』の姉妹編として刊行されたものである。

大蔵経研究

『縮蔵』以来各種大蔵経の出版にともない、大蔵経に関する研究が進んだのであるが、その先がけとして、浄土宗の僧養鸕徹定（うがいてつじょう）（一八一四～九一）の『古経捜索録』『古経題跋』『続古経題跋』『訳場列位』『大蔵搨本考』が挙げられる。徹定は、江戸時代末から明治初期の廃仏毀釈で多数の経典が市中に流出していた時、それらを収集し、あるいは諸寺を訪れ経典の奥書や刊記などを収集し、先に挙げたような書物を著した。徹定の著述は、こんにちから見ると、誤りも少なくないが、古写経・古版経研究に有用な資料を提供している。

ついで、近代的学術史上の先駆的研究として、南条文雄の『A Catalogue of the Chinese Translation of the Buddhist Tripitaka, the sacred canon of the Buddhist in China and Japan』（Oxford, 1883）を挙げることができる。この目録解題は、南条がイギリス留学以前に修めていた伝統的な仏教学と、留学によって学んだ西洋の学術とを合わせ修めた成果である。

本格的に大蔵経に関する調査や研究が行われるようになったのは、明治末年から大正時代にかけてであった。古写経や古版経の調査は明治時代から行われていたものの、多くは奥書など歴史資料を収集するための活動の一環か、文化財保護の一環であったが、『卍続蔵』編纂や『大日本仏教全書』編纂が始まると、古写・古版の仏典に対して関心を持つ仏教学や仏教史学の研究者が現れるようになった。

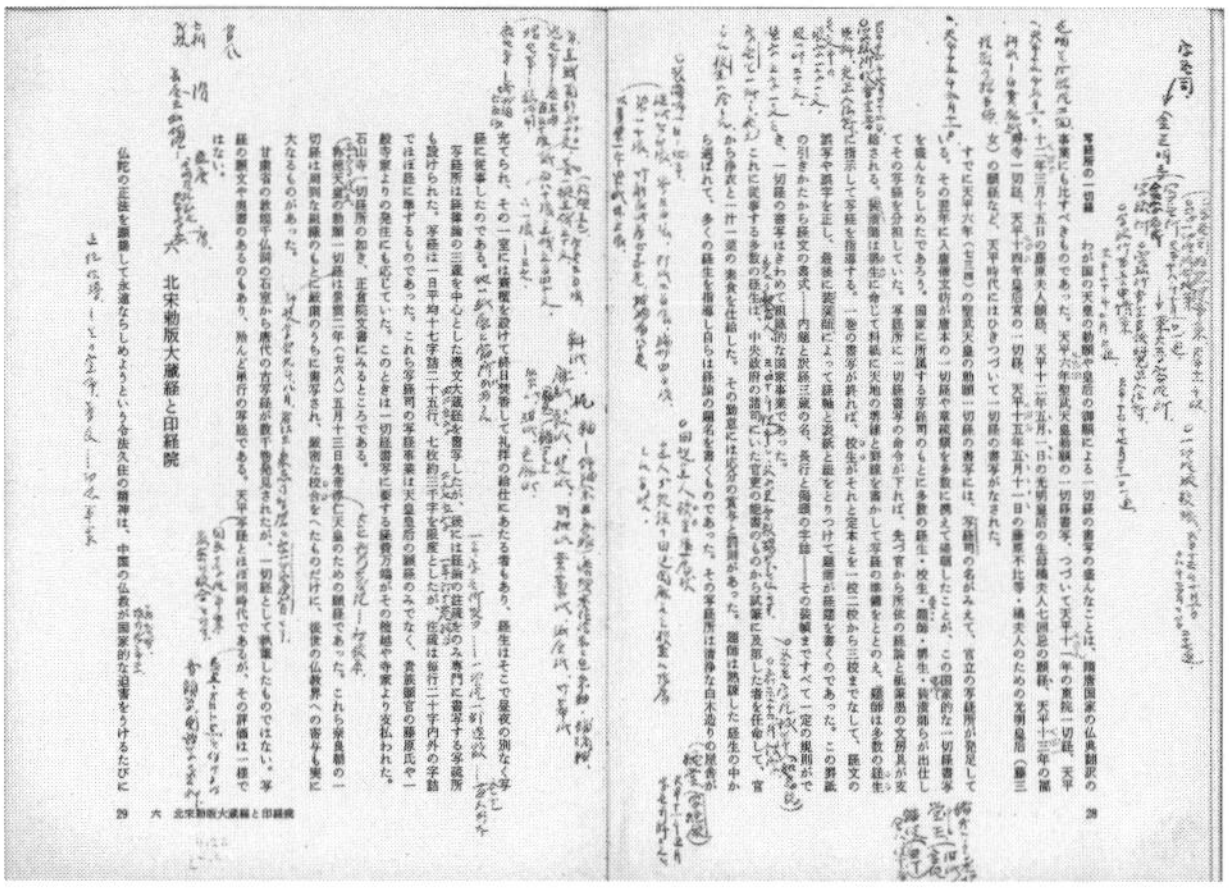

図8　小川貫弌手沢の『大蔵経――成立と変遷――』
小川本人による校正が至る所に書き込まれている。

この時期の代表的な大蔵経研究として、常盤大定（一八七〇～一九四五）の「大蔵経雕印考」がある。これは中・韓・日の刊本大蔵経の刊行の歴史、各大蔵経の構成、現存本の伝来事情などについて総合的に考察を加えた、本格的な大蔵経研究である。

その後、『大正蔵』の刊行が始まると、その底本・校本となった古写・古版に対する関心がたかまり各地の大蔵経の調査が行われ、併せて研究も盛んになった。この時期、中心となった研究者は小野玄妙である。

小野は、『大正蔵』編輯部の責任者の一人として終始『大正蔵』の編輯に携わるとともに、全国の寺院の経蔵を調査し、仏典書誌に関する報告書や論文を数多く発表している。その業績は個々に見ると現在では訂正すべき部分も多いが、いまだその価値を失ってはいないものも少なくなく、『仏書解説大辞典』全一一巻（大東出版社、一九三三～一九三六年）の別巻として出版された『仏教経典総論』は、歴代の漢訳大蔵経の組織や変遷を考察した先駆的著作である。

その後、一九三〇年代から五〇年代にかけて精力的に大蔵経研究を行ったのは小川貫弌（かんいち）である。小川は中国での調査活動も行い、特に宋元版の研究に大きな成果を上げ、昭和三十九年（一九六四）に京都大蔵会五十周年記念に刊行された『大蔵経——成立と変遷——』（百華苑）のほとんどは小川の執筆である。

その後、大蔵経研究は一時期減少したが、一九七〇年代後半から竺沙（ちくさ）雅章（まさあき）（一九三〇～二〇一五）が多くの論考を発表して以降、版本学的な方法によって大蔵経研究を行うという新たな段階に至っている。これには、日本国内での大蔵経調査が盛んになったこととともに、中国や韓国において古版の大蔵経の影印出版が盛んになったことも大きく影響している。

近代における日本以外の漢訳大蔵経出版

中国では近代以前においては木版による大蔵経出版が盛んであったが、近現代においては、活字印刷と写真製版技術を用いた、いわゆる影印本による出版が盛んに行われている。とくに古版大蔵経の影印本が多いことが大きな特徴で、開宝蔵・金版・磧砂蔵・洪武南蔵・永楽北蔵・嘉興蔵・清龍蔵など主要な刊本大蔵経が影印されている。ことに一九四五年以降、日本では新たな漢訳大蔵経の出版が本格的には行われていないのに比べ、近年相継いで出版されていることも注目される。また台湾においても、古版の大蔵経の影印がその主流である。

韓国においては、もっぱら高麗再雕本大蔵経の木版印刷、もしくはその影印が主流である。海印寺の板木を用いて新たに印刷することは、朝鮮総督府時代や一九四五年以降、数度行われ、これらのうち数部は日本へもたらされている。四五年以降は影印が主流である。

二　日本撰述・宗門系全書

近世における木版印刷技術の発展と幕府による宗学の奨励を背景にした、木版大蔵経の開板を継承する形で、明治以降になると金属活字など近代的技術で印刷された、『大正新脩大蔵経』（以下『大正蔵』）をはじめとする漢訳大蔵経が出版され始めた。そうした動きに同調するように、日本に仏教が伝わって以降に撰述されたいわゆる日本撰述の仏教典籍、たとえば日本で興った各宗派の宗祖や高僧の撰述を集めた全集、宗門・宗派に関わる典籍を収録した全書なども、相次いで出版されていった。それは、近代出版された漢訳大蔵経がそうであるように、こんにちの日本仏教研究ないし客観的視点からの宗門史研究において、基本的な典拠史料として利用されているし、各方面で推進されている仏教文献の電子化についても、各宗派に関係する研究機関において、当該宗門に関わる全書類をデータ・ベース化して公開するという形で進められている。

宗門系全書の出版については、近代に入って以後に訪れた各宗の宗祖の遠忌（五十年ごとの記念法要）などに際して、宗門が主導した遠忌記念事業の一環として、編纂出版されたものが少なくない。遠忌に行われる事業としては、核となる遠忌法要以外に、老朽化した伽藍（がらん）の大規模修復や新たな伽藍の新築などが多いが、明治以降、近代的かつ客観的な仏教研究が盛んになるとともに、それまで宗門内や特定の寺院に秘蔵されてきたような稀覯（きこう）本も含めた史料の活字化がなされ、教団内における研究の客観化を促すとともに、広く日本仏教史全体の流れのなかで、それぞれの宗祖の思想や教団の教えを位置づけることが可能になったといえる。

以下、中でも日本撰述の全体的集大成の代表である『大日本仏教全書』と、各宗門系の全書類についての概要を眺めてみたい。

『大日本仏教全書』

南條文雄を会長に、高楠順次郎・望月信亨・大村西崖（美術史家）を主事として設立された仏書刊行会によって発行された。明治四十五年（一九一二）一月付けの設立趣意書によると、明治以降新たに出版された書籍は多いが、仏教関係の典籍は必ずしも多くなく、秘蔵されるわずかな史料が虫喰いの被害に遭い、また火災などの被害に遭えば失われてしまうし、珍本の類いになれば閲覧も容易ではなく、他の学術分野に比して仏教学が振るわないのも当然であると嘆いている。さらに、我が国の政治や文武乃至社会百般は仏教との関連なしには語れず、仏教典籍の不備は歴史研究全体にとっての不備となると述べ、日本撰述にかかる稀覯の書を選んで刊行したいので、広く支援を請うとしている。

実質的な編集は大村が担当したようであり、大正元年（一九一二）から十一年（一九二二）にかけて、日本撰述の仏教典籍九五三部を本編一五〇巻・別巻一〇巻・目録一巻にまとめて刊行された。一説には望月の『仏教大辞典』刊行が資金不足に陥ったため、それを補うために大村が企画したともいわれている。

目録・総記・諸経・華厳・法華・台密・真言・悉曇・浄土・融通念仏・時宗・戒律・三論・法相・因明・倶舎・起信・禅宗・行事・宗論・史伝・補任・系譜・地誌・寺誌・日記・詞藻・雑の二八部門を立て、概数で九五三部三三九六巻の典籍を収録している。『伝教大師全集』『弘法大師全集』など個人全集や『大正蔵経』『日本大蔵経』など、この全書に先行する全集叢書に収録された文献は省かれているが、併用することによって補完しあえる。教理全般に関する文献はもとより、儀軌・図像・寺誌・伝記・日記など、歴史資料以外の詩文集など広範囲の文献を収録している点で、さまざまな研究の典拠史料として今日も利用されている。昭和四十八年（一九七三）には鈴木学術財団が、旧版が二八部門で構成されていたのを一八部門に再編成し、本編を九六巻に組み替えるとともに解題三巻・目録・索引一巻を加えて、全一〇〇巻の新版を刊行した。また昭和五十八年（一九八三）には、名著普及会から原版が覆刻刊行された。

『浄土宗全書』

いわゆる宗門系の大規模な叢書としては、最も早くに刊行されたものであり、各宗派における全書類刊行の先駆けとなったものである。明治四十年（一九〇七）から大正三年（一九一四）にかけて、法然上人七百回大遠忌を記念し、浄土宗宗典刊行会が編纂して全二〇巻が刊行された。所依の経典である浄土三部経や異訳経、宗祖法然をはじめとする浄土宗の学匠の撰述などを収録している。

昭和三年（一九二八）に発会した浄土宗典刊行会から、第二一巻「解題」、第二二巻「索引」、別巻「梵漢対訳大小経と英訳三部経」を含めた二三巻が、昭和九年（一九三四）にかけて再刊された。さらに覆刻版が浄土宗開宗八百年の記念事業として正編二三巻が、昭和四十五年（一九七〇）から四十七年（一九七二）にかけて、山喜房仏書林から出版された。ただ覆刻版の底本については、初版本と再版本が混在している。

大正四年（一九一五）から昭和三年（一九二八）にかけて、宗書保存会の編纂で全一九巻の『続浄土宗全書』が刊行されている。続編の再版が昭和十五年（一九四〇）より行われ、続刊一一巻を含めた三〇巻が計画されていたが、戦争によって数巻で中断されたようである。

さらに続編の覆刻版も、昭和四十七年（一九七二）から四十九年（一九七四）にかけて、正編と同じく浄土宗開宗八百年の記念として出版された。

他に浄土宗系のものとして、大正二年（一九一三）から昭和十一年（一九三六）にかけて、浄土宗西山禅林寺派宗務所によって発行された『西山全書』がある。

『真宗全書』

大正二年（一九一三）から五年（一九一六）にかけて、蔵経書院から正編四六巻・続編二八巻・総目録一巻、全七五巻で刊行された。妻木直良。真宗各派の本山や仏教大学（現在の龍谷大学）や大谷大学の協力で、おもに江戸時代の各派の宗学者の撰述から、真宗教義研鑽に必要な講義録類や、真宗史に関する文書類が収録された。正編には、七高僧・親鸞・覚如・存覚・蓮如の著述の講義録計一三一点を収め、続編では主に、江戸期に起こった法論や行信論に関する述作、本願寺史・真宗史の諸史料、七四巻には聖教目録二四点を収めている。江戸期の講義録などを活字化し出版したことは画期的であり、講義録は特定の宗派や学派を偏重することなく、東西両本願寺のものが広く選ばれており、宗門史では本願寺以外の史料をも収録している点が注目される。

中野達慧の「日本大蔵経編纂の縁由」によると、『卍続蔵経』が完成した後に、蔵経書院の職員や職工の雇用を確保するための事業として、『真宗全書』の刊行を中野が提言したが、紆余曲折を経て編集は妻木直良が担当することになり、結果的に中野は『日本大蔵経』の編集に専念することになったとある。

昭和四十九年（一九七四）から五十二年（一九七七）にかけて、国書刊行会から目録を含む七五冊が再刊された。

『真宗大系』

南條文雄を会長とする真宗典籍刊行会から御橋悳言（一八七六～一九五〇）の編集で、当初二四巻の予定で大正五年（一九一六）から刊行が開始されたが、のちに一三巻を追加して全三七巻とした。途中、大正十二年（一九二三）の関東大震災で刊行会事務所が甚大な被害を受けたが、大正十四年に完結した。真宗大谷派の学匠の撰述に限定し、代表的で未刊のものを収録している。

昭和四十九年（一九七四）から同五十一年にかけて、国書刊行会より再刊された。また『続真宗大系』二〇巻別巻四巻が、昭和十一年（一九三六）から十九年（一九四四）にかけて編纂され、やはり真宗典籍刊行会から刊行された。

『真宗叢書』

昭和三年（一九二八）から六年（一九三一）にかけて、真宗叢書編輯所から全一三巻が刊行された。勧学前田慧雲・是山恵覺（一八五七～一九三一）師の古稀記念事業として、龍谷大学内の編輯所で編集され、三部経をはじめとする聖典類、本願寺派の代表的な注釈書、論題集のほか、両師の著作などが収録されている。再版本が臨川書店から、昭和五十年（一九七五）に刊行されている。

『新編真宗全書』

昭和五十一年（一九七六）から翌年にかけて、新編真宗全書刊行会の編集で、思文閣から全三〇巻が刊行された。既刊の『真宗全書』から真宗学を修める者として必須の著述を選び、未収録の資料や著者の伝記などを追加し、教義編二〇巻・史伝編一〇巻に再編集したものである。

『天台宗全書』

昭和十年（一九三五）より十二年（一九三七）にかけて、天台宗典刊行会の編纂で大蔵出版から全二五巻が刊行された。おもに日本天台関係の典籍を、叡山文庫をはじめとする文庫・諸寺、個人の蔵書から蒐集したもので、日本天台の研究に欠かせない全書である。

復刻は昭和四十八年（一九七三）に第一書房から刊行されている。

『続天台宗全書』

昭和六十二年（一九八七）から平成二十九年（二〇一六）にかけて、天台宗典編纂所の編纂で春秋社から刊行された。すでに刊行された典籍であっても、重要と認められるものについては採択したが、原則として明治以降に活字印刷で発行された書籍、すなわち『天台宗全書』正編や『大正蔵』『大日本仏教全書』、また『傳教大師全集』『智証大師全集』、『恵心僧都全集』や『群書類従』などに収録されている典籍については、重複を避けて採用されていない。

また第一期一五巻・第二期一〇巻が刊行を完了したので、第三期の刊行も開始されている。

『真言宗全書』

昭和九年（一九三四）の弘法大師入定千百年遠忌の記念事業として、昭和八年（一九三三）から十四年（一九三九）にかけて、四四冊が刊行された。

昭和五十二年（一九七七）には高野山大学続真言宗全書刊行会によって、校訂版が復刊された。

『続真言宗全書』

昭和四十八年（一九七五）の弘法大師生誕千二百年の記念事業として企画され、続真言宗全書刊行会の編纂で昭和六十三年（一九八八）にかけて刊行された。

そのほかに真言宗系の全書として、昭和三十九年（一九六四）から四十四年（一九六九）に刊行された『智山全書』二〇冊、昭和十二年（一九三七）から十四年（一九三九）に刊行された『豊山（ぶざん）全書』二一冊、昭和四十八年（一九七三）から五十三年（一九七八）に刊行された『続豊山全書』二一冊がある。

『禅学大系』

明治四十三年（一九一〇）から大正四年（一九一五）にかけて、禅学大系編纂局の編集で一喝社から全八巻が刊行された。経論部・祖録部・戒法部・清規（しんぎ）部・伝記部・批判部・雑部の七部に分けての刊行が計画されたが、清規部・伝記部・雑部は未完である。

昭和五十二年（一九七七）に国書刊行会から復刊されている。

『国訳禅宗叢書』

大正八年（一九一九）から昭和十年（一九三五）にかけて、第一輯一二巻、第二輯一〇巻が国訳禅宗叢書刊行会から発行された。収録典籍の解題を巻頭に付し、国訳には脚注を施し、巻末に原文を収めている。

第二輯第一巻の凡例によれば、大正十二年（一九二三）九月一日の関東大震災により、すでに第八巻まで進んでいた組版とその原本、さらに第八巻以後の原稿がすべて灰燼に帰したとあり、それを乗り越えて出版に漕ぎ着けたのは「二松堂主の懇請と義気」によると述べている。この二松堂主とは、初版の奥付にある国訳禅宗叢書刊行会の代表者としてされている宮下軍平と考えられる。

昭和四十九年（一九七四）に復刻版が第一書房から刊行された。

『禅学典籍叢刊』

各大蔵経に含まれていないものを含めた重要な禅宗典籍を、五山版・宋版・高麗版などから善本を蒐集し、影印で平成十三年（二〇〇一）臨川書店から全一一巻一三冊別巻一冊で刊行された。柳田聖山・椎名宏雄の共編で、巻末に解題が付されている。

また臨川書店からは、五山版禅籍の善本を詳細な解題を付して影印出版した、椎名宏雄編『五山版中国禅籍叢刊』、愛知県真福寺と神奈川県称名寺に所蔵される禅籍を中心に、貴重な写本など約七〇点を収録した『中世禅籍叢刊』（二〇一八）も刊行されている。

『**曹洞宗全書**』

曹洞宗全書刊行会の編纂で、昭和四年（一九二九）から十三年（一九三八）にかけて、全二〇巻が仏教社から刊行された。昭和四十五年（一九七〇）から四十八年（一九七三）には、全一八巻と別巻大年表に校訂した復刻版が刊行された。

また昭和四十八年（一九七三）から五十一年（一九七六）には、『続曹洞宗全書』全一一巻が刊行された。

三　データベース

近年、コンピュータ技術の進歩と普及に伴って仏典の電子化が進んでいる。これまで出版された大蔵経のみならず、蔵外仏典や古写本のテキストデータベース化も進み、古写本および仏画をデジタル画像として保存し公開する動きも盛んに行われている。デジタルデータがインターネット上にのぼることで、普及と恒久化のみならず、コンピュータとネット環境さえあれば、いつでも容易に閲覧が可能となり、携帯や複写も便利になった。なかには検索不可のものや、特定のグループに属す者のみがテキストにアクセスできるものもあるが、検索が可能なテキストデータの存在によって、用語の検索がきわめて短時間で行えるばかりでなく、異なる文献間の比較も容易となり、文献研究を格段に発展させた。適宜修正可能であることもデジタルデータの特徴である。仏典の電子化は世界的な動きとなり、一九九〇年代以降続々と公開されている。テキストデータベースの作成に当たっては当初、異体字や字体コードの問題などいくつかの大きな問題があったが、現在ではその多くはクリアされている。

ここでは、漢文・パーリ語・チベット語の主な大蔵経の電子データベース化に関する取り組みを紹介し、さらにサンスクリット仏典や、日本仏教各宗で独自に行われている仏典データベースなどを紹介する。

漢文大蔵経データベース

漢文で書かれた大蔵経のなかで最も多く用いられている『大正新脩大蔵経』(以下『大正蔵』)を定本としたデータベースは、日本のSAT大蔵経テキストデータベース研究会による「大正新脩大蔵経テキストデータベース(SAT)」と台湾の中華電子佛典協會(CBETA)による「電子仏典集成」がその代表である。

SATではテキストの信頼性の確保と他の主要研究期間との連携に主な特徴がある。一方、CBETAにはSATで提供されていない『卍新纂続蔵経』(以下『卍続蔵』)が収録されているほか、他の大蔵経や蔵外仏典などが積極的に電子化、公開されており、それらを一括検索できるという特徴がある。現在では両者は連携を組んでおり、利用者の便が図られている。

▼大正新脩大蔵経テキストデータベース(SAT)

SATでは、『大正蔵』全八一五巻および図像部一二巻がデジタル化され、ネット上で全文検索が可能である。テキストにはテキスト番号と巻・頁・段落・行が番号表示されており、原文に直接当たる際や引用する際に便利である。表示・非表示も切り換え可能となっている。検索時には字体に新旧の違いがあってもヒットし、異本との異同も確認できる。校注については本文中の数字の付いたボタンをクリックすると表示される工夫が施されている。外字や梵字など文字コードによって表示できないものや、文字が円形に配列されていてその形に意味があるようなものについては、その箇所が画像で表示される。『大正蔵』の一頁ごとの画像とリンクしているので、テキストの該当箇所を頁単位で俯瞰することができ、拡大表示することによって文字の細部までが確認できる。画像のURLで直接該当箇所を表示することもできる。また、図像部一二巻も後述のIIIF（トリプルアイエフ）対応高精細画像で公開されている。タグ付けにより特定箇所の検索も可能である。そのほか、『嘉興大蔵経』もネット上にアップされている。

SATのプロジェクトは一九九四年に開始され、二〇〇七年にテキストデータが完成、翌二〇〇八年にWEBで公開された。その後、二〇一二年にはWEBサービスを大幅に改訂し、頁画像そのものも表示されるようになった。また、『Digital Dictionary of Buddhism 電子仏教辞典』の見出し語検索とリンクしているので、本文をドラッグして選択すると、選択された文字列が『電子仏教辞典』に載っている項目であればその内容が自動的に表示されて、辞典の該当箇所に移動することができる。さらにINBUDS, SARDS, CiNiiといった論文データベースともリンクしており、同様に本文をドラッグ選択することにより、該当箇所へジャンプできる。英語対訳コーパスも提示され、ローマ字による読みや英単語を入力することで検索が可能となっている。文字情報についてはChise, Chise Linkmap, HMS, Unihan databaseが提供されており、異体字の同時検索、異体字を区別した検索も可能となっている。さらに、『大正蔵経』とBDK（仏教伝道協会）英訳大蔵経との文章単位での照合もでき、一部のテキストについては、すでにサンスクリットやチベット語訳などとの照合もできる。こうした連携機能の対象は、今後さらに増やされていく予定である。

図9　大正新脩大蔵経テキストデータベース（SAT）

二〇一五年には、東京大学総合図書館所蔵『万暦版大蔵経（嘉興蔵／径山

蔵)』がデジタル化され、オープンライセンス(CC BY)の下、一九万枚超の版面画像がデジタルアーカイブとして公開された。他の画像公開サイトとのディープリングを実現し、『嘉興蔵』の画像と『大正蔵経』のテキストおよび画像とを容易に対比でき、英語版インターフェイスやスマートフォン・タブレット端末へも対応することで、学術研究の利便性の向上と、国際的な活用が企図されている。

二〇一六年にはSAT大蔵経テキストデータベース研究会と東京文化財研究所との協働で、国際的なWEB画像共有の枠組みであるＩＩＩＦ(トリプルアイエフ)(International Image Interoperability Framework:デジタル画像相互運用のための国際規格)に対応した高精細画像の仏典図像データベース「SAT大正蔵図像DB」が公開された。その後、東京大学総合図書館とともに万暦版大蔵経デジタル版が公開され、二〇一八年版では全面的なIIIFへの対応が行われている。IIIF対応の仏典画像を対象とした協働画像共有システムIIIF–BS(IIIF Manifest for Buddhist Studies)の構築によって、その協働の成果がリアルタイムに反映できるようなっている。IIIF–BSは仏典画像とテキストデータとの対応を行単位で登録できる。IIIF–BSに画像情報が登録されるで、世界中の各機関のサイトにおいて個別に公開されていたデジタルアーカイブを一元的に扱うことが可能となり、他のサイトからでも自動的にその情報を取得できるようになる。

近年では「京都大学貴重資料デジタルアーカイブ」との双方向リンクが実現し、京都大学の提供する貴重資料デジタルアーカイブに登録されている写本や刊本のデジタル資料に付された書誌詳細画面のリンクをクリックすると、該当するSAT大蔵経DBのテキストデータが別タブで表示されるようになっている。

▼中華電子佛典協會（CBETA）

CBETAは、台湾の中華電子仏典協会によって一九九七年にプロジェクトが正式に開始された。その後、SATとの協力関係を結び、精度の高い大量のテキストデータを提供している。WEB検索も可能であるが、基本的にはDVD-ROMで販売されているCBETA Readerという専用のソフトウェアを使用する。これをコンピュータにインストールずれば、オフラインで閲覧および検索ができる。収録されている文献は漢文仏典に限るが、特徴はその収録文献の多さである。なかでも『大正蔵』と新文豊出版公司篇『卍新纂続蔵経』（以下、『卍続蔵』）が収録されているのは、漢文仏典を扱う研究者にとってきわめて有益である。

図10　中華電子佛典協會（CBETA）

『大正蔵』については、日本撰述部（第五六～八四巻）を除く第一～五五巻および第八五巻の計五六冊を収録している。日本撰述部を収録していないのは、プロジェクトの初期における版権をめぐるSATとの協定によるものである。『卍続蔵』については、第一～八八冊のうち『大正蔵』と重複するものを避けて八六冊がデータベース化されている。

そのほか、「歴代蔵経補輯」として前述の両大蔵経に収録されていない『嘉興大蔵経』（第一、七、一〇、一五、一九～四〇冊の計二六冊）、『金版大蔵経』（第九一、九七、九八、一一〇～一一一、一一四、一一九～一二一冊の計一〇冊）『趙城金蔵』（「宋蔵遺珍」第四六冊、第四七冊の計二冊）、『房山石経』（第一～三、一二、二四、二七～二九冊の計八冊）、『高麗大蔵経』（第五、三二、三四、三五、三八、四一冊の計六冊）、『中華大蔵経』（第五六、五七、五九、七一、

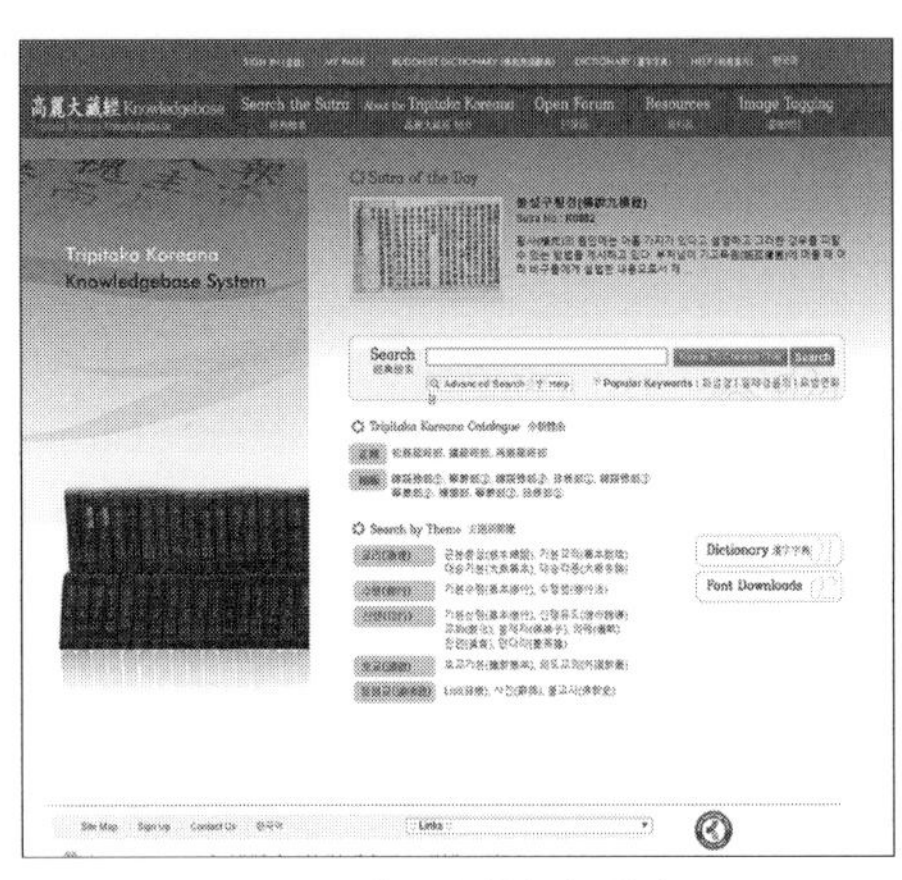

図11　高麗大蔵経知識庫
(Tripitaka Koreana Knowledge base)

七三、七七、七八、九七、一〇六冊の計九冊)、『洪武南蔵』(第二〇五、二二二、二二三冊の計三冊)、『永樂北蔵』(第一五四、一五五、一六七、一六八、一七四、一七八～一八五、一八七、一八九冊の計一五冊)、『乾隆大蔵経』(一一五、一一六、一三〇～一三三、一三五、一四一、一四三、一四九、一五三～一五五、一五七、一五八、一六二、一六四冊の計一七冊)、『卍正蔵』(第五六冊)、『仏教大蔵経』(第五二、六九、八三、八四冊の計四冊、底本『頻伽蔵』・『普慧蔵』)の計一〇一冊が収録されている。

また「国家図書館善本仏典」(計六四冊)や『漢訳南伝大蔵経』(計七〇冊)も収録されている。さらに、「近代新編文献」として、『蔵外仏教文献』(九冊)、「正史仏教資料類編」(第一冊)、「北朝仏教石刻拓片百品」(第一冊)、「大蔵経補編」(計三六冊)、「中国仏寺史志彙刊」(計九冊)、「中国仏寺志叢刊」(第七八冊)がデータベース化されており、今後も増やしていく方向である。検索機能には著者の生年や活動地域と関連づけて同時に検索できるという特徴がある。

▼高麗大蔵経

『高麗大蔵経』の電子テキストは、韓国の高麗大蔵経研究所が検索・閲覧システムを提供している。一九九六年に試作的なCD-ROMが公開された当初は、異体字をすべて外字フォントで区別したため検索に不便という問題が指摘されたが、その問題点を解決すべく、原文に忠実に三万数千字の異体字が入った版と、異体字を大幅に統合した標準漢字版との二種で改訂が施された。標準漢字版は東国大学校情報産業大学コンピュータ工学部スタッフの協力を得て、Unicode（UCS-2）をベースに異体字情報を盛り込むことで検索が可能になった。現在、WEBで「高麗大蔵経知識庫 Tripitaka Koreana Knowledge base」にアクセスすることで検索が可能となっている。各テキストはページ単位で表示され、それに対応する画像が表示される。また、ポップアップされるダイアログで漢字辞書や仏教語辞書を検索できるほか、ハングルを漢訳の仏教用語に変換して検索することが可能となっている。

パーリ大蔵経データベース

『パーリ大蔵経』はその他の大蔵経のなかでもいち早く電子化が行われた。ここでは、ビルマ版第六結集版、マヒドル版、PTS版の電子化の動きを紹介する。

▼ビルマ第六結集版パーリ大蔵経

ビルマ版第六結集版のパーリ大蔵経は、Vipassana Research Institute（VRI）とDhamma Societyでデジタル化されている。

VRIは、現在ではWEBサイト上で検索できなくなっているが、原文は見ることができる。テキストはUnicodeフォントに準拠しており、デーヴァナーガリー、ローマンアルファベット、シンハラ、タイ、カンボジア、モンゴル、ビルマの七つのスクリプトで見ることができ、Atthakatha, Tika, Anutikaに簡単にアクセスできるようリンク機能が提供されており、ダウンロードして使用することもできる。「The Chattha Sangayana Tripitaka CD ROM」

にはPali-Hindi Dictionaryも含まれている。

Dhamma Societyは、The World Tipitaka Projectとして一九九九年にラテン語によるパーリ大蔵経の電子化に取り組み、二〇〇四年に開発が完了。二〇〇五年に四〇冊をラテン語で出版。二〇〇八年以降、デジタル版四〇巻セットで公開している。ウェブサイト上でテキスト検索が可能。

▼タイ版パーリ大蔵経

タイのバンコクにあるマヒドル大学のコンピューティングセンターによって開発されたCD-ROMで、一般に「マヒドル版」Mahidol University（Budhist Scriptures Information Retrieval（BUDSIR）と呼ばれている。

仏典の電子化としていち早く一九八八年にタイ王室版とも呼ばれるシャム版パーリ三蔵四五巻の電子化を完了し、一九九四年にはマハーチュラロンコン版を中心にしたアッタカター五五冊、およびその他の聖典を追加して全百十五巻がローマナイズテキストと共にCD-ROMに収められた検索プログラムBUDSIR IVを公表した。一九九六年にはWindows環境に対応。翌年にはタイ語訳も発表された。現在はWEB上でもフルテキスト検索が可能。タイ語とローマナイズのほかに、デーヴァナーガリー、シンハラ語、ビルマ語、クメール語に対応し、Pali-Thai辞書がリンクされており、今後は英語辞書も開発する予定である。

▼PTS版パーリ大蔵経

タイのタンマガーイ（Dhammakaya Foundation）が提供しているCD-ROM（Pali TextVersion 2.0）は、PTS版を電子化したもので、Visuddimagga, Samantapasadika, Jataka atthakatha, Milinda-panhaなども入力されている。専

用の検索ソフトを用いれば、画面上の各単語からPTSの辞書が検索できるほか、ローマン・アルファベット以外にもタイ文字やミャンマー文字などでもテキストが表示でき、写本とのリンクもされている。東京大学のSATが開発した技術をもとに現在も研究開発が進められ、世界各地の研究機関と協力関係を結んで、校注や注記、英訳や英文辞書とのリンクなどが行われている。

チベット語大蔵経データベース

チベット語仏典の電子データ化は、Asian Classics Input Project（ACIP）によって一九八七年から進められてきた。公開されていたCD-ROMはRelease VIで配布が中止され、現在はオンライン上でThe ACIP Digital Libraryからテキストデータが無償でダウンロードできるようになっている。その中にはカンギュル（Kangyur 経蔵・律蔵）とテンギュル（Tengyur 論蔵）をはじめとする十万頁に及ぶ仏教文献のほか、大蔵経に含まれないチベット撰述の蔵外文献も含まれている。ちなみにここではサンスクリット仏典も公開されている。そのほか、ロシア科学アカデミー東洋学研究所サンクトペテルブルク支部（SPbF IVRAN）所蔵のチベット文献約十万件、およびモンゴル文献の三万五千件におよぶ文献目録がある。

また、大谷大学真宗総合研究所西蔵文献研究班では、Otani Tibetan E-Textsとして、同大学所蔵のチベット語文献からピックアップされた電子テキストが公開されている（文字コードはUTF-8のチベット語を使用）。同研究所のサイトには「チベット語文献KWIC検索システム」があり、検索キーワードとその前後の文脈が同時に表示される工夫がなされている。大谷大学では北京版西蔵大蔵経も二〇一二年にPDF画像をWEBサイト上で公開している。

画像データとしては、高野山大学所蔵のデルゲ版西蔵大蔵経のカンギュルとテンギュル八枚組DVDで小林写真工業から販売されている（総帙数三一七、総葉数一〇万）。一六〇篇のダラニと経典を収める『諸真言要集』もDVDで販売されている。

さらに、一九九九年にアメリカのチベット学者であるジーン・スミス（E. Gene Smith 一九三六～二〇一〇）によってチベット仏教文献の収集研究機関として設立されたBuddhist Digital Resource Center（BDRC）では、蔵外文献を含む多くのチベット語仏教文献を収集し、デジタルアーカイブにしてPDFで公開している。同WEBサイトでは、チベット文献およびその著者についての総合的なデータベースを公開しているほか、PDFデータを機関向けに配布し、毎年一集ずつ追加している（TBRC Core Text Collections）。

そのほかにも、世界中の多くの機関で蔵外文献のデジタルアーカイブ化が進められ、公開されているが、アメリカ議会図書館収集のインド・ネパール・ブータン等で複製刊行されたチベット語文献をマイクロフィッシュ化したものが、The Institute for the Advanced Studies of World Religionsから刊行されており、東洋文庫ではその総合目録データベースを作成しており、現段階のデータ（Set 1からSet 13まで）が、「PL480チベット語文献（マイクロフィッシュ版）オンライン検索」で検索できる。

サンスクリット仏典

アメリカのカリフォルニア大学バークレー校Berkeley Buddhist Research Centerでは、「Sanskrit Buddhist Text Input Project」が同大学のランカスター（Lancaster）教授によって進められ、多くのサンスクリット写本が電子化された。また、同時に多くのサンスクリットテキストを入力してきた韓国の李鐘徹（Jong-Cheol LEE）氏による「The SDICTP Project（The Sanskrit Dictionary and Indian Classics Translation Project）」と協力体制をとり、ローマナイズされたテキストは同研究所から公開され、検索もできる。デーヴァナーガリーへの画面移動も可能となっている。

また、台湾仏光山の星雲法師が創設したアメリカのウエスト大学（University of the West）が行っている「デジタル・サンスクリット仏典（Digital Sanskrit Buddhist Canon）」プロジェクト（DSBC）は、サンスクリット仏典のデータベース化と配布について包括的に取り組んでいる。DSBCは二〇〇三年以来、サンスクリットテキストを電子化してきたカトマンズにあるナーガールジュナ研究所（Nagarjuna Institute）の協力を得て、サンスクリット仏典の収集と電子化を行っている。現在六百四種のテキストが電子化され、三百六十九以上の聖典がDSBCプロジェクトのWEBサイト上で公開されていて、自由に利用できる。その数は今後も増えつづける予定である。写本画像も公開している。

サンスクリット仏典の写本画像については、東京大学図書館所蔵のサンスクリット写本を画像で公開している東京大学東洋文化研究所「南アジア・サンスクリット語写本データベース」や、大谷探検隊が持ち帰った中央アジアの古写本を画像で提供する龍谷大学「古典籍情報システム」などがある。

そのほか、「GRETIL – Göttingen Register of Electronic Texts in Indian Languages and related Indological materials from Central and Southeast Asia」では、サンスクリット語・パーリ語・ヴェーダ語などを含めて、インターネット上で入手可能な印度学関連の電子テキストがまとめて一箇所でダウンロードできるようになっている。

このほかにも、「R.B. Mahoney サンスクリット仏典」「Thesaurus Indogermanischer Text- und Sprachmaterialien」「UC Berkeley: Sanskrit Buddhist Text Input Project」「Nagarjuna Institute」「Vipassana Institute」などサン

スクリット仏典の電子化に取り組み、公開している機関は多い。

英訳大蔵経プロジェクト

『大正蔵』を英訳して公開する計画も財団法人仏教伝道協会に設置された英訳大蔵経編修委員会によって進められている。この「英訳大蔵経プロジェクト（The English translation project of the Buddhist Canon）」は一九八二年一月に開始され、アメリカ・カリフォルニア州バークレー市に設立された沼田仏教翻訳研究センターの「The BDK English Tripitaka Project」と連携して進められている。すでにいくつかのテキストが同協会のWEBサイト上で公開されており、検索も可能である。

各宗が提供する仏典データベース

▼禅宗系

「ZenBase CD1」として知られる花園大学国際禅学研究所（IRIZ）電子テキストは、和漢の禅宗文献を収録する。漢文仏典データベースのなかで最も早期に取り組まれ公開されたものといえる。八〇年代末よりすべての禅学関連文献のデータベース化を目標として花園大学国際禅学研究所（IRIZ）の『禅知識ベース』研究計画（Zen-Knowledgebase project）の基礎作業で制作され、一九九五年六月に「ZenBase CD1」として同研究所からCD-ROMで一般公開された。文字コードはJISとBIG-5で収録され、その後にSATやCBETAで制作された『大正蔵』や『卍続蔵』のデータベースにも収録されていない和漢のテキストを含んでいる。その後もデータは蓄積され、そのうち七百十点以上にのぼる禅籍が同研究所のWEBサイトにおいて無償で公開されており、ダウンロードもできる。底本や校正に関する注記もあり信頼性が高い。

「禅文化研究所　黒豆データベース」は、禅文化研究所が発行した『基本典籍叢刊』や『善本覆刻叢書』を底本とする校訂本の禅籍や史伝書などの原文データベースとその検索ツールが二〇〇五年三月より順次無償公開されている。外字表記方式はSATと同じ方式を採っている。

曹洞宗からは『曹洞宗全書』全一八巻の初版本が二〇一四年二月に曹洞宗全書刊行会によって『電子版DVD-ROM 曹洞宗全書』としてデータベース化されたDVD-ROM版が出ている。ただし、補訂覆刻版とは異なることには注意を要する。

そのほか、画像データではあるが、駒澤大学図書館に所蔵されている貴重書などが「駒澤大学図書館所蔵 禅籍善本図録デジタル版」や「駒澤大学電子貴重書庫」として同図書館のWEB上で公開されている。

▼真言宗

真言宗からは『真言宗全書』（二〇〇四年復刊版）全四二巻（付解題・索引全四四巻）、『続真言宗全書』全四一巻（付解題四十二巻）、『弘法大師全集 増補三版』全八巻と『定本弘法大師全集』全一二巻が高野山大学密教文化研究所によって制作され小林写真工業から販売されている。

▼天台宗

天台宗では、『天台電子仏典CD』が天台宗典編纂所から提供されている。多くの天台宗関連のテキストがデータベースとしてCD-ROMに収録され、現在、CD2～CD4までが販売されており、現在はCD5が準備中。CD2は

『大正大蔵』と『卍続蔵』に収録されている初期中国天台文献（陳・隋・唐）八一書目を収め、CD3は主に初期日本天台文献が収録されており、『大正蔵』のほか『伝教大師全集』『日本大蔵経』『大日本佛教全書』『恵心僧都全集』『續天台宗全書』に収載されている顕教・密教・菩薩戒関係の全六四一書目および中国撰述書目の付録五書目を収める。CD4は、日本天台の続編であり、『大正蔵』の図像部を含む。

▼日蓮宗

日蓮宗では、二〇〇二年に立教開宗七百五十年慶讃記念として二枚組CD-ROM「日蓮宗電子聖典」が配布された。これには『妙法蓮華経』『昭和定本日蓮聖人遺文』『日蓮聖人全集』および『日蓮宗事典』が収載されている。

▼浄土宗

浄土宗では、『浄土宗全書』（山喜房佛書林刊）の正篇二〇巻と続篇一九巻の全文検索システムである「浄土宗全書テキストデータベース」が二〇一七年七月に浄土宗総合研究所によってWEB上で公開されている。

「正篇」は、宗祖法然上人八百年大遠忌記念として浄土宗と浄土宗教学院の合同事業によって二〇一一年に公開された「浄土宗全書検索システム」（現、「浄土宗全書・法然上人伝全集検索システム」）から電子テキストデータと各ページ画像の提供を受け、「続篇」は二〇〇九年度から浄土宗総合研究所（浄土宗基本典籍の電子テキスト化班）が電子テキスト化を開始し、漢文の訓点など、すべての書誌情報を含む電子テキストとともに、コンピュータを使った検索システムを構築した。

テキストはページごとに表示され、『浄土宗全書』のページ数・段・行数が表示される。SATと相互に連携することにより、SAT上で語彙を検索すると、その語彙が浄土宗全書に出現する件数がSATのページ上に表示され、そこから浄土宗全書の検索結果を表示・閲覧でき、SAT上で浄土宗全書のテキストを選択して検索することも可能となっている。またその反対に、浄土宗全書データベース上で検索した後、直接SATの検索結果を見ることもでき、利便性が向上した。

▼浄土真宗系

浄土真宗からは「『浄土真宗聖典』聖教データベース」が浄土真宗本願寺派総合研究所によって提供されている。これは『浄土真宗聖典』(原典版・原典版七祖篇・註釈版・註釈版七祖篇)に収載されている聖教本文のフルテキストデータベースであり、テキストデータのダウンロードとオンライン検索が可能である。オンライン検索では、該当箇所の頁数・段・行数と本文二行が表示される。使用している文字コードはShift-JISコードで、外字箇所には諸橋轍次『大漢和辞典(修訂版)』(大修館書店刊)および文字鏡研究会編「今昔文字鏡」(エーアイ・ネット製作、紀伊國屋書店発行)の漢字番号が用いられている。

このほか、方丈堂出版から『真宗相伝叢書』(相承学薗)全一八巻および別巻・補巻、『真宗大系』(真宗典籍刊行会)三六巻および目録一巻、『続眞宗大系』(眞宗典籍刊行会)二〇巻および別巻四冊、『真宗全書』(蔵経書院)全七四巻が、DVD-ROMに収録して販売されている。

その他

その他のデジタルアーカイブへの取り組みとして、いくつかをランダムにとりあげたい。

▼聖語蔵

『大正蔵』の校訂本の一つである正倉院の『聖語蔵』（宮内庁正倉院事務所所蔵聖語蔵経巻）四九六〇巻が宮内庁正倉院事務所の編集によってカラーデジタル画像として電子化され、丸善雄松堂から発売されている。奈良時代以前の古写経を経巻のタイトルから検索し画像を閲覧できる。

▼国際敦煌プロジェクト（International Dunhuang Project）

国際敦煌プロジェクト（IDP）は、世界に分蔵される中央アジア出土資料の世界的ネットワークである。分散してしまっている資料の保存修復と目録作成を目的として一九九四年に設立され、大英図書館（The British Library）に本部を設置している。世界各地の関連研究機関の連携のもと、十万点以上の敦煌や敦煌以外のシルクロード東部の古代遺跡から発掘された写本、断片、テキスト、絵画、織物、および遺物の画像や情報を収集し、一九九八年よりこれらをWEB上で自由に検索・閲覧することが可能になっている。

▼龍谷大学古典籍情報システム

龍谷大学図書館に「西域文化資料」として所蔵されている約九千点におよぶ大谷探検隊シルクロード収集資料（いわゆる「大谷文書」）が龍谷大学古典籍デジタルアーカイブ研究センターによってデジタル画像化、データベース化されており、古典籍デジタルアーカイブ検索R-DARS（Ryukoku Digital Archives Retrieval System）によって検索・閲覧できる。「国際敦煌プロジェクト（International Dunhuang Project: IDP）」と連携している。

画像データベースについては、このほかにも多くの研究機関や博物館・美術館によって公開されているが、ここで紹介しきれないので割愛する。

世界各地の研究機関などのWEBサイト上において公開されている膨大なデータは、IIIFなどの相互リンクシステムによって、各言語の相当箇所を参照したり、あるいは写本や注釈などの二次資料を参照したりすることが可能となる。何らかの理由でWEBサービスの提供が終了、URLが変更された場合、それらを基盤にして構築されたデータが使用できなくなるなど、現時点ではいくつかの問題も残っているが、今後の研究開発による展開が大いに期待される。

執筆担当者一覧

＊印は大蔵会第一〇〇回記念事業実行委員。

南　清隆（みなみ　きよたか）　**Ⅰ部1章**

一九五四年、京都府生まれ。東海学園大学共生文化研究所教授。仏教学（初期仏教・南方仏教）。「三学の説示内容に関する対照作業ノート」（『佛教学セミナー』八五、二〇〇七年）、「ミリンダパンパの説示内容に関する考察」（福原隆善先生古稀記念『佛法僧論叢』山喜房仏書林、二〇一三年）、「初期経典の伝える仏教草創期の他宗教との邂逅」（『共生文化研究』創刊号、二〇一六年）など。

松田和信（まつだ　かずのぶ）　**Ⅰ部2章**

一九五四年、兵庫県生まれ。佛教大学仏教学部仏教学科教授。仏教学。*Buddhist Manuscripts in the Schøyen Collection*, Vols. 1-3, 共編著 Oslo 2000-2007.『インド省図書館所蔵中央アジア出土大乗涅槃経梵文断簡集』（東洋文庫、一九八八年）、「アフガニスタン写本から見た大乗仏教」（『大乗仏教とは何か』シリーズ大乗仏教1、春秋社、二〇一一年）など。

小野田俊蔵（おのだ　しゅんぞう）　**Ⅰ部3章**

一九五二年、兵庫県生まれ。佛教大学歴史学部歴史文化学科教授。博士（文学）。チベット仏教文化。『Monastic debate in Tibet : a study on the history and structures of bsdus grwa logic』（ヴィーン大学チベット学仏教学研究所叢書第二八号、一九九二年）、『チベット巡礼』（共著、KDDクリエイティブ、一九九七年）、『チベット絵画の歴史――偉大な絵師達の絵画様式とその伝統』（共訳、平河出版社、二〇〇六年）など。

赤尾栄慶（あかお　えいけい）　**Ⅱ部1章**

一九五四年、富山県生まれ。京都国立博物館名誉館員、国際仏教学大学院大学日本古写経研究所特別研究員。古写経の書誌学的研究。

『写経の鑑賞基礎知識』（頼富本宏との共著、至文堂、一九九四年）、『坂東本『顯淨土眞實教行證文類』角点の研究』（宇都宮啓吾との共同執筆、東本願寺出版、二〇一五年）、「書誌学的観点から見た敦煌写本と偽写本をめぐる問題」（『佛教藝術』二七一号、二〇〇三年）など。

大内文雄（おおうち　ふみお）　**Ⅱ部2章**

一九四七年、長崎県生まれ。大谷大学名誉教授。博士（文学）。中国中世仏教史。

『南北朝隋唐期佛教史研究』（法藏館、二〇一三年）、『唐・南山道宣著作序文訳註』（編訳、法藏館、二〇一九年）など。

野沢佳美（のざわ　よしみ）　**Ⅱ部3章一・四・五・七・八節**

一九五八年、山梨県生まれ。立正大学文学部史学科教授。博士（文学）。印刷漢文大蔵経、中国出版文化史。

『明代大蔵経史の研究――南蔵の歴史学的基礎研究』（汲古書院、一九九八年）、『印刷漢文大蔵経の歴史――中国・高麗篇』（立正大学情報メディアセンター、二〇一五年）、「宋・福州版大蔵経の印工について」（『立正大学東洋史論集』二〇、二〇一九年）など。

梶浦　晋（かじうら　すすむ）　**Ⅱ部3章二・三・六・九節、Ⅲ部1章一節、Ⅳ部4章一節**

一九五六年、滋賀県生まれ。京都大学人文科学研究所附属東アジア人文情報学研究センター助手。版本・目録学。

「大谷大学蔵高麗再雕版大蔵経について――その伝来と特徴」（『大谷大学所蔵高麗版大蔵経調査研究報告』大谷大学真宗総合学術センター、二〇一三年）、「日本近代出版の大蔵経と大蔵経研究」（『縮刷大蔵経から大正蔵経へ』佛教大学宗教文化ミュージアム、二〇一四年）など。

馬場久幸（ばば　ひさゆき）　**Ⅲ部1章二節**
一九七一年、京都府生まれ。佛教大学非常勤講師。哲学博士。高麗仏教史、日韓仏教交流史。
『日韓交流と高麗版大蔵経』（法藏館、二〇一六年）、「大谷大学所蔵高麗大蔵経の伝来と特徴」（『大谷大学所蔵高麗版大蔵経調査研究報告』大谷大学真宗総合学術センター、二〇一三年）など。

宮﨑健司（みやざき　けんじ）＊　**Ⅳ部1章**
一九五九年、兵庫県生まれ。大谷大学文学部歴史学科教授・同大学博物館学芸員。博士（文学）。日本古代宗教史、日本古写経、正倉院文書。
『日本古代の写経と社会』（塙書房、二〇〇六年）、「正倉院文書と古写経――隅寺心経の基礎的考察」（新川登亀男編『仏教文明の転回と表現――文字・言語・造形と思想』勉誠出版、二〇一五年）、「久多の木造五輪塔」（『大谷学報』九三―二、二〇一五年）など。

川端泰幸（かわばた　やすゆき）　**Ⅳ部2章**
一九七六年、和歌山県生まれ。大谷大学文学部歴史学科准教授・同大学博物館学芸員。博士（文学）。日本中世史。
『日本中世の地域社会と一揆――公と宗教の中世共同体』（日本仏教史研究叢書、法藏館、二〇〇八年）、「中世後期における地域社会の結合――惣・一揆・国」（『歴史学研究』九八九、二〇一九年）など。

松永知海（まつなが　ちかい）＊　**Ⅳ部3章一・四節**
一九五〇年、東京都生まれ。佛教大学仏教学部仏教学科教授。日本近世大蔵経出版史、日本近世浄土宗。

『黄檗版大蔵経刊記集』（共編、思文閣出版、一九九三年）、『影印東叡山寛永寺天海版一切経願文集・同目録』（佛教大学松永研究室、一九九九年）、「黄檗版大蔵経の再評価」（『仏教史学研究』三四―二、一九九一年）など。

小山正文（おやま　しょうぶん）　**Ⅳ部3章二節**
一九四一年、大阪府生まれ。同朋大学仏教文化研究所研究顧問。真宗史。
『親鸞と真宗絵伝』（法藏館、二〇〇〇年）、『続・親鸞と真宗絵伝』（法藏館、二〇一三年）など。

水上文義（みずかみ　ふみよし）　**Ⅳ部3章三節**
一九五〇年、東京都生まれ。もと公益財団法人中村元東方研究所専任研究員。博士（仏教学）。日本仏教思想。
『台密思想形成の研究』（春秋社、二〇〇八年）、『日本天台教学論　台密・神祇・古活字』（春秋社、二〇一七年）、「天海版一切経木活字の種類と特色」（『寛永寺蔵天海版木活字を中心とした出版文化財の調査・分類・保存に関する総合的研究』科研研究成果報告書、二〇〇二年）など。

中尾良信（なかお　りょうしん）＊　**Ⅳ部4章二節**
一九五二年、兵庫県生まれ。花園大学文学部仏教学科教授。日本中世禅宗史。
『日本禅宗の伝説と歴史』（歴史文化ライブラリー、吉川弘文館、二〇〇五年）、『栄西』（共著、創元社、二〇一七年）など。

吉田叡禮（よしだ　えいれい）　**Ⅳ部4章三節**
一九六九年、兵庫県生まれ。もと花園大学教授。博士（仏教学）。華厳学、禅学、密教学。
『新アジア仏教史7　中国Ⅱ隋唐　興隆・発展する仏教』（共著、佼成出版社）、『新国訳大蔵経　中国撰述部①―1華厳宗部』（共訳、大蔵出版）、「中国華厳の祖統説について」（『華厳学論集』大蔵出版）など。

あとがき

二〇一五年に京都各宗学校連合会主催の大蔵会が第一〇〇回の記念大蔵会をむかえた。この十年ほど前から記念事業が構想され、特別会計が組まれることとなった。その後、大蔵会第一〇〇回記念事業検討委員会が立ち上げられ、そこでの記念事業の構想の検討を経て、具体的に記念事業を推進するために大蔵会第一〇〇回記念事業実行委員会が設けられ、第一回実行委員会が二〇〇九年六月一日に開催され、榎本正明・加藤善朗・中尾良信・松永知海・宮崎健司等が集まった。

記念事業は大きく二つにわかれる。一つは第一〇〇回大蔵会記念のシンポジウムと展観、もう一つが記念出版である。前者は京都国立博物館の全面的なご協力により京都国立博物館の平成知新館を会場として、二〇一五年七月二十九日（水）～九月六日（日）の会期で「特別展観　第一〇〇回大蔵会記念　仏法東漸――仏教の典籍と美術――」が開催された。会期中、第一〇〇回大蔵会も八月二十九日（土）に京都国立博物館の平成知新館講堂で挙行された。一方、出版事業でも二つの計画があった。それは、大蔵会の五十年をふりかえった『五十年のあゆみ』の続編『五十年のあゆみ　続』の制作と、同じく五十回を記念して刊行された『大蔵経――成立と変遷――』（以下、旧版）の最新版『新編　大蔵経――成立と変遷――』の制作である。『五十年のあゆみ　続』はすでに二〇一六年三月に上梓されたが、この度、刊行の遅れていた『新編　大蔵経――成立と変遷――』を上梓する運びとなった。本書の出版をもって一連の記念事業が完了することになる。

本書は、旧版を範としながら、その出版より以後に進展した大蔵経研究を踏まえ、研究者だけではなく広く一般読者にも読まれ、大蔵経の理解をうながす概説書として普及することを企図している。その構成は大きく地域区分によったが、各地域における大蔵経のあり様を考慮し、時代あるいは内容によってさらに区分した内容になっている。最新の情報を反映しようとする点、Ⅳ日本の第4章では近代の大蔵経、各宗派の出版状況に加えて、データベースの項目を設けたのもその一環である。また図版についても、旧版を参照しながら、さらにわかりやすくなるようより多くの図版を掲載するようにつとめた。

本書の刊行への進捗は、二〇一四年九月頃までには、本書の構成、執筆者、刊行計画を策定し、出版社の選定などもすすんでいた。刊行期日も当初は第一〇〇回記念をむかえる二〇一五年あるいは翌二〇一六年を目指していた。しかしながら、その後上梓に五年もの時間を費やしてしまった。この間の事情は多様であった。質の高い概説書をめざしたこともあり、寄せられた原稿をもとに検討し、項目で過不足と判断された箇所は再構成した。またそれに伴って項目によっては新たな執筆者を選定し、追加依頼などもおこなっていった。また執筆者の健康上の問題などで出稿が遅延することなどもあった。

旧版に対して「新編」の名にふさわしい、充実した内容となることを意図したため、当初計画より思いのほか時間がかかってしまったとの思いもあり、そのようにご理解いただければ幸いである。とはいえ、刊行の遅延は、ひとえに編集の不手際に違いなく、この点は深謝し、ご寛恕をお願いする次第である。とくに早くから原稿を頂戴した多くの執筆者には刊行の遅延をお詫びする次第である。最新の研究状況をふまえながら、広く一般に愛読される概説書の制作の難しさを痛感した次第である。

ここでひとつ触れておかなければならないことがある。本書刊行のみではなく、大蔵会の第一〇〇回記念行事全般にわたって主要メンバーとして関わり、実際の作業にも大きな力を頂戴していた華頂短期大学の榎本正明先生が、二〇一七年五月九日に逝去されたことである。先生がご存命であれば、本書の上梓を喜んでいただけたのではないかと思うこと頻りである。本書を謹んで榎本正明先生に献呈したいと思う。

最後になったが、出版事情の厳しい昨今、刊行を快く引き受けていただいた法藏館社長西村明高氏には感謝申し上げたい。また何よりも遅々としてすすまぬ編集作業を辛抱強くサポートいただき、また有益な助言もいただいた、法藏館の今西智久氏にも深謝する次第である。氏になくしては刊行はかなわなかったのではないかと思う。

本書が今後の大蔵経をめぐる研究の基点となることを祈念してあとがきとしたい。

二〇二〇年九月

榎本正明
加藤善朗
中尾良信
松永知海
宮﨑健司

新編　大蔵経——成立と変遷

二〇二〇年一二月一〇日　初版第一刷発行
二〇二一年　九　月一五日　初版第二刷発行

編　者　京都仏教各宗学校連合会
発行者　西村明高
発行所　株式会社法藏館
京都市下京区正面通烏丸東入
郵便番号　六〇〇—八一五三
電話　〇七五—三四三—〇〇三〇（編集）
〇七五—三四三—五六五六（営業）

装幀者　森　華
印刷・製本　亜細亜印刷株式会社

ISBN 978-4-8318-7708-6　C1015

新版　仏教学辞典　多屋頼俊・横超慧日・舟橋一哉編　五、六〇〇円

仏教史研究ハンドブック　佛教史学会編　二、八〇〇円

新装版　大乗仏典のこころ　花岡大学著　二、〇〇〇円

敦煌から奈良・京都へ　礪波　護著　二、五〇〇円

隠元と黄檗宗の歴史　竹貫元勝著　三、五〇〇円

近世仏書の文化史　西本願寺教団の出版メディア　万波寿子著　七、五〇〇円

日韓交流と高麗版大蔵経　馬場久幸著　八、五〇〇円

法　藏　館　　価格税別